COEDIÇÃO
FUNDAÇÃO ROSA LUXEMBURGO
MEDICO INTERNATIONAL
EDITORA AUTONOMIA LITERÁRIA
EDITORA ELEFANTE

EMPRESAS ALEMÃS NO BRASIL

CHRISTIAN
RUSSAU

TRADUÇÃO
DANIEL MARTINESCHEN
KRISTINA MICHAHELLES

EMPRESAS ALEMÃS NO BRASIL

O 7x1 NA ECONOMIA

AUTONOMIA
LITERÁRIA

CONSELHO EDITORIAL
Cauê Seignemartin Ameni
Hugo Albuquerque
Manuela Beloni

elefante
EDITORA

CONSELHO EDITORIAL
Bianca Oliveira
João Peres
Leonardo Garzaro
Tadeu Breda

PREPARAÇÃO
João Peres
Tadeu Breda

EDIÇÃO & REVISÃO
Tadeu Breda

DIAGRAMAÇÃO
Manuela Beloni

CAPA & PROJETO GRÁFICO
Bianca Oliveira

SU MÁ RIO

APRE
SEN
TA
ÇÃO

Como ressaltou o Ministério das Relações Exteriores germânico em 2008, por ocasião da recém-fundada "parceria estratégica" entre os dois países, o Brasil é o principal parceiro comercial da Alemanha na América Latina. Mas seria uma parceria em pé de igualdade?

Basta uma rápida olhada nos números para revelar a assimetria das relações econômicas entre as nações europeia e sul-americana. Com quase novecentas empresas teuto-brasileiras, São Paulo é um dos principais centros econômicos da Alemanha no mundo. Em 2015, os investimentos diretos alemães no Brasil chegaram a 3,5 bilhões de dólares. Na outra direção foram apenas 44 milhões.

Nítidos superávits comerciais em favor da Alemanha também são a regra. Naquele mesmo ano de 2008, a balança pendeu para o lado alemão em 5,2 bilhões de dólares, correspondendo praticamente ao valor total das exportações brasileiras para lá. O tipo de exportação também expõe uma diferença qualitativa: enquanto o Brasil envia à Alemanha basicamente matérias-primas não processadas (ou pouco processadas), como minério de ferro, placas de aço ou soja, a Alemanha exporta bens de capital, como máquinas, ou industrializados, como produtos químicos e farmacêuticos.

A assimetria está alicerçada em um sistema econômico mundial profundamente injusto, cujas raízes históricas remontam à exploração colonial. As lutas pela emancipação das nações americanas puseram um fim à exploração direta das metrópoles europeias, mas essa exploração foi sucedida por uma dependência neocolonial dos países do Sul, ricos em recursos naturais, pelos grandes centros industriais.

"O passado é mudo? Ou continuamos sendo surdos?", perguntou Eduardo Galeano no prefácio de 2010 ao seu clássico *As veias abertas da América Latina*.

Sem as matérias-primas de países como o Brasil, nada funciona nas nações ricas do Norte. Faz quatrocentos anos que a economia capitalista consome intensivamente a força de trabalho humana e os recursos naturais da Terra. "Se você usa roupa, come, anda de carro e usa celular, queiramos ou não, há nesse momento cerca de sessenta escravos trabalhando para você e para mim", afirma a economista Evi Hartmann. Queiram ou não, os europeus se beneficiam da injustiça do sistema econômico mundial.

As consequências não são apenas sociais. A extração e a queima de combustíveis fósseis são a principal causa para as mudanças climáticas em escala global. Mesmo as tentativas de reduzir o uso de fontes de energia baseadas na queima de carbono levam a novos problemas, como o chamado *green grabbing*. Com a moda dos biocombustíveis, a demanda mundial por óleo de palma explodiu. A fim de atender essa demanda, imensas áreas vêm sendo desmatadas na Ásia, na África e na América Latina para dar lugar aos palmares, que acabam inclusive ocupando o espaço de cultivos alimentares.

No Brasil, o presidente Luiz Inácio Lula da Silva e a presidenta Dilma Rousseff tiveram a sua parcela de responsabilidade nessa tendência. Em suas gestões, conseguiram tirar mais de

30 milhões de pessoas da miséria absoluta com seus programas sociais. Para financiá-los, porém, investiram somas inéditas em megaprojetos — barragens, portos, aeroportos, plantios extensivos — e na extração predatória de matérias-primas.

A divisão dos superávits não modificou em nada as estruturas da desigualdade no Brasil. As relações de poder tradicionais continuam intactas. Como consequência da virada macroeconômica de Dilma Rousseff, em 2014; de sua deposição truculenta pelo Congresso, em 2016; e dos desdobramentos posteriores, o fosso segue sendo aprofundado.

O conceito do estilo de vida imperial designa a posição privilegiada dos países do Norte nesta relação global de dependência. Estilo de vida imperial, para nós, é a exploração de pessoas e da natureza em nível global, ou seja, uma forma de viver baseada na desigualdade e na destruição ambiental, sobretudo no Norte global, mas também, e cada vez mais, no Sul. Eis a causa das crises e dos desastres sociais e ecológicos do nosso tempo.

Embora essa ordem econômica obrigatoriamente produza vencedores e vencidos, a verdade é que o passado não é mudo e as injustiças do presente clamam por soluções. Por isso, a Fundação Rosa Luxemburgo e a medico international consideram um dever trabalhar com todas as forças contra essa relação de dependência, em direção a um estilo de vida solidário, e não baseado em exploração e destruição.

No Brasil, a medico international e o escritório regional da Fundação Rosa Luxemburgo trabalham em parte com os mesmos parceiros que volta e meia cooperam também com empresas alemãs. Sem o seu obstinado trabalho de base, esse livro não poderia ter sido escrito.

Um deles é a rede Justiça nos Trilhos, composta por ativistas jovens, que ajuda as vítimas da empresa transnacional Vale, antiga Vale do Rio Doce. O minério de ferro e a bauxita extraídos da Amazônia estão no início da cadeia de produção de componentes de milhões de carros de passeio e caminhões na Alemanha.

Sediada no Rio de Janeiro, a organização não governamental Pacs (Instituto Políticas Alternativas para o Cone Sul) acompanha há dez anos o escândalo da siderúrgica CSA na zona oeste da cidade, especialmente as famílias de pescadores e moradores atingidas pela empresa. A totalidade dos lingotes produzidos no Rio de Janeiro é destinada à exportação, seja para a Europa, para os Estados Unidos ou para a China. Há pouco tempo, a alemã Thyssen-Krupp vendeu a fábrica.

Há ainda o Movimento de Trabalhadores Rurais Sem Terra (MST), que propõe uma alternativa concreta ao modelo agrícola tóxico e de monoculturas, marcado por grandes conglomerados agropecuários e químicos: uma lavoura biológica em pequenas unidades, aliada a um trabalho político e ao esforço em favor de uma genuína reforma agrária.

Algumas empresas alemãs são corresponsáveis pela violação, no Brasil, de direitos humanos fundamentais, como o direito à saúde. Na condição de fundação política e organização de direitos humanos, não nos limitamos a apoiar os nossos parceiros locais. Nossa tarefa também consiste em revelar e criticar essas conexões na Alemanha. Em tempos de sustentabilidade e de responsabilidade social corporativa, a reputação empresarial ganha cada vez mais relevância. Por isso, esta estratégia pode ser exitosa. O objetivo é exercer pressão sobre as empresas para que mudem de comportamento.

Essa é também a postura de Christian Russau, jornalista, ativista e autor deste livro. Na condição de membro da Associação dos Acionistas Críticos (Dachverband Kritische Aktionärinnen und Aktionäre, em alemão), ele pede a palavra nas assembleias anuais dos conglomerados alemães que querem se beneficiar das relações comerciais desiguais com o Brasil. Põe o dedo na ferida quando o balanço anual dessas empresas volta a suscitar questões de violação de direitos e destruição ambiental.

Membro da rede de solidariedade Kooperation Brasilien (KoBra), Russau é um dos que há muitos anos reportam sobre a situação do Brasil para os leitores alemães sem usar os clichês habituais. Sem seu trabalho incansável, por exemplo, a repercussão da notícia sobre o papel da Volkswagen durante a ditadura civil-militar (1964–1985) na imprensa alemã, em julho de 2017, não teria sido o mesmo.

Esse livro tem como objetivo principal revelar as consequências dramáticas dos interesses econômicos alemães para a população brasileira. Por isso, é publicado agora também no Brasil, para que os ativistas tenham mais uma ferramenta de defesa contra as empresas alemãs que geram lucros às custas do meio ambiente e das pessoas.

Last but not least, pela tradução, agradecemos a Daniel Martineschen e a Kristina Michahelles. E pela edição do livro e da página web, aos nossos grandes parceiros das editoras Autonomia Literária e Elefante.

GERHARD DILGER

Fundação Rosa Luxemburgo, São Paulo

MORITZ KRAWINKEL

medico international, Frankfurt am Main

IN TRO DU ÇÃO

A Alemanha é um país especialmente importante para o Brasil, e isso há bem mais tempo do que quando seus governos assinaram o Plano de Ação da Parceria Estratégica, em maio de 2008. São Paulo é a cidade com a maior concentração de indústrias alemãs em todo o mundo. Subsidiárias de montadoras germânicas se estabeleceram no Brasil nos anos 1950. Na primeira metade dos anos 1970, quase toda a indústria do país já havia inaugurado filiais em território brasileiro. Químicas, farmacêuticas, fabricantes de autopeças e metalúrgicas: todos queriam fazer parte do mercado consumidor brasileiro. Com isso, os bancos alemães também aumentaram sua atuação no Brasil, assim como o ramo de seguros e, nos últimos anos, de resseguros. Todos os atores globais da economia alemã estão ativos no Brasil: hoje, só no setor da indústria, cerca de mil e trezentas empresas empregam cerca de 250 mil pessoas, gerando entre 10% e 12% do PIB industrial brasileiro.[1]

Por outro lado, grupos sindicais, redes de solidariedade e meio ambiente e associações religiosas e de direitos humanos dos dois países vêm firmando nas últimas décadas e consolidando relações, cooperando e auxiliando-se mutuamente em cam-

1 Ver o relatório do ministério alemão para Alimentação, Agricultura e Defesa do Consumidor. *Länderbericht Brasilien*. Atualizado em abril de 2013. Disponível em <www.bmel.de/SharedDocs/Downloads/Veranstaltungen/04-06-AUWITAG-LaenderberichtBrasilien.pdf?__blob=publicationFile>.

panhas políticas e informativas, em um ativo intercâmbio que ocupa lugar especial no cenário internacional.

Esta é uma das razões pelas quais os conglomerados alemães ativos no Brasil se veem mais expostos à observação crítica do que empresas transnacionais de outros países. Em grande medida, é a essa vigilância que se deve o fato de as empresas alemãs terem, desde a década de 1980, uma grande preocupação em projetar uma reputação pública como "bons parceiros". Quando se referem às atividades que exercem no Brasil, não há empresa alemã que não se orgulhe de sua "responsabilidade social" e de sua grande relevância em assuntos de "sustentabilidade", "proteção ambiental" e "fomento ao desenvolvimento".

Mas até que ponto esse discurso resiste a um confronto com a realidade? O monitoramento da sociedade civil resultou — e continua resultando — em escândalos. Quando os investimentos, as participações ou a cadeia de fornecedores das empresas alemãs entram em conflito (direto ou indireto) com os direitos humanos ou ambientais, campanhas informativas podem ajudar a levar esses problemas aos meios de comunicação. Com uma frequência cada vez maior, os atingidos e os ativistas expressam seu descontentamento nas assembleias anuais dessas empresas, em que altos executivos precisam se posicionar publicamente.

No entanto, considerando as relações de poder, ainda é ilusório achar que o comportamento das grandes companhias possa mudar da noite para o dia — ou, ainda, acreditar que se possa responsabilizá-las judicialmente. Para isso, faltam instrumentos legais, seja um conjunto de leis empresariais em nível nacional, sejam regulamentações jurídicas internacionais que possam responsabilizar os conglomerados pela no exterior. No entanto, poucas situações são tão dolorosas para executivos de grandes empresas como quando precisam justificar suas atitudes perante a opinião pública — e, principalmente, perante os próprios acionistas. Acontece, embora raramente, de eles repensarem o planejamento e começarem a rever suas ações futuras.

No entanto, as companhias alemãs nunca estiveram sozinhas nessa disputa. Quando se trata de assuntos econômicos, de fomento à exportação e de investimentos externos, o poder público alemão sempre foi muito mais ativo que a maioria dos outros governos. Há muito tempo, os interesses econômicos e políticos alemãos cooperam nas relações teuto-brasileiras, e a política muitas vezes, e de diversas maneiras, serve aos interesses econômicos.

O foco desse livro está, portanto, na ação das companhias alemãs no Brasil. Num primeiro momento, a obra investiga as parcerias amorais entre os dois países, expressas no comércio de armas e no treinamento militar (capítulo 1) e na tecnologia nuclear (capítulo 2), nas quais as violações de direitos humanos têm sido consideradas uma espécie de dano colateral inevitável de importantes negócios.

Os políticos alemães não quiseram se dar o "luxo de sentimentalismos" quando os negócios com o Brasil começaram a decolar, no final dos anos 1960, no auge da ditadura. Àquela altura, a Volkswagen do Brasil já era a maior multinacional da América Latina. Neste sentido, juntando as fontes de informação conhecidas — assim como aquelas que até hoje não mereceram a devida atenção — e ouvindo também vítimas da tortura e da repressão, o capítulo 3 tenta fazer um retrospecto histórico para elucidar até que ponto a montadora colaborou com os órgãos do regime militar.

Em seguida, o livro examina as atuais relações econômicas dos dois países e tenta apurar a falta de responsabilidade empresarial nas cadeias de abastecimento. Terceiro maior fabricante de veículos do mundo, ao lado do Japão, e depois da China e dos Estados Unidos, a Alemanha importa muita matéria-prima do exterior — por exemplo, o minério de ferro do Brasil. As reportagens no Maranhão (capítulo 4) e no Rio de Janeiro (capítulo 5) tratam das pessoas atingidas pela extração e pelo processamento desse circuito primário-exportador, marcado pela violação de direitos humanos e pela destruição ambiental, mazelas que andam de mãos dadas com a extração de recursos naturais. Os consumidores têm parcela de responsabilidade nesse cenário, o que inclui as grandes empresas e os cidadãos na Alemanha.

O capítulo 6 aborda o caso de empresas que participam do jogo aparentemente de maneira indireta, vendendo seguros para projetos de barragens na Amazônia, e que, no passado, jamais consideraram os efeitos danosos dos projetos que auxiliam.

A partir do exemplo brasileiro, o capítulo 7 analisa as consequências ambientais e sociais da agroindústria: a concentração fundiária no campo, a expulsão de camponeses de suas terras, a falta de acesso à propriedade rural e a contaminação da água e do solo por agrotóxicos. O livro também questiona o chamado *double standard*, o famoso "dois pesos e duas medidas", evidenciado pela baixa qualidade dos produtos que as indústrias químicas alemãs, como BASF e Bayer, oferece aos consumidores brasileiros quando comparados à mercadoria que comercializam na Alemanha.

Relatamos ainda as reações dos executivos das multinacionais ao prestar contas às assembleias de acionistas, reagindo às acusações concretas de abuso aos direitos humanos e destruição ambiental em que as suas empresas tiveram responsabilidade direta ou indireta.

No capítulo 8, por fim, analisamos o comportamento das empresas diante da insuficiência da responsabilidade social corporativa, e abordamos as recentes tendências que, futuramente, pretendem responsabilizar as grandes companhias que falhem nesse intento. Debatemos as dificuldades, as limitações e os desafios associados às futuras regulações por meio de leis nacionais e internacionais, e evocamos os atores da sociedade civil brasileira e alemã, cujos tradicionais trabalho em rede, resistência, solidariedade e auto-organização apontam para um promissor "podemos fazer de outro jeito".

Sobre o nosso subtítulo, *o 7×1 na economia*, o que menos pretendemos é evocar sentimentos de humilhação nos leitores brasileiros. Como o livro mostra nos primeiros sete capítulos, que são exemplares e de nenhuma forma exaustivos, as empresas estão "goleando" os direitos humanos e a natureza do país. É evidente que as reações "de baixo", esboçadas em toda a obra, mas especialmente no último capítulo, ainda não são suficientes. E resta saber se teremos condições de virar o jogo.

Ontem e hoje, o que sempre falou mais alto a esses conglomerados empresariais foi o dinheiro. Na época do réis, do cruzeiro, do cruzeiro novo, do cruzado, do cruzado novo, do cruzeiro real ou do real, a política alemã sempre se apressou em prestar seu "apoio" à economia brasileira.

É sintomático que a "relação especial" entre os países tenha se iniciado com a venda de armas, como em uma paródia do Evangelho de São João, em que se deixa o Verbo de lado e se decreta: "No princípio, eram os canhões." E aqui estamos.

1

PARCERIAS AMORAIS

Essen, agosto de 1871. O imperador do Brasil, Dom Pedro II, está conhecendo as fábricas da Krupp e recebe de presente do patriarca da empresa, Alfred, um daqueles canhões de artilharia prussianos que haviam revelado seu terrível efeito na Guerra Franco-Prussiana (1870–1871). Com presente tão honroso — e tão útil aos olhos do monarca brasileiro —, não havia nenhuma dúvida de que Dom Pedro II faria novas visitas às terras germânicas. E não apenas por causa da hospitalidade dos Krupp na suntuosa mansão Villa Hügel.[2]

A fama da eficiência dos canhões Krupp já se espalhara havia muito tempo entre os militares e déspotas da América do Sul. Antes da Guerra da Tríplice Aliança (1864–1870) entre o Paraguai, de um lado, e a Argentina, o Brasil e o Uruguai, de outro, o presidente paraguaio, Francisco Solano López, encarregara seus agentes na Europa de adquirir sistemas de armamento da Krupp. Os emissários de Assunção encomendaram, então, 36 canhões de campanha de 24 libras e 3.600 granadas. O Paraguai chegou a pagar 72.000 florins pelo armamento.[3] Logo em seguida, porém,

---

2 Harold James. *Krupp: Deutsche Legende und globales Unternehmen* [Krupp: lenda alemã e empreendimento global]. Munique: Beck, 2011, p. 88.

3 Jürg Meister. *Francisco Solano López, Nationalheld oder Kriegsverbrecher? Der Krieg Paraguays gegen die Tripel-Allianz 1864–1870* [Francisco Solano López, herói nacional ou criminoso de guerra? A Guerra do Paraguai contra a Tríplice Aliança, 1864–1870]. Bissendorf, 1987, p. 61.

com o início do conflito entre paraguaios, brasileiros, argentinos e uruguaios, a Prússia desistiu do negócio: já que o Paraguai estava em guerra, a entrega não poderia mais ser realizada.

Tal atitude, que poderíamos desavisadamente interpretar como fruto de uma moral contemporânea de não fornecer armas para regiões conflagradas, guarda origens totalmente profanas: depois que a princesa Isabel, do Brasil, visitara as instalações da Krupp em Essen, em 1865, a fábrica já havia fornecido canhões para os então adversários do Paraguai: além do Brasil, a Argentina também recebera armamentos da indústria bélica prussiana.[4]

Os armamentos da Krupp foram de grande valia no massacre humano e material da Guerra da Tríplice Aliança. Se os canhões de campo de um dos lados caíam nas mãos do outro, isso era comunicado com urgência ao comando.[5] Assim, não é de se admirar que a quantidade desses artefatos de artilharia em posse do Império brasileiro aumentasse a cada visita de Dom Pedro II, descendente dos Habsburgo, à Villa Hügel.

A fama dos canhões da Krupp eternizou-se com a publicação de *Os sertões*, de Euclides da Cunha, que viajara a Canudos como correspondente de guerra do jornal *O Estado de S. Paulo* junto com os suprimentos do Exército. No arraial baiano, o beato Antônio Conselheiro liderava um movimento revolucionário desde meados da década de 1890. Após três tentativas frustradas de prendê-lo, o governo central enviou em 1896 metade de todos os soldados do país para dar um fim à rebelião. Foi uma expedição punitiva implacável, uma guerra de aniquilação que se

---

4 George von Rauch. *Conflict in the Southern Cone: The Argentine Military and the Boundary Dispute with Chile, 1870–1902*. Westport: Praegers Publishers, 1999, p. 124; Gabriele Esposito. *Armies of the War of the Triple Alliance 1864–1870. Paraguay, Brazil, Uruguay & Argentina*. Oxford: Osprey, 2015.

5 Louis Schneider. *Der Krieg der Tripel-Allianz (Kaiserthum Brasilien, Argentinische Conföderation und Republik Banda Oriental del Uruguay) gegen die Regierung der Republik von Paraguay*, v. II. Berlim, 1873, p. 219.

estendeu por semanas — e que custou cerca de trinta mil vidas.

A mais temível dentre as armas do governo eram os canhões da Krupp, que, posicionados nas colinas acima de Canudos, arruinaram tudo, como relata Euclides da Cunha:

> E no amanhecer do 1º de outubro começou o canhoneio. Convergia sobre o núcleo reduzido dos últimos casebres, partindo de longo semicírculo de dois quilômetros, das baterias próximas ao acampamento até ao redente extremo, da outra banda, onde findava a estrada do Cambaio. Durou quarenta e oito minutos apenas, mas foi esmagador. As pontarias estavam feitas de véspera. Não havia errar o alvo imóvel. Dava-se, além disto, a última lição à rebeldia impenitente. Era preciso que, francamente desbravado o chão para o assalto, não sobreviessem mais surpresas dolorosas e ele se executasse, de pronto, fulminante e implacável, com os entraves únicos de um passo de cargas sobre ruínas. Fizeram-se as ruínas. Via-se a transmutação do trecho torturado: tetos em desabamentos, prensando, certo, os que se lhes acolhiam por baixo, nos cômodos estreitos; tabiques esboroando, voando em estilhas e terrões; e aqui e ali, em começo dispersos e logo depois ligando rapidamente, sarjando de flamas a poeira dos escombros, novos incêndios, de súbito deflagrando. Por cima — toldada a manhã luminosa dos sertões — uma rede vibrante de parábolas... [6]

As trajetórias parabólicas dos projéteis da Krupp no céu do sertão no final do século XIX formaram a imagem do horror dos quatro ataques assassinos (de outubro de 1896 a outubro de 1897) da República contra os rebeldes de Canudos. Euclides da

---

6 Euclides da Cunha. *Os sertões*. São Paulo: Ubu & Edições Sesc, 2016, pp. 530–1.

Cunha utiliza a expressão "Krupp" vinte vezes como sinônimo dos canhões instalados no cerco a Canudos — e fala igualmente dos sertanejos, que corriam desesperados dos projéteis com "fueiros dos carros, foices, forquilhas, aguilhadas longas e facões de folha larga".[7] Os canhões da Krupp possibilitaram que, nessa "guerra no fim do mundo" — como a chamou Mario Vargas Llosa em seu romance —, se cometesse um crime que foi "um reflexo para o passado", segundo descreve de maneira sóbria Euclides da Cunha, então instalado ao lado dos republicanos.

COMO UMA BRIGA DE BAR NO RIO DE JANEIRO LEVOU À FUNDAÇÃO DA ESQUADRA IMPERIAL ALEMÃ

Em outubro de 1871, a corveta alemã SMS Nymphe sacolejava no porto do Rio de Janeiro. A tripulação estava de folga. Alguns oficiais de convés e suboficiais participaram de uma briga de bar, e a polícia carioca avançou sobre eles com sabres em punho. Alguns foram presos.

Profundamente irritado com esse acontecimento, o chanceler alemão, Otto von Bismarck, decidiu formar a "Esquadra Atlântica de Evolução", composta das fragatas encouraçadas Friedrich Carl e Kronprinz, das corvetas Elisabeth e Augusta, e do navio canhoneiro Albatross. Assim, como descreveu o historiador Gerhard Wiechmann, pretendia "conquistar também além-mar o respeito necessário para o recém-fundado Império" alemão, fundado em 1871. Uma demonstração de força no sentido clássico do termo.

Sob o ponto de vista dos generais alemães, o envio da esquadra para a América do Sul veio muito a calhar: a região foi

---

7 *Idem*, p. 11.

palco de muitas situações em que os "interesses alemães" seriam prejudicados. Comerciantes germânicos se queixavam aos enviados prussianos sobre inadimplência de crédito, dívidas não pagas ou danos infligidos a eles pelos Estados locais e pelas políticas canhoneiras de outros Estados imperialistas europeus. Para isso, fazia-se necessária a "proteção alemã". Um enviado alemão a Caracas, na Venezuela, queixou-se de que "cidadãos alemães e seus interesses não eram mais tratados pelos governos sul-americanos com o respeito devido", e demandou que "se mostrasse em toda a costa sul-americana não apenas um único navio, mas sim uma esquadra".

Como a polícia do Rio de Janeiro soltou os marinheiros briguentos após catorze dias, Bismarck cancelou o envio da esquadra para o Brasil. Tinha nascido ali, porém, a ideia de estabelecer a "Esquadra Imperial" alemã para missões em além-mar, que se efetivaria quando Albrecht von Stosch, chefe dos almirantes, insistiu na necessidade de enviar navios às águas atlânticas devido a problemas ocorridos na América Latina. E assim ocorreu. "Em nenhum outro momento posterior, em comparação com o poderio total da marinha, a participação de unidades alemãs além-mar foi tão intensa quanto naquela época", constata o historiador Gerhard Wiechmann.[8]

A "Esquadra Atlântica de Evolução" partiu em outubro de 1872 com destino a Trinidad, Venezuela, Colômbia, Haiti e México, antes de voltar pelo Atlântico passando por Cabo Verde e Cidade do Cabo com destino à Austrália. De lá, zarpou para a Ásia Oriental e a China.

Conduzida pelo capitão Reinhold Werner, a esquadra ainda

8 Gerhard Wiechmann. *Die preussisch-deutsche Marine in Lateinamerika 1866–1914: eine Studie deutscher Kanonenbootpolitik*. [A marinha teuto-prussiana na América Latina 1866–1914: um estudo da política canhoneira alemã]. Tese de doutoramento na Universidade de Oldenburg, 2000.

viajou a Barbados e de volta à Venezuela, onde o ministro residente insistiu em coletar dívidas para os alemães, antes que as embarcações seguissem para Sabanilla, na Colômbia. Ali trataram de cobrar débitos pendentes de uma companhia ferroviária alemã. Depois, voltou-se a Porto Príncipe, no Haiti, Kingston, na Jamaica, e Havana, em Cuba, onde recebeu um telegrama de Berlim ordenando o retorno para a Europa, pois na Espanha eclodira uma guerra civil e os "interesses alemães" pareciam estar ameaçados.

A ideia de representar militarmente os "interesses alemães" no além-mar por meio de uma tropa de ataque rápida e permanente — que teve origem no quebra-quebra promovido por marinheiros em uma taberna portuária no Rio de Janeiro no final do século XIX — continua sendo aplicada nos dias de hoje, uma vez que na década de 1990 revogou-se a lei que há quarenta anos restringia a República Federal da Alemanha de enviar efetivos militares para regiões localizadas fora da área de influência da Organização do Tratado do Atlântico Norte (Otan). No Mediterrâneo, no Kosovo, no Afeganistão, no Golfo de Áden, no Mali, no Iraque, na Síria — o exército alemão participou e participa de uma série de missões bastante questionáveis.

RELAÇÕES ESPECIAIS

Perto do final do século XIX, embora os investimentos externos britânicos, estadunidenses e franceses fossem mais significativos, as empresas alemãs começaram a atuar com mais força no Brasil. Este movimento estava associado à tentativa de recuperar o atraso na industrialização da Alemanha, à fundação tardia do Império alemão e ao desenvolvimento postergado algumas décadas pela acumulação de capitais. Os alemães buscavam novos mercados para escoar sua produção industrial e, depois, às vésperas da Primeira Guerra Mundial, novas fontes de matérias-primas. Para o Brasil, as interações comerciais com a Alemanha representavam uma oportunidade de diversificar seus nichos de mercado e, ao variar suas fontes de financiamento e de importação de capital, garantir mais poder de barganha nas negociações com as potências imperialistas.

Por outro lado, não havia verdade nos rumores de que o Império alemão estaria interessado em anexar o sul do Brasil, onde muitos imigrantes alemães haviam se estabelecido. Esses boatos ecoaram por décadas, e de maneira tão intensa que o Ministério das Relações Exteriores alemão insistiu com o governo brasileiro que o presidente Heinrich Lübke não passasse pelo sul do Brasil nem se encontrasse com brasileiros e brasileiras de ascendência alemã durante a visita de Estado que fez ao país em 1964.[9]

Os esforços paulatinamente bem-sucedidos das empresas alemãs para se estabelecer no Brasil, adquirindo concessões de exploração mineral[10] ou atuando no fornecimento de armas e aço, sofreram um forte revés com a Primeira Guerra Mundial. Todos os planos de investimento alemães ficaram paralisados, e propriedades alemãs no Brasil foram confiscadas.

Foi só na década de 1930 que o comércio teuto-brasileiro voltou a crescer. Como tanto o Brasil quanto a Alemanha estavam com poucas divisas, escolheram fazer os chamados acordos de compensação Aski, que funcionavam da seguinte maneira: se o Brasil exportava café para os alemães, por exemplo, os alemães emitiam um cheque de compensação com o qual o Brasil podia comprar canhões da Krupp ou outros produtos pelo mesmo

---

9 Nikolaus Barbian. *Auswärtige Kulturpolitik und "Auslandsdeutsche" in Lateinamerika 1949–1973* [Política cultural exterior e "alemães no estrangeiro" na América Latina 1949–1973]. Wiesbaden: Springer Fachmedien, 2014, p. 373.

10 Gerald D. Feldman. *Hugo Stinnes. Biographie eines Industriellen 1870–1924.* [Hugo Stinnes. Biografia de um industrial (1870–1924)]. Munique: Beck, 1998, p. 356.

valor de troca.[11] A ampliação desses negócios fez com que, em 1938, o Brasil se tornasse credor líquido da Alemanha — em títulos de compensação em posse do Banco do Brasil.

Nessa época, o Terceiro Reich estava igualmente interessado em equipar-se e ampliar suas exportações armamentistas. Assim, Brasil e Alemanha fecharam um grande negócio envolvendo armamentos alemães — novamente, com produtos da Krupp. O Brasil conseguiu que 75% dos custos do acordo fossem abatidos com os vários títulos de compensação Aski então em posse do Banco do Brasil. Com duração prevista de dez anos,[12] foi a maior compra de armas assinada pelo Brasil até então: 1.180 canhões e obuses e onze veículos blindados foram entregues ao país antes que a Alemanha nazista interrompesse todos os envios, em setembro de 1939, para usar as armas na Segunda Guerra Mundial. Ao tomar parte no conflito, em 1942, o Estado brasileiro confiscou propriedades alemãs no país.

Mas as empresas alemãs retornariam ao Brasil depois da guerra. A mineradora e siderúrgica Mannesmann iniciou esse movimento e, em 15 de fevereiro de 1952, fundou a Companhia Siderúrgica Mannesmann S.A., primeiro com sede no Rio de Janeiro e, mais tarde, em Belo Horizonte.[13] Foi o primeiro investimento exterior alemão no pós-guerra. O que deveria ser apenas uma fábrica de tubos tornou-se uma unidade integrada, com produção própria de ferro fundido e aço. Até março de 1978, a pista de pouso dos aeroportos

---

11 Michael Ebi. *Export um jeden Preis. Die Deutsche Exportförderung (1932–1938)* [Exportar a qualquer preço: o fomento à exportação alemã (1932–1938)]. Stuttgart: Steiner, 2004.

12 Iury Gomes Jatai. "O Brasil vai às compras: Fried Krupp", em *Portal feb*. Disponível em <http://www.portalfeb.com.br/o-brasil-vai-as-compras-fried-krupp/>.

13 Frank J. Nellisen. *Das Mannesmann-Engagement in Brasilien von 1892 bis 1995. Evolutionspfade internationaler Unternehmenstätigkeit aus wirtschaftshistorischer Sicht.* [O engajamento da Mannesmann no Brasil de 1892 a 1995: caminhos da evolução da atividade empresarial internacional a partir de um ponto de vista de história da economia]. Munique: Beck, 1997, p. 77.

de Belo Horizonte tinha um ponto de orientação especial para os pilotos: o rastro de fumaça da indústria.[14]

Na esteira da galopante acumulação de capital do "milagre comercial" alemão, companhias sediadas na Alemanha Ocidental procuraram as possibilidades de investimento que se ofereciam no Brasil em crise na década de 1950.[15] O país precisava de investimentos estrangeiros diretos para colocar em prática o ambicioso programa do presidente Juscelino Kubitschek, com o lema "cinquenta anos em cinco". Assim, em 1955, a Mercedes-Benz instalou em São Bernardo do Campo uma fábrica de caminhões e, em 1959, a Volkswagen inaugurou com pompas suas instalações na mesma cidade do ABC. As rodovias construídas durante o governo JK se encheram de caminhões e fuscas, e o Brasil e a República Federal da Alemanha começaram a desenvolver "relações de um tipo especial", como formulou Moniz-Bandeira:[16] relações que não podiam ser perturbadas pelo golpe de 1964...

NADA DE "SENTIMENTALISMOS"

O presidente alemão Heinrich Lübke foi o primeiro chefe de Estado estrangeiro a fazer uma visita oficial ao governo golpista brasileiro: veio ao país em 11 de maio de 1964. Além das visitas obrigatórias à Volkswagen e à Mercedes, durante as conversas bilaterais que manteve no país, Lübke tratou dos valores patrimoniais alemães confiscados no Brasil durante a Segunda Guerra Mundial, da solicitação da Lufthansa de fazer três voos

14 Nellisen, *op. cit.*, p. 378.

15 Luiz Alberto Moniz-Bandeira. *Wachstumsmarkt Brasilien: Der deutsche Wirtschafts und Handelsbeitrag in Geschichte und Gegenwart* [Brasil, mercado em expansão: a contribuição alemã na economia e no comércio, no passado e no presente]. Wiesbaden: Springer Gabler, 2013, p. 3.

16 *Idem*, p. XVI.

semanais ao Brasil e também do fechamento de um futuro acordo bilateral de garantia de investimentos.

Os pedidos alemães foram amplamente atendidos, com exceção do acordo de garantia de investimentos, que jamais sairia do papel. Embora o Brasil tenha assinado catorze contratos de garantia de investimentos bilaterais com a Alemanha entre 1994 e 1999, o Congresso Nacional nunca os ratificou, uma vez que a maioria desses acordos possibilitaria que eventuais diferenças entre o Estado brasileiro e os investidores alemães fossem levados a tribunais internacionais de arbitragem em caso de comportamentos "discriminatórios", "expropriatórios" ou "semelhantes a expropriações". Isso, contudo, viola o artigo 1º da Constituição Federal brasileira, que consagra a soberania do país.

Porém, as companhias alemãs nunca se incomodaram muito com a suposta falta da chamada segurança jurídica brasileira. Em 1962, o Brasil promulgara a Lei do Capital Estrangeiro, regulando os investimentos externos. O artigo 2º da legislação determina que o capital estrangeiro investido no Brasil receba o mesmo tratamento que o capital nacional, proibindo qualquer forma de discriminação ou restrição que não esteja expressamente autorizada. As modificações realizadas em 1964 afetaram as modalidades de registro do capital estrangeiro no Brasil e as modalidades de transferência de capital e lucro, mas não o fundamento da igualdade de tratamento determinada em 1962.[17] As companhias estrangeiras sempre se sentiram bem no Brasil.

---

17 Christian Russau. "Durchsetzung internationaler Handelsregime zwischen Europäischer Union (EU) und dem Gemeinsamen Markt des Südens (Mercosur)? Ausländische Direktinvestitionen als Gegenstand der Freihandelsverhandlungen im Spannungsfeld von Investorenrechten, Entwicklung und Menschenrechten." [A imposição de regimes de comércio internacionais entre a União Europeia e o Mercosul? Inversões diretas como objeto de negociações de livre comércio no contexto de direitos de investidores, desenvolvimento e direitos humanos].Berlim: FDCL, 2004, p. 70 e segs.

Durante a visita de Lübke, o país solicitou 200 milhões de marcos alemães do orçamento do antigo Fundo Alemão de Auxílio ao Desenvolvimento. A intenção era financiar projetos industriais no Nordeste, a aquisição de turbinas para a usina hidrelétrica de Três Marias, a construção do porto de aço de Tubarão, no Espírito Santo, bem como outros projetos industriais de papel e de aço. Em contrapartida, o governo brasileiro facilitaria[18] a transferência dos ganhos de capital das empresas para a Alemanha.[19]

Bonn e Brasília pareciam se entender maravilhosamente bem. Ninguém na capital alemã se incomodava com os 50 mil opositores do regime detidos pelo governo militar em 1964, após o golpe, no contexto da "Operação Limpeza".[20] A indústria alemã já tinha muitos interesses no mercado brasileiro – seja para consumo interno ou para exportação para a Alemanha – para querer colocar em jogo suas relações comerciais ao fazer qualquer tipo de consideração sobre a violação de direitos humanos no Brasil.

Quando o "milagre econômico" brasileiro começou a avançar, as empresas alemãs já não podiam voltar atrás. A partir de 1968, a economia crescia a 10% ao ano. As empresas alemãs da indústria pesada, química, os fabricantes de máquinas e sistemas, bem como toda a indústria de suprimentos para automóveis, todos se mudaram para o Brasil, um emergente mercado do futuro. Os investimentos alemães no país aumentaram de um bilhão de marcos, em 1968, para 2,3 bilhões de marcos, em 1974. Se adicionarmos os fluxos de capital ao Brasil oriundo das filiais

18 Decreto Nº 55.762/6, que regulamenta a Lei nº 4.131, de 3 de setembro de 1962, modificada pela Lei nº 4.390, de 29 de agosto de 1964. Disponível em: <http://www.acapelattomarcas.com.br/wp-content/uploads/Decreto-n.-55762-Regulamenta-a-Lei-n%C2%BA-4.131-de-3-de-setembro-de-1962-modificada-pela-Lei-n%C2%BA-4.390-de-29-de-agosto-de-1964.1.pdf>.

19 Moniz-Bandeira, *op. cit.*, p. 155 e segs.

20 M. H. Moreira Alves. *Estado e oposição no Brasil (1964–1984)*. Petrópolis: Vozes, 1984.

alemãs das indústrias química e farmacêutica garantidos pelo Canadá, pelos Estados Unidos e pela Suíça, o valor aumentaria em até cinco bilhões de marcos.[21]

A fascinante embriaguez do "milagre econômico" do início da década de 1970 concentrou ainda mais o olhar das empresas sobre a obtenção de lucros — e as fez verter pelo ralo seus últimos escrúpulos. O "milagre econômico" se fundava no arrocho salarial e na repressão de todas as correntes oposicionistas ou sindicais. Em 1965, por exemplo, um trabalhador brasileiro que recebesse salário-mínimo precisava trabalhar quatro horas para adquirir uma quantidade mensal média de carne. Em 1971, esse valor era de sete horas e, em 1974, de onze horas.[22]

Gustav Stein, deputado da União Democrata Cristã (CDU, na sigla em alemão), e vice-presidente da comissão econômica do parlamento alemão, disse, depois de uma visita ao Brasil, em 1971, que "o governo não precisa enfrentar nenhum tipo de luta trabalhista", e pensava que, "enquanto a expansão econômica [brasileira] está em sua fase inicial, a política salarial deve proteger as empresas de uma pressão de custos a partir dos salários".

O diretor-presidente da Volkswagen, Rudolf Leidig, fez coro a estas declarações: "Estou convencido de que o Brasil, do ponto de vista político, seguramente é o país mais estável em toda a América Latina. O fato de que aqui na Europa surjam críticas eventuais ao sistema se funda seguramente no fato de que aqui as pessoas não têm o conhecimento e a compreensão necessários sobre o país. Sou da opinião de que essa estabilidade contribui para criar uma base econômica necessária e inalienável para o país. Este é certamente o objetivo mais urgente e prioritário."

---

21 Christian Lohbauer. *Brasil e Alemanha, 1964–1999: fases de uma parceria*. São Paulo: Fundação Konrad Adenauer & Edusp, 2000, p. 53 e segs.

22 Luiz Alberto Moniz-Bandeira. *Cartéis e desnacionalização: a experiência brasileira 1964–1974*. Rio de Janeiro: Editora Civilização Brasileira, 1975, p. 19.

Em seguida, acrescentou: "O brasileiro possui uma mentalidade diferente da do alemão e do europeu. Ele tem uma mentalidade feliz. Não é invejoso e está satisfeito com seu destino."

Nesse sentido, a revista *Deutsch-Brasilianische Hefte*, na época a porta-voz dos elogios internacionais ao governo brasileiro, publicou em 1973 que, "no Brasil, conseguimos criar um modelo de ordem econômica, social e política ajustado aos problemas brasileiros [...] e que sem dúvida é o melhor para as condições brasileiras e para a fase que o país e o mundo estão vivendo".[23]

Eram os "anos de chumbo", que se estenderam de 13 dezembro de 1968, quando o ditador Artur da Costa e Silva assinou o Ato Institucional Número 5, até o fim do mandato do general Emílio Garrastazu Médici, em 15 de março de 1974, época em que qualquer "suspeito" era detido, em que se trancava na cadeia quem carregasse panfletos, em que se torturava trabalhadores com atuação sindical. Com o AI-5, a ditadura concedeu a si mesma os poderes de fechar o Congresso, destituir políticos de seus cargos e recrudescer maciçamente a repressão. Com isso, os últimos restos dos direitos civis foram anulados.

De acordo com pesquisas do Instituto de Estudos da Violência de Estado, 475 pessoas foram assassinadas ou desaparecidas, e 24.560 pessoas foram perseguidas, durante a ditadura brasileira. A Comissão de Anistia criada pelo Ministério da Justiça recebeu mais de 70 mil solicitações de indenizações. Segundo recentes estimativas da Comissão Nacional da Verdade, os números da repressão são significativamente maiores no campo. Em seu

---

23 A pesquisa das citações dos *Deutsch-Brasilianische Hefte* devo a Luiz Ramalho. "Opposition und Opportunismus. Die deutsch-brasilianischen Beziehungen während der Diktatur. Ein (auch persönlicher) Rückblick". [Oposição e oportunismo: as relações teuto-brasileiras durante a ditadura: uma retrospectiva (também pessoal)], em *Nunca Mais Brasilientage, caderno do programa*. Berlim: FDCL Verlag, 2014, p. 9 e segs.

relatório final, a comissão contabilizou 1.196 pequenos agricultores e agricultoras[24] e "pelo menos" 8.350 indígenas[25] assassinados pelo regime. São vítimas sem nome e sem rosto, em sua maioria.

Em junho de 1970, a Vanguarda Popular Revolucionária (VPR) sequestrou o embaixador alemão Ehrenfried von Holleben no Rio de Janeiro. Em troca de sua libertação, os guerrilheiros exigiram a soltura de 41 oposicionistas presos pelo regime, que puderam deixar o país com destino à Argélia. A VPR foi explícita em justificar o sequestro pelo fato de que as empresas alemãs participavam da exploração do Brasil.

No decorrer do ano, tornou-se mais e mais conhecido pela opinião pública alemã que integrantes de órgãos estatais brasileiros torturavam e assassinavam opositores do regime. As vítimas preferenciais da repressão eram militantes exilados, estudantes, integrantes de grupos de direitos humanos e dos inúmeros pequenos grupos católicos que denunciavam os abusos e a tortura. Em alguns casos, jornalistas também conseguiram chamar a atenção para as violações de direitos humanos em jornais e revistas semanais.

Foi assim que alguns políticos da Alemanha Ocidental começaram a mudar de opinião. No outono de 1970, o chanceler socialdemocrata, Willy Brandt, se negou a receber o ministro brasileiro da Justiça, Alfredo Buzaid, braço direito do general Emílio Garrastazu Médici, que, de acordo com o diário alemão *Süddeutsche Zeitung*, "viajara para Bonn a fim de anunciar que não havia presos políticos no Brasil, que dirá torturas". Foi

24 "Relatório mostra que mais de mil camponeses foram vítimas da ditadura", em *Agência Senado*, 18 de março de 2016. Disponível em <http://andes-ufsc.org.br/relatorio-mostra-que-mais-de-mil-camponeses-foram-vitimas-da-ditadura/>.

25 "Comissão da Verdade: ao menos 8,3 mil índios foram mortos na ditadura militar", em *Amazônia Real*, 11 de abril de 2014. Disponível em <http://amazoniareal.com.br/comissao-da-verdade-ao-menos-83-mil-indios-foram-mortos-na-ditadura-militar/>.

exatamente o que Buzaid quis provar como organizador do livro editado pelo governo militar brasileiro no mesmo ano, intitulado *Livro da verdade*.[26] Paradoxalmente, também havia sido Buzaid quem disse que o regime tinha de se armar para eliminar "os maus elementos".[27] Soube-se mais tarde, segundo informação do advogado de direitos humanos Flávio Flores da Cunha Bierrenbach, que Buzaid visitara pessoalmente várias vezes os porões do Destacamento de Operações de Informações-Centro de Operações de Defesa Interna (DOI-Codi), vinculado ao Segundo Exército, em São Paulo, onde se conduziam sessões de tortura.[28] Devido à recusa de Brandt em recebê-lo, Buzaid fez visitas protocolares a duas penitenciárias na Renânia do Norte, onde estudantes organizaram protestos contra sua presença. As manifestações fizeram com que Buzaid "interrompesse precocemente sua visita e seguisse para Londres".[29]

Assim, no fim de 1970, a economia alemã no Brasil se deparava com um problema. Poucos meses depois, entre 23 de abril e 4 de maio de 1971, no Parque do Ibirapuera, em São Paulo, seria inaugurada a "maior exposição de indústrias alemãs no exterior". Ao todo, 375 expositores alemães ocupariam 22 mil metros quadrados para demonstrar a precisão dos trabalhos *Made in Germany*. Por isso, e como sempre, não podiam faltar personalidades políticas. Depois da recusa de Willy Brandt, o ministro da Economia, Karl Schiller, do Partido Social-Democrata (SPD, na sigla em alemão), tampouco se sentiu "inclinado" a inaugurar o

26 Disponível em <https://www.scribd.com/doc/211046686/Livro-da-Verdade-do-ministro-Buzaid-pdf>.

27 Roberto Machado. "Juristas de Exceção", em Joana Montelnone, Haroldo Ceravolo Sereza, Vitor Sion, Felipe Amorim & Rodolfo Machado. *À espera da verdade: empresários, juristas e elite transnacional: história de civis que fizeram a ditadura militar*. São Paulo: Alameda, 2016, p. 93.

28 Paula Spieler & Rafael Mafei Rabelo Queiroz. *Advocacia em tempos difíceis: ditadura militar 1964–1985*. Curitiba: Edição do autor, 2013, p. 275.

29 Luiz Ramalho, *op. cit.*, p. 9.

evento em São Paulo. O ministro de Transportes, Georg Leber, se ofereceu para a missão, mas, para o governo militar brasileiro, ele não possuía status suficientemente alto para uma recepção de Estado.

"Todo esse mal-estar foi sanado pelo alegre temperamento de Walter Scheel", ironizou o jornal *Süddeutsche Zeitung* em abril de 1971. Ministro das Relações Exteriores e vice-chanceler, Scheel viajou para Brasília e fez a corte exigida pelo regime. Na ocasião, afirmou que, "embora algumas notícias da política interna do Brasil fossem um pouco chocantes para naturezas mais sensíveis, na Alemanha havia liberdade total de imprensa e, por isso, o governo não poderia evitar 'ataques ao Brasil'". Também disse que, de fato, muitas "informações sensacionalistas" que apareciam em órgãos de imprensa alemães eram "injustas contra o Brasil". Os expositores alemães e, sobretudo, as empresas sediadas em São Paulo, Belo Horizonte e Rio de Janeiro devem ter recebido estas palavras com alívio.

Nas vésperas da visita de Estado, o *Jornal do Brasil* reproduziu as palavras de um diplomata alemão, sem citar o nome, comentando o sequestro do embaixador Ehrenfried von Holleben: "Mesmo se o episódio com o nosso embaixador tivesse tido um fim trágico, isso não teria prejudicado significativamente as relações entre os dois países. Nossos interesses econômicos no Brasil são tamanhos que não podemos nos dar o luxo de sentimentalismos."

O ministro Walter Scheel também deve ter pensado isso, e assinou com o chanceler brasileiro, Gibson Barbosa, "acompanhado de brindes", como relatou o *Süddeutsche Zeitung*,[30] uma declaração conjunta que reputava "desejável" uma ação coordenada para o "combate de atos de violência contra vidas humanas

---

30 Idem.

e meios de transporte". Dessa forma, o vice-chanceler alemão classificou como terroristas os pequenos grupos guerrilheiros que resistiam à ditadura no campo e nas cidades, e se inscreveu na tradição dos anticomunistas convictos, para os quais um apelo aos direitos humanos parecia supérfluo demais: um "sentimentalismo". Não é de estranhar, portanto, que, depois do golpe militar no Chile, em 1973, a coalizão do governo social-liberal em Bonn quisesse aceitar somente um contingente de dois mil refugiados da repressão pinochetista.[31]

EXERCÍCIOS DE TIRO E UM "CALDEIRÃO DE HAMBURGO" EM SÃO PAULO

Além de ignorar as discussões sobre ditadura ou direitos humanos no Brasil, o governo de Helmut Schmidt (1974–1982) não apenas fechou com o país um acordo nuclear do qual ainda falaremos com detalhes, como também permitiu, em 1976, que o fuzil de assalto Gewehr 3, também conhecido como G3, da Heckler & Koch, fosse fabricado no país.[32] O G3 tinha sido desenvolvido exclusivamente para o exército alemão, e os direitos de produção pertenciam ao governo alemão — que não via problema algum em vendê-los para os generais brasileiros.

Desde o início da década de 1970, o exército alemão já não tinha mais escrúpulos a respeito da colaboração com os militares

---

31 Jochen Fuchs. "Ändere die Welt, denn sie braucht es" [Muda o mundo, que ele precisa], em *Lateinamerika Nachrichten*, nº 473, novembro de 2013. Disponível em: <http://lateinamerika-nachrichten.de/?aaartikel=aendere-die-welt-denn-sie-braucht-es>.

32 Amrei Coen, Hauke Friederichs & Wolfgang Uchatius. "Der Tod kommt aus Deutschland" [A morte vem da Alemanha], em *Zeit Online*, dezembro de 2013. Disponível em <http://www.zeit.de/2013/51/deutsche-waffenexporte-schnellfeuergewehr-g36/seite-4>.

brasileiros. Em 1972, convidou para sessões de treinamento em território alemão os integrantes da Escola Superior de Guerra — onde "se formularam os princípios da Doutrina de Segurança Nacional, cujo objetivo era o combate à esquerda e a eliminação dos 'inimigos internos'".[33] Quando esse treinamento se tornou público, houve grandes protestos estudantis na Alemanha contra a colaboração do governo com a ditadura brasileira.[34]

Após os protestos, o exército alemão evitou pronunciamentos públicos e não se expressou sobre o conteúdo do treinamento. Tampouco emitiu declarações concretas sobre as visitas que recebeu de membros do Serviço Nacional de Informações (SNI) brasileiro, que, como revelou o relatório final da Comissão Nacional da Verdade, também haviam sido convidados para treinamentos na Alemanha.[35]

Isso não é coisa do passado. As armas da Heckler & Koch ainda hoje desfrutam de grande prestígio, mesmo com todas as suas imprecisões. Uma das unidades policiais mais famosas do mundo, o Batalhão de Operações Policiais Especiais (Bope) do Rio de Janeiro, está equipado com armas da Heckler & Koch. Entre elas se encontra o fuzil de assalto G3, já mencionado, a submetralhadora MP5, a metralhadora H&K21 e o rifle de precisão H&K PSG1.[36] Antes da Copa do Mundo de 2014, o Brasil comprou do exército alemão trinta e quatro tanques antiaéreos Gepard 1A2 usados. Esses equipamentos podem ser controlados remotamente. Os primeiros veículos chegaram em maio de 2013 e foram usados durante a visita do papa Francisco na Jornada Mundial da Juventude, no Rio de

---

33 João Paulo Caldeira. "A tortura e os mortos na ditadura militar", em *Jornal* GGN, 5 de dezembro de 2013. Disponível em <http://jornalggn.com.br/noticia/a-tortura-e-os-mortos-na-ditadura-militar>.

34 Ramalho, *op. cit.*, p. 9.

35 Comissão Nacional da Verdade. *Relatório final*, vol. 1, p. 119.

36 Jürgen Grässlin. "Tore und Tote" [Portões e mortos], em *Kontext Wochenzeitung*, 7 de maio de 2014. Disponível em <http://www.kontextwochenzeitung.de/ueberm-kesselrand/162/tore-und-tote-2188.html>.

Janeiro. "Precisamos dos tanques para proteger as pessoas nos estádios em grandes eventos", argumentou o general Marcio Roland Heise às vésperas do torneio de futebol. O tanque dispõe de duas metralhadoras de 35 mm e consegue abater objetos voadores a curta distância. Há informações de que o preço total pago pelos tanques, produzidos originalmente por Krauss-Maffei, Blohm + Voss e Siemens, tenha chegado a 40 milhões de dólares.[37]

Em 22 de fevereiro de 2014, menos de quatro meses antes do pontapé inicial, mais de duas mil pessoas se reuniram na Praça da República, no centro de São Paulo, para um protesto contra a Copa do Mundo. A polícia usou gás lacrimogêneo e balas de borracha. Um caminhão exibindo o logotipo da Volkswagen foi usado na operação. Três meses depois, a Volkswagen mandou declarar durante sua assembleia de acionistas que apenas a parte inferior do veículo havia sido fabricado pela empresa, e que outras firmas teriam trabalhado em conversões e na carroceria.

No meio desse caos, a Polícia Militar de São Paulo aplicou *in situ* pela primeira vez uma "nova tática", a *Hamburger Kessel* ou "caldeirão de Hamburgo", como foi chamado por alguns meios de comunicação locais. Caldeirão de Hamburgo em São Paulo? Então agora, depois de *Kindergarten*, *Autobahn*, *Panzer* e *Blitzkrieg*, outra palavra alemã viveria uma vertiginosa carreira internacional?

O "caldeirão" é uma tática policial proibida pelo tribunal administrativo de Hamburgo, na Alemanha, desde 1986. Em 8 de junho daquele ano, haveria uma manifestação na cidade contra a usina nuclear de Brokdorf. O comando da polícia decidiu conter a marcha antes mesmo que começasse, encurralando as pessoas que se encaminhavam para lá. Esse cerco preventivo,

37 Christian Russau. "O Brasil treina com blindados, canhões de água e pistolas", em *Resistências no país do futebol: a Copa em contexto*. São Paulo: Fundação Rosa Luxemburgo, 2014. Disponível em <http://rosaluxspba.org/resistencia-no--pais-do-futebol/>.

que durou mais de treze horas, foi julgado e declarado ilegal. O comandante da polícia recebeu reprimendas administrativas por haver executado indevidamente 861 prisões.

Não está claro como uma tática policial ilegal — e seu nome em alemão — chegaram a São Paulo. Há suspeitas, porém, de que o Ministério do Interior alemão concedeu "ajudas de formação policial" a policiais brasileiros em Hanôver, no outono de 2013, durante um curso de várias semanas para "promoção da democracia e do Estado de direito".

Trata-se, como declarou ao parlamento alemão o secretário de estado parlamentar do Ministério do Interior, Günter Krings, "de um treinamento de três semanas" para a "formação de forças especiais" para policiais militares brasileiros "em preparação para os grandes eventos que estavam para ocorrer: a Copa do Mundo de 2014 e os Jogos Olímpicos de 2016", e para o "fortalecimento dos direitos humanos e do Estado de direito".[38]

Como afirmou Krings ao parlamento alemão, o treinamento era composto por "exercícios de tiro", "técnicas de defesa pessoal" e "diferentes táticas, entre as quais intervenções em ônibus e aviões no caso de sequestro com reféns". O representante do Ministério do Interior fez alusões ao trabalho da polícia durante os jogos do campeonato alemão, dizendo que o treinamento emulava situações com as quais o torcedor comum se depara nos estádios da Alemanha nos finais de semana. Depois de mais algumas palavras sobre uso proporcional e escalonado da força,

---

38 Andrej Hunko. "Weitere mündliche Frage zu Ausbildungsinhalten deutscher Spezialkräfte für brasilianische Terrorpolizei Bope im Rahmen der Fussball-WM 2014" [Outra pergunta para o governo alemão sobre os conteúdos de formação das forças especiais alemãs para a polícia brasileira BOPE no contexto da Copa do Mundo de 2014], em 5 de junho de 2014. Disponível em <http://www.andrej-hunko.de/bt/fragen/2034-weitere-muendliche-frage-zu-ausbildungsinhalten-deutscher-spezialkraefte-fuer-brasilianische-terrorpolizei-bope-im-rahmen-der-fussball-wm-2014>.

Krings deixou escapar, com grande habilidade retórica, que certamente seria possível apontar "certos pontos críticos" em relação ao treinamento oferecido pela Alemanha aos policiais brasileiros. Ele já sabia das repercussões negativas que a medida produziria no país. "Isso é puro escárnio", sentenciou o deputado Andrej Hunko, do partido de esquerda Die Linke, durante a sabatina. "O treinamento conjunto demonstra a vontade, inclusive das polícias alemãs, de fortalecer a arquitetura de segurança durante eventos esportivos. Com o treinamento, as polícias alemãs estimulam o conceito altamente militarizado da Copa do Mundo no Brasil".[39]

O secretário do Ministério do Interior retrucou: "Tenho certeza de que aquilo que pudemos transmitir na Alemanha como formação gerou um Estado de direito melhor e, como resultado final, foram beneficiados não apenas a segurança, mas também o procedimento e, no sentido positivo da palavra, também o procedimento cívico das forças."

No que diz respeito ao "procedimento cívico" das polícias brasileiras, um breve olhar para as estatísticas é tão esclarecedor quanto preocupante. Um estudo sobre a letalidade policial no Brasil informa que em 2013 pelo menos 1.259 pessoas foram mortas por membros das polícias civil e militar do país.[40] Só no Rio de Janeiro, 580 pessoas foram baleadas por policiais em 2014,

---

39 Andrej Hunko. "Militarisierung von Sportereignissen: Brasilianische Militärpolizei drei Wochen von deutschem SEK trainiert [A militarização dos eventos esportivos: Polícia Militar brasileira treinada durante três semanas pelo comando especial alemão SEK], em 5 de junho de 2014. Disponível em <http://www.andrej-hunko.de/presse/2036-militarisierung-von-sportereignissen-brasilianische-militaerpolizei-drei-wochen-von-deutschem-sek-trainiert>.

40 "Para cada quatro mortos pela polícia no Brasil, um policial é assassinado", em *BBC Brasil*, 16 de setembro de 2014. Disponível em <http://www.bbc.com/portuguese/noticias/2014/09/140914_salasocial_eleicoes2014_violencia_policia_numeros_lk_jp.shtml>.

ano da Copa do Mundo, quase 40% mais que em 2013.[41] Segundo números mais recentes do Instituto de Segurança Pública (ISP) do Rio de Janeiro, em 2015 foram baleadas 654 pessoas pela polícia no estado. Em 2016, esse número subiu para 920.

Por isso, grupos de direitos humanos brasileiros e internacionais há muito tempo reivindicam a desmilitarização da PM, exigência que, conforme reportagem da *Deutsche Welle*, cresceu significativamente desde as jornadas de junho de 2013 e depois da violência com que as polícias reprimiram as manifestações contra a Copa do Mundo.[42] Em 2012, a ONU solicitou oficialmente que o Brasil extinguisse a PM.[43] Em vez de oferecer treinamento aos policiais brasileiros, o governo alemão deveria assumir sua cota de responsabilidade ao consentir, todos os anos, com a exportação de armas para o Brasil. Como ressalta o especialista em comércio de armas Jürgen Grässlin em entrevista à *Deutsche Wirtschafts Nachrichten*, "as forças de segurança brasileiras muitas vezes usam armas de fogo vindas da Alemanha".[44] Essas armas são fabricadas não apenas pela Heckler & Koch — como os já mencionados fuzis de assalto empregados nas favelas cariocas pelo Bope —, mas também pela empresa Carl

41 Álvaro Ludgero Andrade. "Polícia do Rio mata muito, diz porta-voz da Amnistia Internacional no Brasil", em *VOA*, 2 de junho de 2016. Disponível em <http://www.voaportugues.com/a/policia-rio-mata-amnistia-internacional-brasil/3359115.html>.

42 "Excessos cometidos por PMs impulsionam debate sobre desmilitarização da polícia", em *Deutsche Welle*, 4 de agosto de 2014. Disponível em <http://www.dw.com/pt/excessos-cometidos-por-pms-impulsionam-debate-sobre-desmilitariza%C3%A7%C3%A3o-da-pol%C3%ADcia/a-17825168>.

43 "PM mata seis vezes mais que Polícia Civil em São Paulo", em *BBC Brasil*, 4 de junho de 2012. Disponível em <http://www.bbc.com/portuguese/noticias/2012/06/120601_direitos_humanos_policias_onu_lk.shtml>.

44 Antônio Cascais. "Weltmeister: Deutsche Waffen-Industrie verdient prächtig mit der Fussball-WM" [Campeões do mundo: a indústria de armamento alemã lucra formidavelmente com a Copa], em *Deutsche Wirtschafts Nachrichten*, 3 de junho de 2014. Disponível em <http://deutsche-wirtschafts-nachrichten.de/2014/06/03/weltmeister-deutsche-waffen-industrie-verdient-mit-fussball-wm/>.

Walther GmbH. Grässlin lembra ainda a "participação" alemã no massacre do Carandiru, em São Paulo, em 2 de outubro de 1992:

> Os policiais militares estavam armados com submetralhadoras do tipo MP5, da fabricante de armas de Oberndorf, Heckler & Koch. Com os números de série, a seção alemã da Anistia Internacional pôde comprovar que as armas tinham sido exportadas da Alemanha para o Brasil.[45]

Pelo menos a posição do governo alemão é coerente: de um lado, emite autorizações de exportação para as armas; de outro, treina os policiais que irão utilizá-las. Quando perguntado como o "caldeirão de Hamburgo" chegou a São Paulo, o secretário do Ministério do Interior não soube responder. "Conteúdos como o 'caldeirão de Hamburgo' não são veiculados no contexto do auxílio de formação policial. Maiores informações sobre os conteúdos veiculados durante o treinamento não são apropriadas para o público, uma vez que se tratam de técnicas de uso policial. Informações sobre os canais pelos quais o modelo tático policial do 'caldeirão de Hamburgo' chegou ao Brasil não constam no Ministério do Interior."[46]

O "caldeirão de Hamburgo" não conseguiu viajar os cerca de quinhentos quilômetros que separam Hamburgo e Frankfurt, na Alemanha, onde os integrantes do movimento Blockupy protestaram contra políticas de austeridade — e foram duramente reprimidos — em 2013. Como poderia ter chegado a São Paulo?

---

45 *Idem.*

46 E-mail do Ministério do Interior da Alemanha, divisão de imprensa, ao autor em 31 de julho de 2014.

2

NEGÓCIOS BOMBÁSTICOS

Bombengeschäft — literalmente, "Negócio bombástico". Esta foi a manchete da edição especial de 1980 da revista *Lateinamerika Nachrichten*.[47] O tema tratado foi o maior negócio alemão de exportação de todos os tempos, assinado em 1975 pelo governo social-liberal alemão e pelo Brasil: o acordo de cooperação em energia nuclear.

CENTRÍFUGAS CONFISCADAS

Os primeiros contatos entre a Alemanha e o Brasil referentes à questão nuclear remontam a 1953, quando o almirante brasileiro Álvaro Alberto da Mota e Silva, que havia estudado física na Alemanha antes da Segunda Guerra Mundial, viajou para a República Federal Alemã com o objetivo de encontrar os físicos nucleares Paul Harteck, Wilhelm Groth e Konrad Beyerle. Durante o nazismo, os três haviam sido membros do Uranverein, o projeto nuclear desenvolvido pelo Ministério da Guerra de Hitler, e comandado o desenvolvimento da tecnologia de ultracentrífugas, que permite o enriquecimento escalonado do urânio-235 — passível de ser usado em armas nucleares. Depois da

47 Lateinamerika Nachrichten. *Das deutsch-brasilianische Bombengeschäft* [O negócio bombástico teuto-brasileiro]. Berlim: FDCL, 1980. Disponível em <http://fdcl-berlin.de/publikationen/fdcl-veroeffentlichungen/ln-fdcl-1980-das-deutsch-brasilianische-bombengeschaeft/>.

guerra, os cientistas voltaram a trabalhar em universidades e instituições de pesquisa.

Durante a visita, o almirante Álvaro Alberto Mota e Silva ofereceu aos colegas alemães a quantia de 80 mil dólares para que desenvolvessem protótipos de centrífugas nucleares para o Brasil, oferta à qual os três físicos não resistiram, embora, àquela altura, esse tipo de projeto fosse proibido pelas leis de ocupação da Alemanha nos anos seguintes à Segunda Guerra. Os participantes no projeto nuclear brasileiro tentaram legalizar seus planos por meio de uma autorização especial que seria emitida pela Comissão de Segurança Militar dos Aliados.[48] Como a permissão foi negada, optaram por fazer tudo em segredo.[49]

Consta que Wilhelm Groth expressou sua gratidão ao almirante brasileiro pela iniciativa: "O senhor salvou a pesquisa nuclear alemã [...] Arrume o dinheiro e nós construiremos os protótipos. Depois vamos ao Brasil e construiremos as instalações."[50] O então presidente do Brasil, Getúlio Vargas, foi informado da necessidade de sigilo absoluto. Os 80 mil dólares foram transferidos ao Instituto de Física da Universidade de Bonn através do Deutsch-Südamerikanische Bank para "fins de pesquisa".

Os "conspiradores nucleares" alemães e brasileiros daquele primeiro momento fecharam o acordo sem avisar James Conant, alto comissário dos Estados Unidos e representante máximo dos Aliados na Alemanha Ocidental entre 1953 e 1955. Mas Conant ficou sabendo, e em meados de 1954, junto com o general de brigada Harvey Smith, mandou confiscar as duas

---

48 U.S. High Commissioner telegram 75 to State Department, 9 July 1954, Secret. Source: RG 59, Central Decimal Files 1950–1954, 762A.0221/7–954. Disponível em <http://nsarchive.gwu.edu/nukevault/ebb518-the-gas-centrifuge-secret-origins-of-US-policy-of-nuclear-denial-1954-1960/doc%203%207-9-54%20m%20decimal%20files%2050-54%20bx%203888%20brazil%20gas%20centrifuge-2.pdf>.

49 Lateinamerika Nachrichten, *op. cit.*

50 *Brasilien Nachrichten*, nº 40/41, 1979, p. 36.

centrífugas fabricadas pela Sartorius para o governo brasileiro em Göttingen e em Hamburgo,[51] alegando que a exportação seria vetada pela Comissão de Energia Atômica dos Estados Unidos (AEC, na sigla em inglês).[52] Conant agiu por ordens expressas do presidente da AEC, o almirante Lewis Strauss. O almirante brasileiro Álvaro Alberto Mota e Silva espumou de raiva e viajou para Alemanha, Grã-Bretanha e Estados Unidos a fim de exigir a entrega das centrífugas. Seus argumentos, ou mesmo a oferta de que o Brasil compraria tecnologia nuclear norte-americana, não tiveram êxito.

Mas haveria uma reviravolta surpreendente nas negociações. Em maio de 1955, entraram em vigor os Tratados de Paris, que puseram fim à ocupação da Alemanha Ocidental pelos Aliados e restabeleceram em grande medida a soberania do país. Em outubro de 1955, os alemães criaram o Ministério para Questões Nucleares, precursor do atual Ministério para Cultura e Pesquisa, cujo primeiro titular, Franz-Josef Strauss, prometeu fomentar a construção da indústria nuclear alemã. Strauss demonstrou grande interesse pela "história sul-americana", referindo-se não apenas ao Brasil, mas sobretudo à Argentina, para onde alguns dos principais cientistas nucleares nazistas haviam fugido depois da guerra. Strauss decidiu recuperar esses cérebros.[53] No conflito triplo entre Estados Unidos, Alemanha e Brasil sobre o acordo de "transferência de tecnologia" teuto-brasileiro, acabou vencendo a opinião norte-americana de que

51 Lateinamerika Nachrichten, *op. cit.*.

52 Para um resumo de documentos norte-americanos que já foram liberados para consulta, ver William Burr. *The Gas Centrifuge Secret: Origins of a U.S. Policy of Nuclear Denial, 1954–1960* [O segredo da centrífuga a gás: origens do política de embargo nuclear norte-americana, 1954–1960]. National Security Archive Electronic Briefing Book nº 518, 29 de junho de 2015. Disponível em <http://nsarchive.gwu.edu/nukevault/ebb518-the-gas-centrifuge-secret-origins-of-US-policy-of-nuclear-denial-1954-1960/index.html#_edn5>.

53 *Brasilien Nachrichten*, nº 40/41, 1979, p. 36.

os protótipos de centrífuga desenvolvidos por Harteck e seus colegas não eram particularmente eficazes para o enriquecimento de urânio e que, por isso, poderiam ser enviados ao Brasil sem maiores preocupações. Os americanos desistiram de impor qualquer veto e, assim, as primeiras centrífugas chegaram ao país em 1956.

No final dos anos 1970, o ativista e jornalista teuto-brasileiro Frederico Füllgraf pesquisou os bastidores da negociação.[54] Certo dia, teve a oportunidade de conversar com Alfred Boettcher em um bar de Berlim. Em 1960, Boettcher se tornara diretor científico do Centro de Pesquisas Nucleares de Jülich. Frederico Füllgraf lembra de ter conseguido gravar a avaliação de Boettcher sobre as centrífugas fornecidas ao Brasil: “Enquanto o professor, que era da região de Baden, elogiava a qualidade da nossa terceira garrafa de vinho Edelzwicker, eu provoquei a sua vaidade: ‘Verdade que os americanos desqualificaram as centrífugas como liquidificadores de terceira categoria?’ ‘Que besteira!’, revidou o técnico nuclear, e disse, com brilho nos olhos: ‘Elas não só enriqueciam bem. Enriqueciam *muito bem* — mais de 70%!’”

Na Segunda Guerra, Alfred Boettcher ocupara o cargo de capitão da força paramilitar nazista SS em Leiden, na Holanda ocupada. O Instituto Holandês para Documentação de Guerra descreve Boettcher como tendo sido um “colaborador entusiasmado do regime” de Hitler.[55] Em 12 de maio de 1949, ele foi condenado a dezoito meses de prisão em Haia. Na Alemanha

54 Frederico Füllgraf. *Der Atomdeal und die Ungehorsamen* [A negociata nuclear e os desobedientes], em *Latinorama*, 6 de março de 2014. Disponível em <http://blogs.taz.de/latinorama/2014/03/06/der-atomdeal-und-die-ungehorsamen/>.

55 Dietrich Schulze. “KIT Karlsruhe: Aufarbeitung der NS-Verstrickungen der deutschen Atomforschung. Atomare Geschichtsentsorgung”, em *Neue Rheinische Zeitung*, 26 de junho de 2013. Disponível em <http://www.nrhz.de/flyer/beitrag.php?id=19181.>

do pós-guerra, tornou-se diretor-geral da Degussa, empresa da área química que havia mantido laços muito fortes com o nazismo, e onde já havia trabalhado antes da guerra. Deixou a Degussa em 1960 e foi para o Centro de Pesquisas Nucleares de Jülich. Passaram-se seis anos antes que alguém se interessasse por sua trajetória. Quando o governo holandês soube que um antigo homem da SS estava dirigindo o Centro Nuclear de Jülich, protestou junto ao governo de Bonn. Em 1966, Boettcher foi convidado a deixar o cargo em Jülich e se tornou, três anos depois, o coordenador do Acordo-Quadro sobre Cooperação em Pesquisa Científica e Desenvolvimento Tecnológico com o Brasil. A partir de 1970, a missão de Boettcher era organizar cursos e workshops no Brasil e na Alemanha para cientistas nucleares brasileiros. Em 1972, por iniciativa de Boettcher, houve a chamada "ação especial teuto-brasileira", em que físicos militares brasileiros debateram com representantes da economia alemã as possibilidades de se estabelecer uma indústria atômica no Brasil. Essas negociações foram um marco do acordo nuclear entre os países. Em setembro de 1972, um grupo de sessenta militares brasileiros frequentou oficialmente a Academia Militar do Exército alemão em Hamburgo. E passaram a maior parte do tempo dentro do Centro de Pesquisas Nucleares de Jülich.[56]

NEGÓCIOS ATÔMICOS TEUTO-BRASILEIROS

Em 1968, durante visita oficial ao Brasil, Willy Brandt, que à época era o ministro das Relações Exteriores da Alemanha Ocidental, expusera ao governo militar brasileiro o interesse

56 *Brasilien Nachrichten*, nº 40/41, 1979, p. 39.

alemão em uma cooperação nuclear. Em março de 1969, o ministro alemão da Pesquisa, Gerhard Stoltenberg, assegurou a diplomatas brasileiros que, "para a República Federal da Alemanha, é indiferente se, na questão da cooperação nuclear, os países parceiros assinam ou não o Tratado de Não Proliferação de Armas Nucleares".[57] Naquele mesmo ano foi assinado em Bonn o Acordo-Quadro sobre Cooperação em Pesquisa Científica e Desenvolvimento Tecnológico, que, em seu artigo segundo, enfatiza a cooperação binacional em pesquisa nuclear.

Os incômodos causados pela situação dos direitos humanos no Brasil, existentes pelo menos em alguns momentos durante o governo de Willy Brandt (1969–1974), já haviam se dissipado na administração de Helmut Schmidt, que assumiu o cargo de chanceler em maio de 1974, depois da renúncia do antecessor. Em 27 de junho de 1975, foi assinado entre o Brasil e a República Federal da Alemanha sobre o Acordo sobre Cooperação no Campo dos Usos Pacíficos da Energia Nuclear, que entrou em vigor em 18 de novembro de 1975. Ele previa tanto a "extração e a preparação de minério de urânio" como também a "construção de reatores nucleares" e o "enriquecimento de urânio". Este acordo está em vigor até hoje. A duração inicial foi fixada em quinze anos, mas, durante a assinatura, houve "concordância tácita" de que seria sempre automaticamente prorrogado por cinco anos, com um prazo de doze meses em caso de ruptura. O acordo previa que, com ajuda da tecnologia alemã, o Brasil construiria oito usinas atômicas, uma instalação de enriquecimento de urânio e uma usina de reprocessamento nuclear.

A empresa Siemens e sua subsidiária Kraftwerk Union (KWU) exultaram com o negócio bilionário. Pudera. Estimativas

---

57 *Idem*, p. 37.

alemãs da época davam conta de um volume total de investimentos de até 20 bilhões de marcos alemães: uma benção econômica para a minguante indústria nuclear alemã daquele então.[58] Se entre janeiro 1970 e fevereiro de 1972 o setor havia comemorado a construção de seis centrais atômicas na Alemanha, o próximo canteiro de obras seria instalado só em janeiro de 1975. Por isso, a indústria nuclear alemã apostava na globalização de seu negócio.

No Brasil, somente a usina de Angra 2, concluída em 2000, foi construída com base no Acordo Nuclear Brasil-Alemanha.[59] O bloco do reator de Angra 3 passou a ser construído a partir de 1984, e os componentes necessários foram importados em 1985 por 750 milhões de marcos alemães. Em 1986, a obra ficou congelada por causa da crise financeira no país. Em 2010, foi retomada e, em 2015, voltou a ser paralisada até segunda ordem por causa dos problemas financeiros das empreiteiras brasileiras, submetidas a investigações de corrupção.

Em meados dos anos 1970, a KWU conseguiu fazer com que a empresa nuclear estatal Nuclebrás — que em 1989 seria reestruturada e rebatizada como Indústrias Nucleares do Brasil (INB) — firmasse cinco *joint ventures* nesse setor com a própria KWU e outras empresas associadas. Por um lado, isso estava associado ao grande interesse alemão em negócios com o Brasil. Por outro, a Alemanha levava muito a sério as preocupações dos Estados Unidos com relação à transferência de tecnologia nuclear para o país sul-americano. Essas *joint ventures* satisfariam todos os interesses em jogo— o negócio em si, a participação

58 Ilse Dorothee Pautsch. *Akten zur auswärtigen Politik der Bundesrepublik Deutschland 1975* [Atas da política exterior da República Federativa da Alemanha 1975], vol. 1. Munique, 2006, p. 26.

59 O bloco vizinho, Angra 1, é um reator da empresa americana Westinghouse e foi construído com base em acordos entre o Brasil e os Estados Unidos.

futura, resultados e controles dos mesmos — e resultaram nas empresas Nuclen, Nuclep, Nusteo, Nuclei e Nuclam.

A Nuclen, responsável pela engenharia das plantas atômicas, envolveu-se em um escândalo em 1979, que desembocou no confisco de uma edição completa da *Gazeta Mercantil* depois de o jornal ter publicado cláusulas sigilosas do acordo entre a empresa-mãe, Nuclebrás, e a KWU alemã. A reportagem revelou que, apesar de sua participação minoritária na Nuclen, de apenas 25%, à KWU ficara assegurado o direito único de controlar a empresa. Quando, em 1997, a Nuclen se fundiu com a área nuclear de Furnas, criando a Eletrobras Eletronuclear, a Siemens vendeu sua participação.

Já a Nuclep, fábrica de equipamentos pesados, tinha 75% das ações controladas pela Nuclebrás. Os restantes 25% eram compartilhados entre a KWU, a Gutehoffnungshütte GHH e a austríaca Voestalpine. A ideia era que a Nuclep, ao término das obras dos reatores brasileiros de Angra e dos argentinos de Atucha, conseguisse encomendas de novos serviços na China, no Egito e na Turquia. A Nustep (50% Nuclebrás e 50% Steag), única *joint venture* sediada na Alemanha, era responsável pela pesquisa e pelo desenvolvimento do enriquecimento de isótopos. A Nuclei (75% Nuclebrás, 25% Steag e Interatom), por sua vez, construiu a usina experimental para o enriquecimento de isótopos. A Nuclam (51% Nuclebrás, 49% Urangesellschaft) foi criada para prospectar e extrair minas de urânio. Encontrou o minério em Santa Quitéria, no Ceará, mas a resistência da população local e a atuação do Ministério Público têm retardado até hoje os trabalhos de mineração.[60]

---

60 Christian Russau. "Widerstand gegen Uranabbau in Nordostbrasilien" [Resistência contra a extração de urânio no Nordeste brasileiro], em *Amerika 21*, 29 de julho de 2012. Disponível em <https://amerika21.de/nachrichten/2012/07/53528/widerstand-uranabbau-ceara>.

O negócio com urânio veio ao encontro especialmente dos interesses do governo da Alemanha. Depois da crise do petróleo de 1973, a ideia da "independência do petróleo através da energia nuclear" se tornara mais popular na política alemã. À época, o Ministério da Pesquisa fomentava a exploração de urânio com subsídios de entre 50% e 70%. Nada deveria deter o início da Era do Átomo, muito menos a falta da matéria-prima. A garantia do acesso ao urânio brasileiro devia ser dada pela Nuclam, que pertencia 49% à Urangesellschaft (da qual participavam Steag, VEBA e a Metallgesellschaft). "O ponto de interesse econômico para a República Federal da Alemanha no programa de cooperação é o fornecimento de urânio natural do Brasil para a Alemanha", admitira o governo alemão em 1976, ao ser inquirido pelo deputado Karl-Hans Kern (SPD) sobre o acordo teuto-brasileiro.[61] Os gestores alemães do setor nuclear sempre insistiram na segurança do fornecimento de matérias-primas para seus reatores.[62]

Havia outras empresas que pensavam em lucrar com o negócio brasileiro de urânio. A RBU, uma subsidiária da KWU, forneceu *pellets* (pastilhas) de urânio, bem como a planta arquitetônica para a usina de enriquecimento de Resende, no Rio de Janeiro, finalizada com atraso em 2006. Mas, conforme havia sido acordado ainda em meados dos anos 1970, o enriquecimento do minério deveria ser feito nas usinas da Urenco, consórcio europeu formado por Inglaterra, Holanda e Alemanha.[63]

---

61 Christian Russau. "Vom Leben neben der Uranmine" [Vivendo ao lado da mina de urânio], em Kooperation Brasilien, 1º de abril de 2014. Disponível em <http://www.kooperation-brasilien.org/de/themen/landkonflikte-umwelt/vom-leben-neben-der-uranmine>.

62 Rolf Engelke. "Urangesellschaft, Areva, Siemens und Konsorten [Urangesellschaft, Areva, Siemens e comparsas], em Anti Atom Aktuell, maio de 2011. Disponível em <http://www.anti-atom-aktuell.de/archiv200/219/219urangesellschaft.html>.

63 Christian Russau. "Atom für Carioca und Caramba. Brasiliens Ausbau des Atomprogramms" [Átomo para Carioca e Caramba: a expansão brasileira do programa

Se o parlamento alemão não viu muitos problemas em receber minério de urânio de uma ditadura para ser enriquecido em Gronau e, depois, reenviado ao Brasil, o parlamento holandês vetou o fornecimento de urânio da usina de Almelo, da Urenco, para o país então sob o jugo dos militares.[64] Originalmente, o acordo previa um fornecimento de duas mil toneladas de urânio enriquecido pela Urenco ao Brasil ao longo de dez anos.[65] Em vez disso, a Urenco forneceu *pellets* de dióxido de urânio para servirem de combustível na usina de Angra. A usina de enriquecimento de urânio de Resende foi construída pela Siemens. O acordo, que dizia respeito à obra em todas as suas fases, foi firmado em 1996. Também foi a Siemens que forneceu — por 21 milhões de dólares — as usinas para produção de *pellets* e pó de dióxido de urânio.[66]

O fomento para a construção de uma usina de reprocessamento, previsto no Acordo Nuclear Brasil-Alemanha, foi o ponto que mais suscitou controvérsias no plano internacional. O governo do presidente norte-americano Jimmy Carter se pronunciou explicitamente contra o fornecimento e a construção porque, teoricamente, a unidade seria capaz de enriquecer plutônio e servir até mesmo para a construção de uma bomba. Em junho de 1977, o governo alemão cedeu às pressões e decidiu suspender a autorização para a exportação de instalações nucleares

---

nuclear], em FDCL-*Veröffentlichungen*, 7 de setembro de 2008. Disponível em <http://fdcl-berlin.de/publikationen/fdcl-veroeffentlichungen/atom-fuer-carioca-und-caramba-brasiliens-ausbau-des-atomprogramms-teil-2/>.

64 Gerhard Dilger. "Extrativismo e ambições atômicas: o modelo de desenvolvimento brasileiro e os alemães", em *Um campeão visto de perto: análise do modelo de desenvolvimento brasileiro*. Rio de Janeiro: Fundação Heinrich Böll, 2012. Disponível em <https://br.boell.org/pt-br/2012/07/16/um-campeao-visto-de-perto-uma-analise-do-modelo-de-desenvolvimento-brasileiro-0>.

65 *Frankfurter Allgemeine Zeitung*, 11 de março de 1978.

66 *Nuclear Engineering Magazine*, 30 de julho de 1998. Disponível em <http://www.neimagazine.com/features/featurebrazil-721/>.

sensíveis.[67] O plano de construir uma usina de reprocessamento com tecnologia das empresas Uhde e Kewa foi abandonado definitivamente nos anos 1980, uma vez que o governo brasileiro decidiu ele mesmo tocar a obra.[68]

Os resultados concretos do negócio nuclear teuto-brasileiro, portanto, foram a conclusão de Angra 2, a quase-conclusão (volta e meia interrompida) de Angra 3, a descoberta da mina de urânio no Ceará e o enriquecimento de urânio realizado pela Urenco. Permanece desconhecido quantos elementos de combustível nuclear foram fornecidos pela Urenco ao Brasil até agora. Tampouco se sabe até que ponto a tecnologia de centrífugas do Centro Experimental Aramar, que o Programa Nuclear da Marinha do Brasil mantém em Iperó, no interior de São Paulo, se baseia na tecnologia alemã da Urenco – que, segundo se suspeita, pode ter sido copiada e aperfeiçoada pelo Brasil.[69]

Quem possivelmente trabalhou no aperfeiçoamento das centrífugas brasileiras foi o engenheiro nuclear alemão Karl-Heinz Schaab. Ele teria trabalhado no Centro Experimental Aramar no início dos anos 1990.[70] Schaab acabou sendo levado aos tribunais da Alemanha porque, entre 1989 e 1990, vendeu para o Iraque plantas de obras e elementos de construção de ultracentrífugas a gás. Em 1980 e 1981, o governo iraquiano importou dióxido de urânio do Brasil. A longa cooperação nuclear entre o Brasil e a Alemanha foi lucrativa, portanto, em vários aspectos: "[...] seria o início de uma intensa cooperação armamentista. Através de sócios brasileiros, empresas nucleares da

---

67 *Frankfurter Allgemeine Zeitung*, 11 de março de 1978.

68 Etel Solingen. *Industrial Policy, Technology and International Bargaining: Designing Nuclear Industries in Argentina and Brazil* [Política industrial, tecnologia e barganha internacional: projetando indústrias nucleares na Argentina e no Brasil]. Stanford: Stanford University Press, 1996, p. 130.

69 Christian Russau. "Atom für Carioca und Caramba", *op. cit.*

70 Gerhard Dilger, *op. cit.*

Alemanha começaram a fazer negócios com o Iraque. Assim, a H&H Metallform da cidade de Drensteinfurt, na Vestfália, forneceu centrífugas primeiro para o Brasil e depois para o Iraque. Nos anos 1980, a cooperação nuclear teuto-iraquiana estava em pleno florescimento."[71]

Uma cooperação mediada pela conexão brasileira.

PROTESTOS ANTINUCLEARES

A única mina de urânio em exploração no Brasil fica no sertão da Bahia, no município de Caetité. Lá são extraídas anualmente até quatrocentas toneladas de urânio concentrado para produzir o chamado "bolo amarelo" ou *yellow cake*. Este, então, será enriquecido, enviado para o Canadá ou para a Europa e convertido em hexafluorido de urânio (UF_6) e dióxido de urânio (UO_2).

Seu Florisvaldo mora nas proximidades da mina de urânio baiana. Em 2014, o diretor cinematográfico Thomas Bauer, que trabalha há muitos anos na Comissão Pastoral da Terra, entrevistou-o para um documentário sobre a vida no entorno da mina.[72] Ao ser perguntado sobre as atividades das Indústrias Nucleares do Brasil, empresa de economia mista, Florisvaldo pensou por um momento antes de responder: "A INB faz muita coisa. De bom pra uns e de ruim pra outros." Depois disso, criou coragem: "As casas da gente estão todas rachadas. A gente sofre com a poluição." Ele contou que diariamente há detonações na mina e que o vento carrega uma poeira espessa. Com as explosões diárias, sempre na hora do almoço, os moradores do entorno estão expostos à forte radiação do cancerígeno gás radônio.

—

71 *Idem*.

72 Thomas Bauer. *INB: a vida no entorno da mina de urânio*. Disponível em <https://www.youtube.com/watch?v=69KhzmY-DYo.>

Famílias de pequenos agricultores assentadas há décadas na localidade de Riacho da Vaca, em Caetité, costumavam viver e se alimentar das próprias lavouras. "A gente ia à feira e comprava muito pouco para sobreviver", conta Elenilde Cardoso. "A gente plantava arroz, feijão, criava animais, porco, galinha e gado." A situação mudou radicalmente. "Hoje, a gente cria muito pouco. E plantar, mesmo, não planta mais nada."

Em 2000, depois de alguns anos de perfurações de teste e estudos geológicos, Brasília deu sinal verde e a empresa estatal INB começou a mineração de urânio em Caetité. Mas as informações sobre a mineração e suas consequências chegam dispersas à população local. Antes, na região onde vive seu Florisvaldo, a farinha de mandioca era um item popular. Hoje, ninguém mais da região quer comprar a farinha. De vez em quando, alguns comerciantes adquirem a mercadoria para revender em outros lugares. "Mas ninguém vai dizer que é da região da mina de urânio", ele conta.

Quatorze comunidades rurais dos municípios de Caetité e Lagoa Real são diretamente atingidas pelas perfurações. Num raio um pouco maior, cerca de 30 mil famílias sofrem os impactos da extração de urânio. Mas elas não sabem de praticamente nada sobre a atividade que se desenvolve nas redondezas. Zoraide Vilas Boas, presidente do Movimento Paulo Jackson, uma organização parceira da ONG alemã medico international que luta contra a mina de urânio de Caetité, critica a Comissão Nacional de Energia Nuclear (CNEN), que "é dona da mina de urânio de Caetité, mas, ao mesmo tempo, é a agência reguladora." Assim, o conflito de interesses não se resolve, e os moradores praticamente não têm acesso à informação.

A contaminação por radônio não é o perigo maior. Desde a abertura da mina já houve vários acidentes. O vazamento de represas na época das chuvas é uma grande preocupação. Há alguns anos, grandes quantidades de urânio, tório e rádio chegaram ao lençol freático da comunidade de Riacho da Vaca. A INB silencia sobre esses acidentes. A área da mina foi toda cercada e declarada zona de acesso restrito. Dessa maneira, fica difícil para os moradores provar qualquer fato contra os responsáveis. Nesse caso concreto, no entanto, a pressão da opinião pública conseguiu fechar a mina por alguns meses devido à negligência em relação aos procedimentos de segurança. Foi um breve êxito antes da reabertura.[73]

Em maio de 2011, mais de três mil moradores de Caetité bloquearam o caminho e não deixaram passar uma carga nuclear armazenada em doze contêineres que vinham de São Paulo em carretas. As pessoas ocuparam a estrada que leva à mina de urânio e conseguiram, dessa maneira, forçar o início de negociações com os responsáveis da INB.[74] O deslocamento da carga fora mantido em segredo, mas sindicalistas do Rio de Janeiro que souberam da operação informaram a comunidade de Caetité. Em seguida, grande parte da população local formou uma barreira humana. Durante vários dias não se tinha certeza sobre o conteúdo dos contêineres. "As autoridades não prestaram nenhum esclarecimento público sobre a questão", indignou-se Gilmar Santos, da Comissão Pastoral da Terra. Já o prefeito de Caetité dizia que não sabia de nada, mas depois declarou que tudo havia sido acordado com a agência ambiental.[75]

---

73 Thomas Bauer & Christian Russau. "Nebenan. Tagebau in Sichtweite der Dörfer" [Ali ao lado: mina a céu aberto às vistas dos vilarejos], em *Blätter des iz3w: Globale Geschäfte mit Uran. Angereicherte Gefahr*, nº 334, Freiburg, agosto de 2014.

74 Christian Russau. "Anwohner blockieren Atomtransport in Brasilien" [Moradores bloqueiam o transporte nuclear no Brasil], em *Amerika 21*, 18 de maio de 2011. Disponível em <https://amerika21.de/nachrichten/2011/05/32214/caetite-uran-blockade>.

75 *Idem*.

Por causa do bloqueio, a carga nuclear foi levada primeiro para o município vizinho de Guanambi. Mas o prefeito de lá não deixou dúvida de que "aquilo" não poderia ficar na cidade. Só depois desses protestos a INB se viu obrigada a dar explicações sobre o conteúdo. Esclareceu que se tratava de concentrado de urânio do reator de pesquisa de Aramar, em São Paulo, onde a Marinha brasileira desenvolve a técnica de centrífugas. O urânio devia ser "reentamborado" em Caetité e enviado para a Europa "para ser reprocessado" e transformado em combustível. As únicas duas empresas que poderiam fazer o serviço são a Areva francesa (que também administra centrais de reprocessamento na Alemanha) e a Urenco, consórcio europeu formado por Inglaterra, Alemanha e Holanda.[76]

O protesto de 2011 em Caetité foi uma das maiores manifestações antinucleares da história do Brasil. Pouco depois do acidente atômico de Fukushima, um protesto antinuclear no Rio de Janeiro reuniu apenas cinquenta pessoas. No entanto, os brasileiros têm uma experiência terrível com acidentes nucleares. Em 1987, em Goiânia, um lote de césio-137 radioativo foi liberado por armazenamento irregular de equipamentos médicos sucateados. Pelo menos quatro pessoas morreram e bairros inteiros da cidade estão contaminados até hoje.

Já no caso da mina de urânio de Caetité, a população está exposta a um risco radioativo de longo prazo. De acordo com uma investigação de 2008 conduzida pelo Greenpeace, Lagoa Real contamina a água potável de três mil pessoas na região, em um nível sete vezes acima do recomendado para consumo humano pela Organização Mundial de Saúde (OMS). O resultado foi confirmado pelas autoridades competentes. Reagindo ao estudo

76 *Idem.*

do Greenpeace, o presidente da INB afirmou: "Lógico, há uma coisa muito simples: essa é uma área uranífera, então o urânio está lá há 700 milhões de anos. Se você cavar um poço por lá, a água vai ter traços de urânio."[77]

Os poços foram lacrados. O problema foi resolvido com isso? "Não", diz dona Elenilde, "porque assim a gente não teria mais água". E isso é muito complicado em uma região semiárida. Portanto, a maioria dos poços foi reaberta depois de algum tempo. A administração municipal e a INB, no entanto, não quiseram assumir nenhuma responsabilidade pelos efeitos da contaminação. "O funcionário responsável nos encorajou a voltar a utilizar os poços e prometeu assumir os custos de energia da bomba", relata Elenilde Cardoso. "Agora usamos essa água aí, porque não temos outra." Os gestores da mina fornecem água adicional de outras fontes, mas os moradores se queixam de que os caminhões-pipa utilizados para o transporte são os mesmos em uso na mina.

A desconfiança é grande e onipresente. Elenilde Cardoso já perdeu dois parentes que morreram de leucemia e insuficiência renal. Ela fala de bebês nascidos com deformações. Isso significa que todos querem abandonar o lugar? "Não quero ir embora", diz, "mas provavelmente terei que sair do meu terreno por causa do aumento da área de mineração".

Mas voltemos aos anos 1970. O general Ernesto Geisel, ditador do Brasil, visitou a República Federal da Alemanha em março de 1978. Ao cumprimentar o visitante, o chanceler Helmut Schmidt elogiou a "convergência dos objetivos" e a "harmonização dos valores" do governo social-liberal alemão e do regime

---

77 "Mineração de urânio na Bahia contamina água potável, diz Greenpeace", em *G1*, 16 de outubro de 2008. Disponível em <http://g1.globo.com/Noticias/Ciencia/0,,MUL801636-5603,00-MINERACAO+DE+URANIO+NA+BAHIA+-CONTAMINA+AGUA+POTAVEL+DIZ+GREENPEACE.html>.

militar brasileiro. Enquanto se realizava um banquete de "mil talheres" no salão de festas de Gürzenich, no centro velho de Colônia, a polícia alemã espancava manifestantes antinucleares nas ruas. Na delegacia, os presos foram besuntados com fezes.[78]

Quatro décadas depois da assinatura do acordo nuclear Brasil-Alemanha, o jornalista Frederico Füllgraf fala sobre o clima no país europeu na época: "O negócio do século havia sido ungido como questão de Estado e, com pouquíssimas exceções — como a cobertura feita pelo *Frankfurter Rundschau* —, o santo conceito do pluralismo foi banido, decretando-se a homogeneização da imprensa e reduzindo-se a Alemanha Ocidental à República da Unanimidade Atômica." Mas também houve quem criticasse o acordo. "Os primeiros desobedientes da República de Helmut Schmidt a protestar contra o negócio nuclear foram a Associação de Estudantes Católicos e Comunidades Universitárias e o grupo brasileiro da Anistia Internacional na Alemanha. Divulgaram uma carta aberta ao governo alemão e à embaixada brasileira em Bonn, apontando para a flagrante violação de direitos humanos no Brasil e advertindo, já em 1976, para a possibilidade de abuso militar da tecnologia alemã. À campanha aderiram também grêmios de jovens socialistas do Partido Social-Democrata e, no fim de 1976, a Federação das Iniciativas de Proteção ao Meio Ambiente, fazendo com que, pela primeira vez, defensores dos direitos humanos, membros progressistas da igreja e ativistas ambientais estivessem unidos politicamente em torno da mesma causa".[79]

---

78 *Das deutsch-brasilianische Bombengeschäft* Disponível em <http://fdcl-berlin.de/publikationen/fdcl-veroeffentlichungen/ln-fdcl-1980-das-deutsch-brasilianische-bombengeschaeft/ln-und-fdcl-das--deutschbrasilianische-bombengeschaeft-berlin-west-1980/>.

79 "Deutsch-brasilianisches Bombengeschäft: Der Atomdeal und die Ungehorsamen", em *Latinorama*, 6 de março de 2014. Disponível em <http://blogs.taz.de/latinorama/2014/03/06/der-atomdeal-und-die-ungehorsamen/>.

Os reatores de Angra estão instalados na praia de Itaorna — que, em tupi-guarani, significa "pedra podre" —, em Angra dos Reis, no Rio de Janeiro, em uma baía ameaçada por deslizamentos de terra. As piscinas de armazenamento para os combustíveis usados ficam a apenas cinquenta metros de distância do mar. Nunca houve uma pesquisa para encontrar o melhor local, e o solo revelou-se excessivamente arenoso. Quando chove forte, mal se pode usar os caminhos que devem servir de rotas de fuga em caso de emergência. Nos anos 1980, a usina de Angra 2 foi cofinanciada graças a um seguro de crédito para a exportação do governo alemão no valor de aproximadamente quatro bilhões de marcos. Os pagamentos da dívida e dos juros desse negócio, no valor total de catorze bilhões de dólares, exerceram forte pressão sobre o orçamento brasileiro durante muitos anos. Além disso, os críticos sempre expressaram o temor de que, nos anos 1980, os militares brasileiros teriam tentado fabricar a bomba atômica com urânio enriquecido — fato que o Brasil sempre negou veementemente. Depois da transição para a democracia, no início dos anos 1990, no entanto, o governo brasileiro confirmou indiretamente a suspeita, declarando oficialmente o encerramento de todas as atividades destinadas à obtenção de uma bomba brasileira. Aparentemente, portanto, houve tentativas. O então presidente Fernando Collor de Mello mandou fechar os dois buracos para testes nucleares cavados pelos militares na Serra do Cachimbo, no sul do Pará.

Angra 2 voltou a operar em 2000 e, como foi noticiado depois, em meio à comoção mundial causada pelo acidente nuclear de Fukushima, até hoje não tem licença definitiva de operação. A licença provisória (Autorização de Operação Inicial) tinha duração de doze meses e venceu em 2000. A Autorização de Operação Permanente concedida pela Comissão Nacional de

Energia Nuclear nunca foi homologada pelo Ministério Público Federal. Dessa maneira, o reator da Siemens-KWU na praia de Itaorna, situado ao lado do reator de Angra 1, construído pela americana Westinghouse e batizado de "vaga-lume" pela frequência com que tem que ser paralisado devido a problemas técnicos, opera sem uma licença plena.

São principalmente os ativistas da Sociedade Angrense de Proteção Ecológica, habitantes do entorno das usinas, que lideram a resistência local contra os reatores. A luta antinuclear é apoiada pela Articulação Antinuclear Brasileira, pela Coalizão por um Brasil Livre de Usinas Nucleares e pelo Greenpeace. Há alguns anos, organizações e redes trabalham com grupos antinucleares e de solidariedade ao Brasil na Alemanha, principalmente em campanhas em favor do rompimento do Acordo Nuclear Brasil-Alemanha de 1975.[80]

A obra de Angra 3 teve início em 1984. De lá para cá, a seguradora alemã Allianz verifica regularmente o estado dos componentes para o reator. Segundo informações da imprensa, a empresa recebe pela tarefa vinte milhões de dólares por ano do governo brasileiro.[81] Em setembro de 2008, o então presidente Luiz Inácio Lula da Silva decidiu retomar os trabalhos de construção da usina, que recomeçaram efetivamente em 2010. De acordo com o projeto, Angra 3 terá o mesmo tipo de reator nuclear em operação na cidade alemã de Grafenrheinfeld. A comissão interministerial do governo alemão aprovara em fevereiro de 2010 uma garantia de crédito de exportação de 1,3 bilhão de

80 Christian Russau. "40 Jahre sind genug! Deutsch-brasilianische Kooperation zwischen Solidarität und Atomgeschäften" [40 anos são suficientes! Cooperação teuto-brasileira, entre a solidariedade e os negócios nucleares], em: *IZ3W: Eigentor Brasilien — Vom Elend eines Global Players* [Gol contra o Brasil: sobre a miséria de um global player], janeiro-fevereiro de 2014.

81 Christian Russau. "Atom für Carioca und Caramba", *op. cit.*

euros para a conclusão de Angra 3, uma vez que componentes essenciais são fornecidos de Erlangen pela AREVA NP GmbH, empresa que, então, tinha participação da Siemens. A situação se alterou graças à incansável resistência da ONG Urgewald,[82] que, junto com Campact, Greenpeace e Kooperation Brasilien (KoBra) de Freiburg, conseguiu, através de pareceres jurídicos, de petições e manifestações, obrigar o governo alemão a encaminhar essas solicitações a outras instâncias e pedir ao governo brasileiro novas providências de segurança e proteção. Tamanha insistência fez com que Brasília optasse por um financiamento 100% brasileiro através do Banco Nacional de Desenvolvimento Econômico e Social (BNDES).

A conclusão de Angra 3 estava programada para 2014, mas não aconteceu. Em 2015, os trabalhos voltaram a ser paralisados. Os acordos com as empreiteiras haviam sido rompidos devido a suspeitas de corrupção que chegaram às Forças Armadas. O vice-almirante Othon Luiz Pinheiro da Silva, grande herói do programa nuclear brasileiro, ex-presidente da Eletronuclear e mentor estratégico do sigiloso programa atômico brasileiro, foi detido em julho de 2015. A Operação Radioatividade, da Polícia Federal, o acusou de embolsar 4,5 milhões de reais entre 2009 e 2014, repassados ilegalmente pela construtora Andrade Gutierrez diretamente ao militar e também por meio de familiares que atuaram como laranjas.[83] Em 16 de dezembro de 2015, Othon Pinheiro da Silva foi condenado e passou a cumprir pena em prisão domiciliar, com uso de tornozeleira eletrônica.

---

82 "Neues in Sachen Atombürgschaften" [Novidades sobre garantias de crédito nucleares], em *Urgewald*, 21 de janeiro de 2013. Disponível em <https://www.urgewald.org/artikel/neues-sachen-atombuergschaften.>

83 "Lava Jato: a investigação chega à Eletronuclear", em *CartaCapital*, 28 de julho de 2015. Disponível em <http://www.cartacapital.com.br/blogs/parlatorio/lava-jato-a-investigacao-chega-a-eletronuclear-6751.html.>

Em janeiro de 2016, um juiz se compadeceu de sua situação e permitiu a retirada do equipamento.[84] Em abril, Othon Pinheiro da Silva confessou ter assinado acordos falsos com empresas de amigos a fim de receber o dinheiro da Andrade Gutierrez, mas negou que fosse propina. Em agosto, foi novamente julgado e condenado a 43 anos de prisão por corrupção, lavagem de dinheiro, ocultação de divisas e crime organizado em casos envolvendo a construção de Angra 3.[85]

E não para por aí. Em junho de 2017, a Polícia Federal apontou os nomes do ex-ministro do Planejamento, Romero Jucá, do ex-presidente do Senado, Renan Calheiros, bem como do ex-ministro de Minas e Energia e senador Edison Lobão, todos do PMDB, como integrantes do esquema de corrupção de Angra 3, com desvios de 30 milhões de reais. A soma teria sido canalizada para o PMDB como financiamento ilegal da campanha de 2014, e corresponderia a 1% de propina da licitação de três bilhões de reais vencida pelo consórcio Agramon (Andrade Gutierrez, Odebrecht, Camargo Corrêa, UTC, Queiroz Galvão, EBE e Techint) para a construção de Angra 3.[86] Em face desses números, não admira que, segundo as mais recentes estimativas, a conclusão de Angra 3 ainda deverá custar no mínimo outros 17 bilhões de reais. Segundo o jornal *O Estado de S. Paulo*, se o governo federal

---

84 "Juiz tira tornozeleira do almirante Othon Pinheiro da Silva", em *O Estado de Minas*, 12 de janeiro de 2016. Disponível em <http://www.em.com.br/app/noticia/politica/2016/01/12/interna_politica,724246/juiz-tira-tornozeleira-do-almirante-othon-pinheiro-da-silva.shtml>.

85 "Justiça do Rio condena ex-presidente da Eletronuclear a 43 anos de prisão; ex-presidente da Andrade Gutierrez e sócio da Engevix também foram condenados", *O Globo*, 4 de agosto de 2016. Disponível em <http://oglobo.globo.com/brasil/justica-do-rio-condena-ex-presidente-da-eletronuclear-43-anos-de-prisao-19849877>.

86 "PF atribui a Renan, Lobão e Jucá corrupção e lavagem em Angra 3", em *Blog do Fausto Macedo*, 9 de junho de 2017. Disponível em <http://politica.estadao.com.br/blogs/fausto-macedo/pf-atribui-a-renan-lobao-e-juca-corrupcao-e-lavagem-em-angra-3/>.

desistir de sua construção e decidir desmontá-la, o orçamento é também bilionário: cerca de 12 bilhões de reais para a quitação dos empréstimos que já foram contraídos, o desmonte da estrutura, a destinação das máquinas e o pagamento de uma infinidade de outras dívidas.[87]

---

87 "Angra 3, o custo do malfeito", em *O Estado de S. Paulo*, 12 de junho de 2017. Disponível em <http://www.estadao.com.br/noticias/geral,angra-3-o-custo-do-malfeito,70001836055>.

3

COLABORAÇÃO E CÁLCULO

O período entre 1968 e 1973, quando o Brasil ostentava taxas de crescimento de mais de 10% ao ano, ficou conhecido como a época do "milagre econômico". Desde o golpe de 1964, a integração mais intensa do Brasil ao mercado mundial e o seu desenvolvimento rumo a um país emergente semi-industrializado ocorreu paralelamente à expansão de estruturas de poder burocráticas e ditatoriais no plano da política interna. Para muitas empresas, foi uma fase de lucros enormes, enquanto a maioria dos brasileiros sofria com o arrocho salarial e o poder público não atacava os problemas básicos do subdesenvolvimento. Muitas empresas quiseram se beneficiar do "milagre", enquanto os abusos aos direitos humanos eram percebidos apenas como um desagradável efeito colateral. Nunca tantas empresas alemãs fundaram subsidiárias no Brasil — principalmente na Grande São Paulo — como na primeira metade dos anos 1970.

O que se sabia nos círculos de esquerda já naquela época é que muitas delas não apenas se beneficiavam dos baixos salários praticados no país como colaboravam explicitamente com o regime militar. O relatório final da Comissão Nacional da Verdade (CNV), apresentado em dezembro de 2014, lista nominalmente trezentos servidores públicos das Forças Armadas, da esfera política e dos serviços secretos que, entre 1964 e 1985, cometeram crimes atrozes. O documento aponta ainda oitenta empresas

— entre elas Chrysler, Ford, General Motors, Toyota, Scania, Rolls Royce, Kodak, Caterpillar, Johnson & Johnson, Brastemp, Telesp, Petrobras, Embraer, Volkswagen, Mercedes-Benz e Siemens — que teriam prestado apoio direto ou indireto ao governo ditatorial.[88] A CNV foi instituída em 2011 com base em uma lei promulgada pela presidente Dilma Rousseff, ela própria detida e torturada em 1970. A partir de maio de 2012, os integrantes do colegiado e seus assistentes conduziram mais de 1.200 entrevistas com vítimas e familiares de assassinados e desaparecidos políticos, bem como pessoas que ocuparam cargos no governo militar e nos aparatos de repressão, fazendo interrogatórios e pesquisando arquivos sobre o destino de oposicionistas perseguidos. Constatou-se que, além de intelectuais, estudantes, advogados e jornalistas, os militares também mantinham na mira numerosos trabalhadores organizados. O regime militar infiltrava informantes nas fábricas a fim de vigiar operários e sindicalistas.

As acusações contidas no relatório final da CNV contra empresas brasileiras e filiais de conglomerados estrangeiros vão da espionagem de trabalhadores e da entrega de informações aos órgãos da repressão à confecção das chamadas "listas negras" de trabalhadores indesejados por suas atividades políticas ou sindicais. Nos interrogatórios, testemunhas relatam detenções e torturas dentro das instalações de empresas alemãs, como a Volkswagen, sob os olhos dos agentes de segurança da própria empresa. Ao longo das investigações, surgiram indagações sobre se essas empresas também haviam colaborado com o golpe militar de março de 1964, que, apoiado pelos Estados Unidos, derrubou o governo de João Goulart, que desde 1961 implementara

88 "Mais de 80 empresas colaboraram com a ditadura militar no Brasil", em *El País*, 8 de setembro de 2014. Disponível em <http://brasil.elpais.com/brasil/2014/09/08/politica/1410204895_124898.html>.

diversos projetos de distribuição de renda e de reforma, como a reforma eleitoral e reforma agrária. A CNV acusa diversas empresas, entre elas as subsidiárias da Volkswagen, Mercedes-Benz e Siemens, não apenas de haver cooperado com os serviços de informação e segurança dos militares, mas também de ter ajudado a financiar os aparelhos da repressão — entre eles, os centros de tortura.

A DIFÍCIL TRANSIÇÃO DA DITADURA CIVIL-MILITAR

No curso das investigações e de suas conclusões pelos especialistas da Comissão Nacional da Verdade, ficou claro que a designação "ditadura militar" era imprecisa, uma vez que a colaboração de amplas parcelas da sociedade — do setor econômico, dos esportes e da cultura — aponta mais para uma "ditadura civil-militar". O adjetivo "civil" não é utilizado para atenuar a truculência do regime, e sim para designar que atores não militares exerceram papel ativo na sustentação da ditadura. Depois da redemocratização, muitas pessoas que haviam apoiado o regime prosseguiram com suas carreiras, ocupando — até hoje — importantes posições no governo e na sociedade civil. Esse fato tem se revelado um grande obstáculo para que os crimes cometidos pelo Estado durante a ditadura sejam devidamente investigados e os responsáveis, julgados. Nesse quesito, o Brasil fica muito atrás de outros países latino-americanos.

Para compreender a relevância e a função da CNV, é preciso saber que até hoje está em vigor a Lei da Anistia assinada em 28 de agosto de 1979 pelo então presidente militar João Baptista de Oliveira Figueiredo. De um lado, a lei permitiu que os militantes clandestinos reassumissem suas identidades e os exilados voltassem para casa, mas, por outro, assegurou a impunidade para torturas, sequestros, assassinatos, ocultação de cadáveres e outros crimes cometidos pelos militares. Com isso, a legislação impede o processamento jurídico das maciças violações dos direitos humanos e civis cometidas antes e durante a ditadura. Há anos, associações de vítimas e familiares das vítimas, bem como grupos de direitos humanos e muitos procuradores e procuradoras, lutam pela revogação da Lei de Anistia, a fim de poder levar os agentes do regime aos tribunais. Nesse sentido, a Ordem dos Advogados do Brasil apelou em 2008 ao Supremo Tribunal Federal para examinar a constitucionalidade do texto de 1979. Em 2010, a Corte Interamericana de Direitos Humanos da Organização dos Estados Americanos condenou o Estado brasileiro a finalmente esclarecer o sequestro e a morte de 62 membros da Guerrilha do Araguaia, que agira entre 1972 e 1974 como braço do Partido Comunista, que então havia sido banido do país. O Estado deveria responsabilizar os criminosos, esclarecer onde ficaram o corpo de ao menos 62 pessoas assassinadas nos operativos militares e, finalmente, rever e anular a Lei da Anistia.

No mesmo ano, porém, o Supremo Tribunal Federal confirmou a constitucionalidade da lei. Assim, até segunda ordem, todos os caminhos para a elucidação jurídico-penal das violações cometidas pelo Estado naquele então ficaram bloqueados. Há vítimas que não se conformam e que, ao mesmo tempo, são ativistas engajadas. Entre elas está a família Teles, de São Paulo.

Amélia Teles, a Amelinha, foi detida em 1972 junto com o marido César e a irmã Criméia Schmidt de Almeida. Ficou presa e foi severamente torturada entre 1969 e 1970 no DOI-Codi, em São Paulo, que se chamava Operação Bandeirante (Oban). O nome do torturador é conhecido: o coronel Carlos Alberto

Brilhante Ustra, que viria a falecer em 2015 sem jamais pagar por seus atos nem passar um dia sequer na prisão. Tudo isso graças à Lei de Anistia, que garantia proteção a ele e a seus comparsas. Mas a família Teles conseguiu, ao menos, levá-lo aos tribunais.

"Em 2006 [...] não entramos com processo penal, e sim com uma ação civil pública de responsabilização", relata a filha de Amélia e Carlos Teles, a historiadora Janaína Teles. A família queria, mas havia desistido de pedir a punição de Ustra. Tampouco estavam requisitando indenização pelo sofrimento de Amélia. O que a família Teles pediu foi que o Estado brasileiro declarasse oficialmente o coronel Carlos Alberto Brilhante Ustra como "torturador".

Em 2008,um juíz de primeia instância deferiu o pedido na 23ª Vara Cível de São Paulo. Em agosto de 2012, o Tribunal de Justiça de São Paulo confirmou a sentença, fundamentando sua decisão na seguinte lógica: embora a Lei de Anistia impeça a criminalização de atos dos tempos da ditadura, isso não vale para casos do direito civil. Além disso, crimes como tortura não prescrevem no Brasil.

"Esta não é uma vitória da família Teles, mas do Brasil inteiro", disse Criméia Schmidt de Almeida pouco depois da publicação da sentença. "É uma decisão inédita e histórica", afirmou Amélia Teles, vítima do recém-declarado torturador. "A partir deste momento podemos afirmar de cabeça erguida que Carlos Alberto Brilhante Ustra é um torturador, um assassino, responsável pela perseguição e pelo sequestro de mulheres, homens e crianças que se rebelaram contra a ditadura no Brasil."

Houve outros processos contra Ustra. Em 2012, o Ministério Público Federal em São Paulo entrou com denúncia contra o coronel reformado pelo crime de sequestro qualificado. Em 1971, enquanto ele comandava o DOI-Codi, o preso político Edgar de Aquino Duarte desapareceu. O corpo nunca foi encontrado. Ustra também foi apontado como responsável pelo desaparecimento do estudante de medicina Hirohaki Torigoe, em 1972. Aos 27 anos, Torigoe era membro da Ação Libertadora Nacional (ALN). Segundo testemunharam outros presos políticos, ele foi levado vivo ao centro de torturas do DOI-Codi. Seu corpo também continua desaparecido. O Ministério Público Federal usa o mesmo argumento nos dois casos: se o corpo permanece oculto, então permanece o elemento constitutivo do crime. E um crime perpetrado em outra época ou agora, diz a lógica, precisa ser punido. Mas, em ambos os processos, os tribunais julgaram, em 2014, que as vítimas provavelmente foram assassinadas. Assim, seus algozes seriam protegidos pela Lei da Anistia e não poderiam ser criminalizados.

Procuradores lançaram mão de um expediente semelhante no caso de Sebastião Rodrigues de Moura, mais conhecido como Major Curió. Em 1972, o famigerado militar fora enviado para uma missão secreta na região amazônica, disfarçado de agrônomo do Instituto Nacional de Colonização e Reforma Agrária (Incra) para combater a guerrilha no Rio Araguaia, no sul do Pará. Os cerca de 70 a 80 membros do grupo, bem como um número desconhecido de moradores da região, acusados de "colaboração com os subversivos", estão desaparecidos até hoje. Em 2010 foram encontrados os restos mortais de dez pessoas na região do Araguaia, porque membros do Exército deram indicações em entrevistas sobre possíveis locais em que estariam enterrados.

No caso do Major Curió, que no final da carreira foi promovido a coronel, a argumentação da acusação foi a mesma: como os restos mortais de cinco membros da guerrilha jamais foram encontrados, o crime de sequestro permanece caracterizado. "Não se encerrou, uma vez que o paradeiro das vítimas não foi localizado. A ação do Ministério Público Federal não contraria a lei. A Lei da Anistia não beneficia, neste caso, o coronel Curió", explicou o procurador Sérgio Gardenghi Suiama, ao encaminhar a denúncia contra Curió em março de 2012. "É fundamental que a justiça investigue os casos, possibilite encontrar provas e traga as histórias das vítimas à luz do dia."

Mas o juiz encarregado do caso tem outra visão, e disse ser bastante duvidoso que, depois de mais de trinta anos, os desaparecidos ainda estivessem sendo mantidos em cativeiro pelo acusado. E que era alta a probabilidade de estarem mortos, assassinados naquela mesma época. Portanto, o crime teria prescrito. Assim, também este processo de 2012 foi arquivado.

Diante deste pano de fundo é preciso considerar o engajamento e as vitórias, mas também as limitações da Comissão Nacional da Verdade. Sem sombra de dúvida, foi parte de uma longa luta pela revisão de episódios tenebrosos da história brasileira. O relatório final tem mais de duas mil páginas. Nas conclusões, a CNV constata que, durante a ditadura, o Estado brasileiro torturou e assassinou sistematicamente opositores do regime.

"Os assassinatos, sequestros e torturas não foram atos isolados, tampouco decorrentes de excessos cometidos individualmente por alguns agentes do regime. Não foi uma ação conduzida por meia dúzia de psicopatas, e sim uma política de Estado, planejada, operacionalizada a partir de organismos criados especificamente para a repressão e dirigidos pelo Serviço Nacional de Informações (SNI), que por sua vez era comandado pelo presidente da República. Havia uma cadeia de comando. Essa política estatal funcionou de forma organizada e sistêmica", disse o coordenador da CNV, Pedro Dallari. As torturas sistemáticas e execuções ilegais constituem crime contra a humanidade, continua Dallari. A Lei da Anistia de 1979 é, portanto, "incompatível com a lei brasileira e a ordem jurídica internacional", pois, de acordo com a lei internacional, crimes contra a humanidade não podem ser isentados de investigação e punição. É precisamente o caso no Brasil.[89]

O trabalho da Comissão da Verdade, porém, não mudou em nada esta circunstância, e a Lei da Anistia continua impedindo processos contra fatos ocorridos durante a ditadura. O colegiado fez uma ampla investigação, revelou fatos novos e os divulgou para a opinião pública. Mais do que isso, deu ensejo à formação de mais de oitenta outras comissões da verdade estaduais e municipais. Até algumas instituições, como a Universidade de São Paulo, instituíram grupos próprios para tentar rever o passado. Mas, com a entrega dos relatórios finais, sua missão oficial acabou. Numerosas organizações de direitos humanos criticam esse mandato curto e limitado, enquanto muitos conhecidos torturadores e assassinos caminham livremente, concedem entrevistas e até se gabam de seus atos desumanos.

ARQUIVOS DESTRUÍDOS, DESAPARECIDOS E SECRETOS

Com a Lei de Acesso à Informação, sancionada em de maio de 2012, pouco depois da nomeação da CNV, o Estado brasileiro prometeu liberar arquivos e documentos dos tempos da ditadura. Desde 2005, o Arquivo Nacional funciona como central de coleta de todos os documentos relativos àquele período. São mais de vinte milhões de páginas.[90] Todas as instituições públicas foram instadas a entregar ao Arquivo Nacional seus documentos

---

89 "'Comissão da Verdade acaba com qualquer nostalgia da ditadura', diz Pedro Dallari", em *CartaCapital*, 10 de dezembro de 2014. Disponível em <http://www.cartacapital.com.br/sociedade/comissao-da-verdade-acaba-com-qualquer-nostalgia-da-ditadura-diz-pedro-dallari-3513.html>.

90 Comissão Nacional da Verdade. *Relatório final*, vol. 1, p. 22.

relacionados com a repressão e a perseguição política ocorrida no país entre 1964 e 1985. Consta que, na transição para a democracia, o SNI ordenou a destruição de pelo menos quatro milhões de documentos. Mas muita gente tem a firme convicção de que essa informação serve apenas para encobrir o fato de que boa parte do material incriminador ainda está em poder dos criminosos, ou de instituições a eles ligadas.[91] Dessa forma, existem alguns indícios de que, resistindo frontalmente às ordens oficiais do Arquivo Nacional, parte dos militares — ou militares aposentados — nem sonham em entregar os "seus" documentos. É quase certo que inúmeros registros importantes dos tempos do regime continuam guardados em quartéis, em outras instituições militares ou mesmo na casa de ex-militares.

A incineração de arquivos na Base Aérea de Salvador, em dezembro de 2004, prova que algumas autoridades públicas não levaram tão a sério a obrigatoriedade de entregar os documentos. O programa *Fantástico*, da Rede Globo, mostrou imagens da destruição parcial de mais de setenta metros quadrados de papéis na instalação militar. Antes disso, as autoridades responsáveis sempre haviam negado a existência de documentos dos tempos da ditadura, uma vez que todos teriam sido destruídos num incêndio em 1998 no aeroporto Santos Dumont, no Rio de Janeiro. Em sua investigação inicial, a Polícia Federal não achou aquilo estranho. Declarou não ter encontrado nenhum indício de qualquer "queima de material secreto". Mas a investigação do Instituto de Criminalística da Polícia Civil do Distrito Federal concluiu que documentos devem ter sido levados para a Base Aérea de Salvador, "vindos, provavelmente, de uma fonte

91 "Livro revela pacto entre militares e civis para ocultar arquivos da ditadura", em *IHU Unisinos*, 2 de outubro de 2015. Disponível em <http://www.ihu.unisinos.br/noticias/547369-livro-revela-pacto-entre-militares-e-civis-para-ocultar-arquivos-da-ditadura.>

externa". A Polícia Federal alegou não poder comprovar nenhum ato equivocado dos servidores de mais alta patente da unidade.

Familiares de desaparecidos políticos e organizações de direitos humanos duvidam, no entanto, de que grande parte dos documentos incriminadores tenha sido eliminada. E com razão. Em julho de 2007, o jornal *Correio Braziliense* apurou a existência de um arquivo até então desconhecido nos porões do Itamaraty, com documentos e dossiês importantes dos tempos da ditadura, produzidos por diplomatas brasileiros no exterior e funcionários de embaixadas. O Centro de Informações do Exterior (Ciex) do Itamaraty funcionou entre 1966 e 1985 como "agência de informação e supervisão dos adversários do regime militar no exterior". Por ordem do Ciex foram redigidos mais de oito mil relatórios sobre potenciais "inimigos". Vitória Grabois, filha de Maurício Grabois, desaparecido em 1973 na região do Araguaia, afirmou enfaticamente em 2008 que a descoberta daquele arquivo secreto permitia supor a existência, até hoje, de outros arquivos da Marinha, do Exército e da Aeronáutica, ou até mesmo da Polícia Federal, supostamente destruídos ou perdidos.

Em março de 2008, o jornal *O Estado de S. Paulo* publicou um documento que estava em posse de um ex-tenente da reserva. Tratava-se de uma ordem de busca e apreensão contra supostos apoiadores da guerrilha do Araguaia, com os nomes de dezessete camponeses acusados de apoiar a luta armada. José Vargas Jiménez, detentor do documento, foi o primeiro militar a falar sobre o combate à guerrilha e o destino dos guerrilheiros. Em entrevista, contou ter sido o responsável pela execução de 32 militantes, esclarecendo: "A ordem era atirar primeiro e perguntar depois. Entramos para matar, destruir. E não para prender."

Graças à Lei de Anistia, porém, os perpetradores estão em segurança. Alguns, como o Major Curió, ironizam publicamente as vítimas. Em entrevista a *O Estado de S. Paulo*, ele esclareceu que sua unidade não executou 25 guerrilheiros, como até então se supunha, e sim 41. Ele próprio teria atirado. Curió mostrou aos jornalistas o "arquivo particular" que mantém sobre o Araguaia, com documentos militares e policiais, guardado em uma mala de couro vermelha. Quando a ditadura acabou, ele simplesmente levou os documentos para casa. Ninguém nunca os requisitou de volta. E, assim, uma parte das informações sobre o que aconteceu com a guerrilha do Araguaia ficou armazenada na casa de Curió, um dos perpetradores do regime.

Familiares dos desaparecidos do Araguaia e organizações de direitos humanos acreditam que o Estado tem o dever de investigar os arquivos e argumentam que o caminho do "bom diálogo" com os militares, escolhido pelos governos Lula e Dilma, é insuficiente. Eles reivindicam livre acesso a todos os documentos. Elisabeth Silveira, diretora do grupo Tortura Nunca Mais do Rio de Janeiro, considera essencial a abertura completa dos arquivos: "Quando receberemos as informações às quais temos direito? Somos o país mais retrógrado da América do Sul quando o assunto é encarar o passado."

FINANCIAMENTO EMPRESARIAL DA TORTURA

O relatório final da Comissão Nacional da Verdade menciona três empresas alemãs associadas aos centros de tortura: Volkswagen, Mercedes-Benz e Siemens. Na página 320 do volume II, lê-se: "Além de banqueiros, diversas multinacionais financiaram a formação da Oban, como os grupos Ultra, Ford, General Motors, Camargo Corrêa, Objetivo e Folha. Também colaboraram multinacionais, como a Nestlé, General Eletric, Mercedes-Benz,

Siemens e Light". Na mesma página, consta que a Volkswagen teria colocado veículos à disposição da Oban, onde, segundo as últimas informações, foram assassinadas 66 pessoas, das quais 39 morreram em consequência de torturas. Sabe-se que outras 19 pessoas foram detidas e levadas para as dependências da Oban ou para o DOI-Codi, e até hoje continuam desaparecidas.[92]

Em São Paulo, centro econômico do Brasil, a repressão foi muito mais cruel do que em outros lugares. Ali, a preocupação dos executivos das empresas com "a agitação comunista" escancarou-se no final dos anos 1960 e início dos anos 1970. Nos órgãos de segurança e no governo, havia a expectativa de que o empresariado paulista pudesse colaborar na luta contra o "perigo" vermelho. Pedia-se apoio financeiro, porque faltavam ao Estado brasileiro os recursos para a necessária supervisão e aniquilamento dos "elementos subversivos", como reconstituiu o jornalista e cineasta Chaim Litewski em seu documentário *Cidadão Boilesen*, de 2009, para o qual também entrevistou ex-militares.[93]

Nesse contexto, o empresário dinamarquês Henning Albert Boilesen surge como personagem central. Nascido em Copenhague em 1916 e emigrado para o Brasil nos anos 1930, tornou-se presidente da Ultragaz, que fornecia botijões aos lares brasileiros. A Comissão da Verdade apelidou Boilesen de "tesoureiro da Oban".[94] Segundo o relatório, o empresário frequentava a Oban e costumava assistir pessoalmente a sessões de tortura.[95] Ele oferecera uma recompensa pela cabeça de Carlos Marighella,

---

92 Marcelo Godoy. *Casa da vovó: uma biografia do DOI-Codi*. São Paulo: Alameda, 2014.

93 O filme completo está disponível em <https://www.youtube.com/watch?v=37ix g7DencM>.

94 Comissão Nacional da Verdade. *Relatório final*, vol. II, p. 322.

95 Wolfgang S. Heinz & Hugo Frühling. *Determinants of Gross Human Rights Violations by State and State Sponsored Actors in Brazil, Uruguay, Chile and Argentina: 1960–1990*. Martinus Nijhoff Publishers: Haia, Boston & Londres, 1999, p. 167.

autor do *Manual da guerrilha urbana* e líder da Ação Libertadora Nacional (ALN). Consta que o empresário aperfeiçoou um instrumento desenvolvido pela CIA para a Guerra do Vietnã, que emitia choques elétricos a partir de combinações de teclas pressionadas pelos torturadores num tipo de teclado musical. O método foi batizado nos porões da tortura como "piano Boilesen".[96] A fim de vencer a "subversão comunista", Boilesen quis fundar um braço paramilitar constituído de pessoas da sociedade civil e que deveria apoiar efetivamente a ditadura.[97] Mas esses planos não puderam se concretizar. Em 15 de abril de 1971, Boilesen foi assassinado por membros da ALN e do Movimento Revolucionário Tiradentes na Alameda Casa Branca, em São Paulo, a mesma rua em que, dois anos antes, Carlos Marighella havia sofrido uma emboscada e morrido a tiros disparados pelo delegado e torturador Sérgio Paranhos Fleury.

Hoje não restam dúvidas de que Henning Albert Boilesen arrecadou fundos para financiar o aparato de repressão em nome da Federação das Indústrias do Estado de São Paulo (Fiesp).[98] "Na Fiesp, convidavam-se empresários para reuniões em cujo término se passava o quepe. A Ford e a Volkswagen forneciam carros, a Ultragaz emprestava caminhões e a Supergel abastecia a carceragem da Rua Tutoia com refeições congeladas. Segundo Paulo Egydio Martins, que em 1974 assumiria o governo de São Paulo, 'àquela época, levando-se em conta o clima, pode-se afirmar que todos os grandes grupos comerciais e industriais do estado contribuíram para o início da Oban'".[99] O jornalista Elio

---

96 R. S. Rose. *The Unpast: Elite Violence and Social Control in Brazil, 1954–2000*. Ohio University Press: Athens, 2005, p. 183.

97 José Casado & Chico Otavio. "O elo da Fiesp com o porão da ditadura", em *O Globo*, 9 de março de 2013. Disponível em <http://oglobo.globo.com/brasil/o-elo-da-fiesp-com-porao-da-ditadura-7794152>.

98 *Idem*.

99 Elio Gaspari. *A ditadura escancarada*. Cia. das Letras: São Paulo, 2002, p. 87.

Gaspari chegou à conclusão de que, entre 1968 e 1974, "sempre que solicitado, o empresariado de São Paulo dava dinheiro". No caso da Oban, ou seja, do DOI-Codi, tratava-se de quantias de cerca de cem mil dólares por ano, utilizadas para equipar o centro de torturas, uma vez que os salários eram pagos pelo orçamento das Forças Armadas e do Estado.[100]

O apoio do empresariado na criação da Oban foi confirmado no início dos anos 1990 em entrevista de dois ex-militares — os generais aposentados Cyro Guedes Etchegoyen e Gustavo Moraes Rego Reis — a historiadores do Centro de Pesquisa de História Contemporânea (CPDOC) da Fundação Getúlio Vargas.[101]

Outro acusado de ter arrecadado fundos para os centros de tortura é João Baptista Leopoldo Figueiredo,[102] primo de João Baptista de Oliveira Figueiredo, chefe do SNI entre 1974 e 1978 e último ditador do regime militar.[103] Nascido em 1910, em Santos, o banqueiro João Baptista Leopoldo Figueiredo chegou a ser presidente da Câmara Teuto-Brasileira de Comércio e Indústria de São Paulo em 1948. A organização fundada em 1916 é conhecida hoje como Câmara de Comércio e Indústria Brasil-Alemanha. Leopoldo Figueiredo deixou o cargo em 1966 para se tornar presidente da Saab-Scania no Brasil. De 1963 até meados dos anos 1970, também integrou o conselho fiscal da Volkswagen

---

100 Vasconcelos Quadros. "Ligação de empresários com a ditadura abre nova frente de indenização a vítimas", em *Último Segundo*, 11 de maio de 2013. Disponível em <http://ultimosegundo.ig.com.br/politica/2013-05-11/ligacao-de-empresarios-com-a-ditadura-abre-nova-frente-de-indenizacao-a-vitimas.html>.

101 Celso Castro & Maria Celina D'Araujo. *Os anos de chumbo: a memória militar sobre a repressão.* Rio de Janeiro: Relume-Dumará, 1994, p. 117, 154.

102 Sobre o currículo de João Baptista Leopoldo Figueiredo, ver verbete sobre ele na página do CPDOC-FGV. Disponível em <http://www.fgv.br/cpdoc/acervo/dicionarios/verbete-biografico/figueiredo-joao-batista-leopoldo>.

103 José Casado & Chico Otavio. "O elo da Fiesp com o porão da ditadura. Documentos revelam o 'Dr. Geraldo', que fez a ligação dos empresários paulistas com o Dops durante sete anos", em *O Globo*, 9 de março de 2013. Disponível em <http://oglobo.globo.com/brasil/o-elo-da-fiesp-com-porao-da-ditadura-7794152>.

no país.[104] Os repórteres José Casado e Chico Otávio, do jornal *O Globo*, afirmam que "não existem dados exatos, mas sabe-se que foi expressivo o fluxo de dinheiro para a repressão", e que este partia de uma arrecadação de fundos entre os empresários paulistas. Os jornalistas citam algumas pessoas. Um dos que organizavam essas campanhas de arrecadação teria sido Leopoldo Figueiredo. Como morreu em 1989, já não pode ser questionado sobre suas atividades na época.

Em outubro de 2016, a Câmara de Comércio e Indústria Brasil-Alemanha de São Paulo resolveu homenagear seu presidente-fundador no livro comemorativo dos cem anos da instituição. A publicação lembra que Leopoldo Figueiredo se tornou sócio honorário após deixar a direção, carregando uma distinção em função do "sucesso" de seu trabalho. Não há menções à sua participação na arrecadação de recursos junto à Fiesp para financiar a repressão.[105] Depois, a homenagem a Figueiredo nos anais da câmara foi discretamente retirada.

O jornalista Elio Gaspari cita ainda o banqueiro Gastão Bueno Vidigal, ex-dono do Banco Mercantil de São Paulo. Segundo Gaspari, Vidigal teria se referido em entrevista a um encontro entre quinze empresários e banqueiros paulistas em 1969, durante o qual o então ministro da Fazenda, Antônio Delfim Netto, pedia apoio financeiro para a Oban.[106]

---

104 A Volkswagen do Brasil tinha uma diretoria, um conselho de administração e um conselho fiscal. Ver "VW do Brasil. Entwicklungshilfe im besten Sinne?" [Volkswagen do Brasil: ajuda ao desenvolvimento no melhor sentido?], em *Brasilien Nachrichten*, novembro de 1978, p. 120.

105 Christian Russau. "A cumplicidade da Câmara Brasil-Alemanha com a ditadura", em Fundação Rosa Luxembirgo, 25 de outubro de 2016. Disponível em <http://rosaluxspba.org/a-cumplicidade-da-camara-brasil-alemanha-com-a-ditadura/>.

106 "Ligação de empresários com a ditadura abre nova frente de indenização a vítimas", em *Último Segundo*, 11 de maio de 2013. Disponível em <http://ultimosegundo.ig.com.br/politica/2013-05-11/ligacao-de-empresarios-com-a-ditadura-abre-nova-frente-de-indenizacao-a-vitimas.html>.

Delfim Netto ocupou cargos em todos os governos militares entre 1964 e 1984. De 1975 a 1978, no governo Ernesto Geisel, foi embaixador do Brasil em Paris. No final de 1968, votou a favor do "golpe no golpe", o AI-5, que, como já comentamos, suspendeu os direitos civis no Brasil. De 1968 a 1973, durante o "milagre econômico", ocupou o Ministério da Fazenda.[107] Falecido em 2001, Vidigal contou a Elio Gaspari sobre os encontros no Club Paulistano, que presidiu de fins dos anos 1960 a início dos anos 1970. Toda quinta-feira havia reuniões com comes e bebes, às quais também comparecia o ministro da Fazenda. Delfim Netto costumava fazer palestras espirituosas sobre a conjuntura econômica. Em seguida, passava-se o chapéu para coletar doações em dinheiro para a Oban.[108]

Em junho de 2013, a Comissão da Verdade de São Paulo convidou Delfim Netto a prestar depoimento e o confrontou com as acusações. Delfim negou ter arrecadado fundos e disse que nunca soube nada sobre o centro de torturas da Oban. Admitiu ter se encontrado uma vez com o empresário Henning Albert Boilesen, ocasião em que teria conversado brevemente sobre o regime tributário para as empresas no país. Delfim afirmou ainda jamais ter se encontrado com o famigerado torturador do Departamento de Ordem Política e Social (Dops), o delegado Sérgio Paranhos Fleury, e que jamais teria conversado sobre questões de segurança com o ex-governador de São Paulo, Paulo Maluf. Admitiu, porém, ter assinado o AI-5. "Se as condições fossem as mesmas e o futuro não fosse opaco, eu repetiria.

---

107 Elio Gaspari. A ditadura escancarada. Companhia das Letras: São Paulo, 2002, p. 61; e João Paulo Stuart. "Delfim Netto ainda é aquele", em *Correio da Cidadania*, 7 de fevereiro de 2013. Disponível em <http://www.correiocidadania.com.br/index.php?option=com_content&view=article&id=8083:politica070213&catid=25:politica&Itemid=47>.

108 Stuart, *op. cit.*

Eu não só assinei o Ato Institucional número 5 como assinei a Constituição de 1988."[109]

Em 1979, Antônio Carlos Fon, jornalista e ex-integrante da ALN, publicou um livro[110] em que trata das estruturas financeiras dos órgãos brasileiros de repressão. Segundo suas pesquisas, duas firmas arrecadavam dinheiro junto ao empresariado carioca e paulista para os centros brasileiros de tortura: a Consultores Industriais Associados, cujas iniciais ironicamente formam a sigla CIA, e a Intelligence Assessoria Integral. Segundo Fon, essas empresas pertenciam a quatro pessoas: os militares aposentados Hélio Viana e Álvaro Galvão, o ex-jornalista Robert Lentz Plassing e o economista, empresário e assessor do ministro Delfim Netto, Paulo Henrique Sawaya Filho.[111] Segundo o livro de entradas e saídas da portaria do centro de tortura do Dops em São Paulo, um certo "Dr. Paulo Sawaia" adentrou o prédio às 17h50 do dia 22 de março de 1979. Não constam a data e a hora da saída. Ao entrar, Sawaya foi registrado primeiro como "delegado", anotação riscada e substituída por "Ministério da Fazenda".[112] Delfim Netto nega que Sawaya tenha sido seu assessor no ministério e diz que o conheceu na condição de "empresário do setor de biotecnologia". Segundo investigações

---

109 "Delfim Netto diz que não sabia de torturas na ditadura e defende o AI-5", em *Último Segundo*, 25 de junho de 2013. Disponível em <http://ultimosegundo.ig.com.br/politica/2013-06-25/delfim-netto-diz-que-nao-sabia-de-torturas-na-ditadura-e-defende-o-ai-5.html>.

110 Antônio Carlos Fon. *Tortura: a história da repressão política no Brasil.* Global: São Paulo, 1979, p. 56.

111 Antônio Carlos Fon adota a grafia "Sawaia", e assim seu nome aparece no livro da portaria. Outras fontes utilizam a grafia correta, "Sawaya". Ver Fon, *op. cit.*, p. 56. Ver ainda Heloisa Amélia Greco. *Dimensões fundacionais da luta pela anistia.* Departamento de História da FAFICH/UFMG: Belo Horizonte, 2003. Disponível em <http://www.bibliotecadigital.ufmg.br/dspace/bitstream/handle/1843/VGRO-5SKS2D/tese.pdf;jsessionid=97D89B184977313DEC9789B261695872?sequence=1#page=166>.

112 Livro de portaria do Dops, 28 de fevereiro de 1974 – 20 de junho de 1974, p. 22.

do presidente da Comissão Municipal da Verdade de São Paulo, vereador Gilberto Natalini, entre 1971 e 1979, Sawaya entrou no prédio do Dops 47 vezes.[113] Na segunda-feira, 28 de fevereiro de 1972, "Dr. Paulo Sawaya" adentrou o prédio do Dops às 15h25, tendo saído às 16h. Logo depois do seu nome foi feita a anotação de que Sawaya era da "Op. Bandeirante" e, na rubrica "cargo", consta a abreviatura "DOI".[114] Assim, o jornal *O Globo* também concluiu que Sawaya estava ligado ao centro de torturas.[115] O relatório final da Comissão Nacional da Verdade também qualifica "Paulo Henrique Sawaya Júnior" como um dos coordenadores do centro de torturas da Oban.[116] O escritor Bernardo Kucinski — autor do livro *K., Relato de uma busca*, que trata da história de seu pai à procura da irmã, Ana Rosa Kucinski, desaparecida em 1974 — conta que soube da boca de Sawaya, em primeira mão, que sua irmã fora sequestrada pela polícia secreta.[117]

Em 1979, em entrevista a Antonio Carlos Fon, Paulo Henrique Sawaya Filho negou todas as acusações. "Eu nunca torturei. Não conheço nenhum delegado ou diretor de serviço secreto." Sawaya nunca foi convocado a depor em nenhuma das comissões da verdade. Portanto, só o que existe são as superficiais afirmações registradas em 1979 pelo jornalista: "Conheço o Lentz Plassing, de quem fui sócio, mas não arrecadei dinheiro para a tortura, nem sei se ele arrecadou."[118]

---

113 É preciso levar em conta que as entradas e saídas foram anotadas por porteiros diferentes. Isso explica, de um lado, a grafia divergente: "Savaia", "Sawaia" e "Sawaya". Por outro lado, significa uma potencial fonte de erros. "Delfim Netto diz desconhecer financiamento de empresários a órgãos de repressão", *op. cit.*

114 Livro de portaria do Dops, 1º de fevereiro de 1972 – 22 de março de 1972, p. 24.

115 José Casado & Chico Otavio, *op. cit.*

116 Aqui também deve-se atentar para a evidente troca do aposto do sobrenome, de "Filho" para "Júnior". Ver Comissão Nacional da Verdade: *Relatório final*, vol. I, t. I, p. 170.

117 Comissão Nacional da Verdade. "Mortos e Desaparecidos. Junho de 1973 – abril de 1974", em *Relatório final*, p. 614.

118 Fon, *op. cit.*, p. 56 e segs.

Sigamos, pois, os traços de Robert Lentz Plassing. Antes da criação das empresas Consultores Industriais Associados e Intelligence Assessoria Integral, ele trabalhara como jornalista. "O movimento brasileiro de direitos humanos o conhece como um dos líderes de organizações clandestinas que sumiam com sindicalistas, arrancavam confissões à base de tortura e, ao lado dos serviços secretos públicos, alimentavam aparatos próprios para sequestro e repressão. Nos arquivos do Exército e da Aeronáutica, seu nome consta como terrorista de direita. Por causa de sua atuação clandestina, foi demitido pela revista britânica *The Economist*, com a qual colaborava havia algum tempo."[119] É o que noticia o informativo *Lateinamerika Nachrichten* no fim de 1979.

É inquestionável[120] que Plassing, já falecido, mantinha excelentes contatos com os executivos de multinacionais ativas no Brasil. Dessa maneira, em novembro de 1979, as ONGS suíças Arbeitsgruppe Dritte Welt e Erklärung von Bern enviaram uma carta aberta ao conselho federal suíço, condenando o "comportamento inescrupuloso de subsidiárias brasileiras das multinacionais suíças". Uma das companhias acusadas era a multinacional suíça do ramo eletroeletrônico Brown, Boveri & Cie., cujo conselho de administração no Brasil era então presidido por Oswaldo Ballarin. O jornal *Neue Zürcher Zeitung* de 22 de novembro de 1979 confrontou a executiva da Brown Boveri com a acusação das ONGS de que Oswaldo Ballarin "ajudou a financiar uma organização de fachada que promovia comandos de sequestro, esquadrões da morte e torturadores e, em uma espécie de justiça com as próprias mãos, perseguiu críticos de empresas,

119 *Lateinamerika Nachrichten*, nº 77, dezembro de 1979. Disponível em <http://lateinamerika-nachrichten.de/wp-content/uploads/2014/12/LN77_Web.pdf#page=9>.

120 Para os processos referentes ao espólio, ver <http://www.jusbrasil.com.br/topicos/43935349/espolio-de-robert-carlos-lentz-plassing>.

sindicalistas e gente de esquerda". Prossegue o texto do jornal: "Concretamente, o presidente do conselho de administração da Brown Boveri no Brasil, Oswaldo Ballarin, foi acusado de ter proporcionado contratos especiais de relações públicas a uma empresa dirigida por Robert Plassing (segundo a ONG, 'líder de uma organização clandestina de extrema direita'). Acusou a empresa de Plassing, a Consultores Industriais Associados, de realizar o trabalho sujo da repressão, fantasiada de empresa financeira e de marketing".[121]

A direção da Brown, Boveri & Cie. admitiu ao jornal *Neue Zürcher Zeitung* que de fato houve contatos entre Ballarin, Plassing e a empresa. E que, entre outras companhias, Ballarin também trabalhava para a Nestlé, a Sandoz e o grupo Schmidheiny. "No âmbito de um processo administrativo do Cade [Conselho Administrativo de Defesa Econômica] sobre a indústria eletrônica no Brasil, Ballarin afirmou que a Consultores Industriais Associados era uma empresa de consultoria para relações públicas e marketing, de cujos serviços ele se utilizara algumas vezes entre 1971 e 1974, a preços normais praticados no mercado. Não se compreende como se pode concluir a partir desta afirmação [...] que houve apoio a esquadrões da morte e especialistas em tortura. Só pode ser má-fé". Ainda assim, a Brown Boveri disse que não pretendia processar as ONGS, "já que essas organizações só querem mesmo visibilidade junto à opinião pública", como disse o porta-voz da Brown Boveri ao jornal *Neue Zürcher Zeitung*.[122]

A historiadora Martina Spohr descobriu como a direção

---

121 "Rechtsterroristen im Dienst von Multis? Schweres Geschütz gegen den BBC-Konzern" [Terroristas de direita a serviço das multinacionais? Tiroteio cerrado contra o conglomerado BBC], em *Neue Zürcher Zeitung*, 22 de novembro de 1979, p. 26.

122 *Idem.*

do DOI-Codi manifestava gratidão ao empresariado.[123] Na terça-feira, 9 de dezembro de 1970, o chefe do Estado Maior do Comando Militar do Sudeste, general Ernani Ayrosa, convidou alguns de seus "apoiadores mais destacados" para uma recepção em que expressou aos presentes o agradecimento explícito pelo apoio prestado ao regime. Entre personalidades mais ou menos famosas dos círculos empresariais paulistas, estavam também Henning Boilesen e Pery Igel, da Ultragaz, e Sebastião Camargo, da construtora Camargo Corrêa, bem com Oswaldo Ballarin, a serviço de Brown, Boveri & Cie, Nestlé, Sandoz e Schmidheiny.[124]

A advogada e professora universitária Rosa Maria Cardoso, integrante da Comissão Nacional da Verdade, afirma que nem ela nem seus colegas no colegiado puderam saber efetivamente o que houve. "Há muitos pedaços da realidade que estão totalmente encobertos por uma névoa. É claro que os partícipes dessa história não vão revelar nada. Militares não vão acusar empresários. Essas revelações e confissões são muito difíceis. O que nos ajudaria seria encontrar essa documentação."[125] Sem uma busca sistemática pelos arquivos desaparecidos ou supostamente destruídos que ainda se encontram em mãos dos criminosos ou de seus sucessores, será impossível fazer um balanço definitivo do passado sombrio das empresas. Mesmo assim, Rosa Cardoso enfatiza que diversas companhias, entre as quais a Volkswagen, apoiaram os centros de tortura. Existem provas contra um conjunto de empresas e, muito especificamente, contra a Volkswagen, onde a colaboração com os órgãos repressivos

---

123 Martina Spohr. "A relação empresarial-militar entre Brasil e Estados Unidos no golpe de 1964", em *Militares e Política*, nº 9, julho-dezembro de 2011, p. 61.

124 José Casado e Chico Otavio, *op. cit.*

125 "Comissão da Verdade de SP começa investigar participação de empresas na ditadura", em *Agência Brasil*, 27 de fevereiro de 2015. Disponível em <http://agenciabrasil.ebc.com.br/direitos-humanos/noticia/2015-02/comissao-da-verdade-de-sp-comeca-investigar-participacao-de>.

se materializava no financiamento e na cessão de veículos para serem usados pelos agentes do Estado em São Paulo."[126]

O QUE REVELA O CONTROLE DE ENTRADAS E SAÍDAS DO DOPS?

O nome de Robert Lentz Plassing aparece na página 11 da lista de torturadores elaborada pelos perseguidos políticos entre 1979 e 1980. Segundo depoimento dos torturados, seu codinome no DOI-Codi era Samuca.[127] Já no Dops, ele usava o próprio nome. No dia 20 de abril de 1971, "doutor" Robert Plassing entrou no centro de torturas acompanhado de um oficial da Marinha. Segundo o livro de controle de visitação do Dops,[128] ele permaneceu no local até depois de terminado o expediente do porteiro, que deixava seu posto às dez horas da noite. Depois disso, como o funcionário já havia ido para casa, não há mais nenhum registro.

Os membros da Comissão da Verdade Rubens Paiva, organizada pela Assembleia Legislativa do Estado de São Paulo, mandaram examinar estes livros de controle de visitação. Ali estão registradas minuciosamente as entradas e saídas de todos os delegados e visitantes conhecidos e desconhecidos do Dops. Uma pesquisa das certidões de óbito das vítimas de tortura

---

126 "Ecos da ditadura: Advogados e sindicalistas entram na Justiça contra a Volkswagen", em *Sputnik News*, 24 de setembro de 2015. Disponível em <https://br.sputniknews.com/brasil/2015092422229378/>.

127 A lista completa dos torturadores cuja identidade foi revelada está disponível em <http://www.documentosrevelados.com.br/wp-content/uploads/2014/12/torturadorespdf.pdf#page=111>.

128 Os livros de controle de visitação da portaria do Dops foram encontrados no Arquivo de São Paulo. Estavam lá os volumes para os períodos de 30 de março de 1971 – 15 de outubro de 1971, 1º de fevereiro de 1972 – 22 de março de 1972, 7 de novembro de 1973 – 22 de fevereiro de 1974, 28 de fevereiro de 1974 – 20 de junho de 1974, 25 de abril 1975 – 14 de junho de 1976 e 29 de dezembro de 1977 – 8 de janeiro de 1979. Disponível em <http://www.arquivoestado.sp.gov.br/site/acervo/repositorio_digital/portaria_deops>.

poderia dar pistas sobre quem estava no centro de repressão naquele momento. Encontram-se nos documentos representantes de empresas como Petrobras, PanAm e Rede Globo. Mas os livros da portaria também registram membros de consulados dos Estados Unidos, da Bélgica, do Canadá, da Coreia do Sul, de Israel, da Grã-Bretanha, do Peru, da Iugoslávia, da Espanha e da Alemanha. Isso pode não ter um significado relevante, pois "o Dops também fazia o papel de polícia de estrangeiro",[129] o que poderia explicar as diversas visitas de consulares. Mesmo assim, alguns dos registros despertam desconfiança. Cônsul norte-americano no Brasil entre 1971 e 1974, Claris Rowley Halliwell teria estado 31 vezes no Dops, muitas delas depois do expediente, segundo o livro da portaria. O coordenador da Comissão da Verdade do Estado de São Paulo, Ivan Seixas, foi preso político na época da ditadura. O pai dele, Joaquim Alencar de Seixas, participou do assassinato de Henning Albert Boilesen. Poucos dias depois do atentado, Joaquim foi detido com Ivan, à época com apenas 16 anos de idade. Ambos foram torturados. Joaquim foi assassinado no DOI-Codi. Em fevereiro de 2013, Ivan afirmou que as torturas no Dops costumavam ocorrer à noite, uma vez que os gritos podiam ser ouvidos no prédio inteiro. Ele compara a presença dos convidados com os períodos em que comprovadamente se torturava. E pergunta: por que um representante diplomático estaria em um lugar onde se tortura? No mínimo, supõe Seixas, este convidado ouviu e decidiu ficar em silêncio. Quem sabe, foi até pior.[130] Seixas não gosta de falar disso, mas fica claro a que se refere. Ele acredita que cônsules estrangeiros

---

129 Comissão Nacional da Verdade. *Relatório final*, vol. I, 2014, p. 170.

130 "Indícios mostram ligação dos EUA e Fiesp com tortura", em *Revista Fórum*, 20 de fevereiro de 2013. Disponível em <http://www.revistaforum.com.br/rodrigovianna/plenos-poderes/novos-indicios-mostram-ligacao-dos-eua-e-da-fiesp-com-tortura/>.

ou representantes de empresas assistiram pessoalmente às sessões de tortura no Dops.

No próprio departamento, a visita dos "convidados" era vista com evidente satisfação, já que se tratavam de apoiadores da repressão. A historiadora Mariana Joffily encontrou um documento no Arquivo do Estado de São Paulo em que se admite abertamente o financiamento do Dops por meio do empresariado paulista: "O êxito da repressão à subversão e ao terrorismo em São Paulo reside, em síntese, no apoio das elites civis e autoridades civis e militares, no trabalho integrado que soma esforços e multiplica resultados e na motivação dos órgãos de segurança".[131]

Talvez isso ajude a explicar por que o nome de uma certa pessoa surge com mais frequência no livro de controle de visitação da portaria do Dops. Trata-se de Geraldo Rezende de Matos, que aparece como diretor da Fiesp. Segundo o livro da portaria, ele teria frequentado o Dops quarenta vezes. Em abril de 1972, teria permanecido no local das 18h20 do dia 24 às 12h35 do dia 25. O que um dos maiores representantes da maior associação industrial do país fazia durante toda a noite em um reconhecido centro de torturas? Ivan Seixas acredita ter encontrado uma resposta a essa pergunta: Geraldo Rezende de Matos teria se ocupado da entrega das chamadas "listas negras" feitas pelos serviços de segurança de diversas empresas com os nomes de trabalhadores que deveriam ser detidos.[132] A Fiesp tem o desplante de afirmar que não possui nenhum documento a

131 "O relatório da Comissão da Verdade: o empresariado e a repressão", em *Correio da Cidadania*, 11 de dezembro de 2014. Disponível em <http://www.correiocidadania.com.br/index.php?option=com_content&view=article&id=10324%3Asubmanchete111213&catid=72%3Aimagens-rolantes&>.

132 Ivan Akselrud de Seixas & Silvana Aparecida de Souza. "Comissão Nacional da Verdade e a rede de comissões estaduais, municipais e setoriais: a trajetória do Brasil", em *Estudos sociológicos Araraquara*, vol. 20, nº 39, julho-dezembro. 2015, p. 356. Disponível em <http://seer.fclar.unesp.br/estudos/article/viewFile/7895/5627>.

respeito do ex-diretor.[133] Nem mesmo o jornal conservador *O Globo* quis aceitar isso. Em uma matéria minuciosamente apurada,[134] os repórteres José Casado e Chico Otavio reconstituem a trajetória profissional de Matos na Fiesp com datas precisas, lugares e funções, bem como suas conexões, que vão fundo até os porões mais sombrios da ditadura.[135]

Pelo menos três empresários afirmaram ter se recusado a contribuir financeiramente com os órgãos da repressão: José Mindlin, Antônio Ermírio de Moraes e Kurt Mirow. José Mindlin foi fundador e proprietário da empresa de autopeças Metal Leve. Segundo o jornalista Hélio Contreiras, Mindlin e Antônio Ermírio, da Votorantim, não quiseram dar dinheiro para órgãos de repressão.[136] Em 1977, o empresário teuto-brasileiro Kurt Mirow publicou o livro *A ditadura dos cartéis*. Enquanto, em agosto de 1977, foi instaurado um inquérito contra Kurt Mirow em um tribunal militar brasileiro por atentado contra a segurança nacional, na Alemanha empresas como a Siemens exigiram da editora Rowohlt que não publicasse seus escritos.[137] Mas o livro saiu, e diz: "Em São Paulo há rumores de que companhias de renome europeias e americanas, membros do cartel elétrico do IEA, do cartel de fertilizantes da Nitrex, empresas do setor de

---

133 "Fiesp e CIA: os estranhos visitantes do Dops", em *Brasil de Fato*, 15 de fevereiro de 2013. Disponível em <http://antigo.brasildefato.com.br/node/11968>.

134 "O elo da Fiesp com o porão da ditadura. Documentos revelam o 'Dr. Geraldo', que fez a ligação dos empresários paulistas com o Dops durante sete anos", em *O Globo*, em 9 de março de 2013. Disponível em <http://oglobo.globo.com/brasil/o-elo-da-fiesp-com-porao-da-ditadura-7794152>.

135 *Idem.*

136 "O relatório da Comissão da Verdade: o empresariado e a repressão", em *Correio da Cidadania*, 11 de dezembro de 2014. Disponível em <http://www.correiocidadania.com.br/index.php?option=com_content&view=article&id=10324%3Asubmanchete111213&catid=72%3Aimagens-rolantes&>.

137 *Lateinamerika Nachrichten*, nº 77, dezembro de 1979. Disponível em <http://lateinamerika-nachrichten.de/wp-content/uploads/2014/12/LN77_Web.pdf#page=8>.

alimentos, empreiteiras e outros grupos interessados no chamado milagre econômico ajudaram a financiar as ações de terror da Operação Bandeirante, a contraparte política do famigerado Esquadrão da Morte. Os salários de cargos intermediários da polícia teriam sido melhorados. No âmbito do combate à subversão, intelectuais rebeldes ou concorrentes indesejados foram silenciados. O terror teria se tornado um meio eficiente de política empresarial".[138] Mirow relata ainda que também teria sido pressionado por Robert Lentz Plassing a financiar os órgãos de repressão por meio de uma contribuição mensal — uma espécie de mesada para evitar "coisas piores". O empresário se recusou a cooperar e tornou pública a chantagem. Em consequência, houve diversos assaltos a sua casa, documentos foram extraviados, ele foi crivado de processos e denúncias e recebeu ameaças.[139]

Se as multinacionais nomeadas no relatório da Comissão Nacional da Verdade como financiadoras da repressão realmente não deram nenhum apoio aos agentes do Estado durante a ditadura, por que não tornaram tal fato preventivamente público em 1979, como fizeram José Mindlin, Antônio Ermírio de Moraes e Kurt Mirow? Quarenta anos depois, é bastante cômodo negar as acusações e alegar a inexistência de documentos que as comprovem.

Seja como for, não é trivial levar luz às trevas deste passado, ainda mais quando vítimas, algozes e testemunhas se contradizem em suas versões ou se acusam mutuamente de mentir, e quando as evidências documentais permanecem bloqueadas,- mesmo depois de tanto tempo, graças à falta de rigor e critério

---

138 Kurt Rudorf Mirow. *A ditadura dos cartéis: anatomia de um subdesenvolvimento*. Civilização Brasileira: Rio de Janeiro, 1977.

139 *Lateinamerika Nachrichten*, nº 77, dezembro de 1979. Disponível em <http://lateinamerika-nachrichten.de/wp-content/uploads/2014/12/LN77_Web.pdf#page=10>.

em seu armazenamento ou à falta de colaboração dos militares.

Por isso, o depoimento das testemunhas ganha ainda mais relevância, como no caso de Lúcio Bellentani, que trabalhou entre 1964 e 1972 como ferramenteiro na fábrica da Volkswagen no ABC paulista e acusa a empresa de ter colaborado com a repressão durante a ditadura.

A VOLKSWAGEN DO BRASIL NO BANCO DOS RÉUS

Funcionários da Volkswagen foram detidos nas instalações da empresa, surrados e torturados durante os chamados "anos de chumbo", quando a repressão no Brasil assumiu características mais brutais. Segundo o depoimento das vítimas, as detenções e torturas ocorriam debaixo das vistas do pessoal de segurança da fábrica. O nome de Adhemar Rudge, coronel das Forças Armadas durante o regime e chefe da área de segurança da Volkswagen do Brasil entre 1969 e 1991, é citado nominalmente por Lúcio Bellentani. "Quem comandou a prisão foi o [coronel] Rudge. O Rudge estava encostado em uma coluna com vários policiais, e mais gente da segurança da Volks, e encostaram uma metralhadora nas minhas costas. Levaram-me para o departamento de pessoal, onde havia outros agentes do Dops. Ali levei porrada e cascudo. Dali fui para o Dops, onde fiquei 45 dias totalmente incomunicável".[140]

No dia 28 de julho de 1972, Bellentani foi detido no pátio da Volkswagen em São Bernardo do Campo. Eram onze horas da noite, disse ele em 19 de julho de 2012 para a Comissão Municipal da Verdade de São Paulo. "Na hora em que cheguei à sala

---

140 "Comissão da Verdade de SP começa investigar participação de empresas na ditadura", *op. cit.*

de segurança da Volkswagen, já começou a tortura, já comecei a apanhar ali, comecei a levar tapa, soco." No dia seguinte, foi levado a um dos torturadores mais conhecidos e inescrupulosos do Brasil: Sérgio Paranhos Fleury, o delegado Fleury, chefe do Dops, fanático caçador de opositores do regime e líder dos famigerados esquadrões da morte. Fleury, que matava gente a tijoladas. Fleury, que enriqueceu com dinheiro arrecadado junto ao empresariado paulista para financiar a repressão. Fleury, que morreu em 1º de maio de 1979 em circunstâncias nunca esclarecidas, e cuja notícia de morte foi comemorada por cem mil trabalhadores do Sindicato dos Metalúrgicos com palavras de ordem e cantoria durante os festejos do Dia do Trabalho no estádio de Vila Euclides, em São Bernardo do Campo.

Bellentani relata: "No dia seguinte, me passaram para a equipe do delegado Fleury, que me colocou numa sala enorme no terceiro andar do Dops. Tinha uma escrivaninha e uma cadeira ali no meio, sentei ali e o Fleury ficou uns quinze minutos quieto, olhando para mim, e uma meia dúzia de torturadores lá atrás." Então começou o interrogatório. "A partir dali começou a pauleira, quer dizer, pau-de-arara, arrebentaram algumas daquelas palmatórias na minha cabeça, nas mãos, nos pés; perdi alguns dentes. Isso daí foi assim por uns 45 dias."

Um dia, continua o ex-operário, os torturadores disseram: "'Hoje vamos ter mais um presunto em Sapopemba'. Eu pensei: 'Acho que sou eu'. Era o único que estava ali. Eles me pegaram e queriam saber onde morava um rapaz que trabalhava na Mercedes, em São Bernardo do Campo." Bellentani foi colocado em um carro e levado até um local próximo da fábrica. "Naquele período, em 1972, ali atrás da Mercedes era um varjão só, não tinha nada, era só a Mercedes. Aí me levaram para lá, me algemaram com as mãos atrás, botaram a corda no meu pescoço, amarraram atrás da Veraneio e começaram a dar umas voltas, me arrastando ali pelo chão, querendo saber onde era a casa do rapaz. Levantei, deram uma rajada de metralhadora, não tinha bala, era só bala de festim. Aí me botaram na viatura de volta, aí chegou um deles e me disse assim: 'Olha, o pessoal está lá atrás conversando. Aproveita e dá no pé'. Eu disse: 'Se vocês quiserem me matar, vocês me matam aqui dentro do carro, porque correr eu não vou.' Aí me algemaram e me levaram novamente para o Dops."

"Eles sabiam que a base do partido dentro da Volkswagen era grande, mas durante esses 45 dias só estávamos o meu delator e eu, e ele não conhecia a organização como um todo, porque a gente se organizava em grupos pequenos, e eu, apenas eu, tinha conhecimento de todos eles." Bellentani foi confrontado com colegas. Apesar de toda a tortura, não entregou ninguém. "Felizmente consegui manter a mesma linha de depoimento desde o primeiro momento até o fim, e a coisa parou por ali."

Durante várias semanas, a esposa de Bellentani não soube o paradeiro do marido e nem o que lhe ocorrera. Todos os dias ia até a fábrica da Volkswagen e perguntava no portão, no departamento de pessoal, no setor, aos chefes e aos colegas: "Vocês viram o Lúcio? Sabem onde está? O que houve?". Só depois de várias semanas, tendo ameaçado acionar o seguro de vida por supor que o marido morrera, recebeu uma resposta. Mandaram que ela perguntasse no Dops, onde Fleury, o comandante dos esquadrões da morte, torturava e assassinava.

Lúcio Bellentani sobreviveu. Passou vários meses no Dops e alguns dias no DOI-Codi. Depois, foi levado ao Presídio Tiradentes, em São Paulo, onde passou um ano até o processo, ao fim do qual foi sentenciado a mais um ano de detenção. Segundo Bellentani, o torturador Fleury fizera uma anotação em seu processo, dizendo que ele havia sido o único preso que jamais colaborou. Por isso, recebeu o ano adicional.

Além de Bellentani, principal testemunha no caso da acusação de colaboração da Volkswagen do Brasil com a repressão, outros funcionários da empresa foram presos e torturados. Bellentani já não se lembra dos nomes de todos os colegas de trabalho também levados para o Dops e esfolados no pau-de-arara. Um documento do então chefe da segurança da Volkswagen, o coronel Adhemar Rudge, reproduzido na denúncia contra corporação, menciona — além de Lúcio Bellentani — as seguintes pessoas: Amauri Dagnoni, Annemarie Buschel, Antonio Torini, Geraldo Castro del Pozo e Heinrich Plagge.[141] É legítimo supor que, pesquisando os documentos no departamento de pessoal da Volkswagen, seria possível identificar outras vítimas e seus familiares. Deveria ser relativamente fácil descobrir quem desapareceu por um período de tempo mais longo naquela época, porque todos os funcionários que não iam trabalhar por mais de trinta dias geralmente eram demitidos por justa causa, e porque isso deveria estar registrado nos processos internos dos trabalhadores, documentos que, para fins de aposentadoria, precisam por lei ficar guardados a vida inteira. Por isso, teria sido fácil para a direção da empresa permitir que os arquivos fossem investigados, a fim de constatar a identidade de outras vítimas da ditadura. Mas isso não ocorreu até agora.

Depois do caso de Lúcio Bellentani, o mais conhecido é o de Heinrich Plagge. Sindicalista ativo, Plagge era metalúrgico na Volkswagen. Por volta das duas horas da tarde de 8 de agosto de 1972, foi chamado para o escritório do diretor Ruy Luiz Giometti, onde já esperavam dois desconhecidos que o declararam preso. Levaram-no ao Dops, onde durante trinta dias foi duramente

141 Processo nº 1.34.001.006706/2015-26: vol. II, p. 160, anexo 08, SOZ/341/1138, Dops/Apesp.

torturado, para depois ser transferido ao Presídio Tiradentes. Foi solto em 6 de dezembro de 1972 e, dezesseis dias depois, em 22 de dezembro, recebeu a carta de demissão. Plagge nunca mais encontrou emprego fixo. Foi obrigado a viver de bicos até ser novamente preso, em 2 de setembro de 1974. Dessa vez, precisou esperar mais tempo pela liberdade: até 3 de junho de 1975. No dia 23 de setembro de 2008, a Comissão de Anistia julgou que a demissão de 1972 teve "motivação política".[142]

DENÚNCIA CONTRA A VOLKSWAGEN POR COLABORAÇÃO COM A DITADURA

Em 22 de setembro de 2015, o Fórum de Trabalhadores por Verdade, Justiça e Reparação entrou com uma denúncia contra a Volkswagen do Brasil junto ao Ministério Público de São Paulo.[143] A entidade, composta por vítimas, sindicalistas, advogados, movimentos sociais e grupos de defesa dos direitos humanos, queria dar andamento a processos civis para esclarecer todo o envolvimento da empresa com os órgãos de repressão. A denúncia, que correu sob o processo de número 1.34.001.006706/2015-26, baseia-se em depoimentos de vítimas como Lúcio Bellentani diante das comissões da verdade, assim como em outras provas que revelam a colaboração estreita da corporação alemã com os a repressão.

Muitas acusações pesam contra a Volkswagen do Brasil. Funcionários teriam sido detidos com a colaboração ativa ou passiva do pessoal armado da divisão de segurança da própria empresa, sendo agredidos ou torturados no pátio da própria

---

142 Maria José H. Coelho & Vera Rotta (org.). *Livro dos votos da Comissão de Anistia: verdade e reparação aos perseguidos políticos no Brasil*, p. 265. Disponível em <http://www.justica.gov.br/central-de-conteudo/anistia/anexos/livro-dos-votos-versao-final-20-08-2013.pdf#page=265>.

143 Processo nº 1.34.001.006706/2015-26.

fábrica por agentes dos órgãos de repressão. A denúncia reivindica ainda que se esclareçam as acusações segundo as quais, a exemplo de outras multinacionais ativas no país, a Volkswagen teria apoiado o famigerado centro de torturas Oban/DOI-Codi. A denúncia menciona o oferecimento, pela empresa, de veículos para serem usados pelos agentes da repressão em São Paulo.

Além disso, a segurança interna da Volkswagen teria coletado e repassado aos órgãos da repressão informações sobre funcionários e sindicalistas politicamente ativos, dentro e fora das instalações da empresa. Isso é confirmado, por exemplo, pelos documentos publicados em 2014 pela agência de notícias Reuters, bem como pelas chamadas "listas negras" de funcionários que foram demitidos e nunca mais conseguiram outro emprego, ou então relatórios sobre sindicalistas redigidos internamente pela Volkswagen e colocados à disposição do Dops.[144] Entre os metalúrgicos que foram espionados nos anos 1970, consta, entre outros, o nome do então ativista sindical e futuro presidente Luiz Inácio Lula da Silva.[145] Um documento de 1980 — o ano da greve dos metalúrgicos na Grande São Paulo — traz uma lista com os nomes de 436 funcionários da Brastemp, Chrysler, Ford, Scania, Toyota, Toshiba, Inox e Mercedes-Benz, entre outras. Com 66 nomes, o grupo de funcionários da Volkswagen é o mais numeroso. Os nomes aparecem com endereço e informações detalhadas sobre local de trabalho e função na empresa, tudo meticulosamente anotado a lápis. Segundo Sebastião Neto, membro do Fórum

144 "The 'Black List'. Documents suggest foreign automakers aided Brazil's dictators" [A 'lista negra': documentos sugerem que montadoras estrangeiras apoiaram ditadores brasileiros], em *Reuters*, 5 de agosto de 2014. Disponível em <http://www.reuters.com/investigates/special-report/brazil-dictatorship-companies/>.

145 Mario Schenk. "VW Brasilien beschattete späteren Präsidenten Lula" [Volkswagen do Brasil espionou futuro presidente Lula], em *Amerika 21*, 13 de setembro de 2014. Disponível em <https://amerika21.de/2014/09/106398/vw-brasilien-lula-diktatur>.

de Trabalhadores por Verdade, Justiça e Reparação, as informações só poderiam ter origem na própria Volkswagen.

A direção da montadora se defende dizendo que se trata de "uma lista de centenas de trabalhadores de muitas empresas, e que apresenta algumas dezenas de ex-trabalhadores da Volkswagen. É uma informação, portanto, que foi reunida por alguém, em algum contexto, e algumas dessas informações que teriam sido supostamente fornecidas pela Volkswagen estão incorretas".[146]

Segundo a denúncia do Fórum de Trabalhadores, a Volkswagen teria produzido e repassado aos agentes do Estado mais de duzentos documentos. E os documentos provam que funcionários eram espionados dentro e fora da fábrica.

Um documento, em especial, se destaca: está datado em 6 de julho de 1983, porta a anotação "confidencial" e leva o carimbo do Ministério da Aeronáutica.[147] Historicamente, muitas indústrias se assentaram na região do Vale do Paraíba, entre os estados do Rio de Janeiro e São Paulo. Nos tempos da ditadura, criaram uma rede denominada Centro Comunitário de Segurança do Vale do Paraíba (Cecose). O documento revela que as empresas deste grupo trocavam informações sobre os trabalhadores e suas atividades sindicais e políticas, e se comunicavam mutuamente sobre quem era demitido e porquê. Na reunião do Cecose ocorrida em 6 de julho de 1983, participaram os representantes dos setores de segurança de 25 empresas. Amanda Menconi Hornhardt, Antonio Brunheira e Richard Martins, pesquisadores do grupo de trabalho da Comissão da Verdade dos Metalúrgicos de São José dos Campos e Região, examinaram detalhadamente este e outros documentos relacionados àquele encontro. O relatório que produziram, também entregue à Comissão Nacional da Verdade,

---

146 Processo nº 1.34.001.006706/2015-26, p. 15.
147 Processo nº 1.34.001.006706/2015-26, anexo 1, p. 4.

chega à conclusão de que enviaram representantes para participar do encontro 13 empresas multinacionais (Caterpillar, Cebrace, Embrape, Ericsson, FiEl, Ford, General Motors, Johnson & Johnson, Kodak, National, Philips, Rhodia e Volkswagen), oito empresas privadas brasileiras (Avibras, Confab, Engesa, FNV, Mecânica Pesada, Tecelagem Parayba, Vibasa e Villares), quatro empresas estatais (Cosipa, Embraer, Petrobras e Telesp), bem como membros do Exército, da Aeronáutica e das polícias Militar, Civil e Federal.[148]

A ata da reunião contém um anexo que diz: "O representante da empresa (Volkswagen) expôs os assuntos mais importantes, cuja agenda segue em anexo, em forma de 'lembretes'."[149] É provável que o representante da Volkswagen tenha sido o único participante do encontro a oferecer um detalhado relatório de oito páginas com informações sobre atividades sindicais e políticas de funcionários da empresa, assim como nomes, CPFS e até o nome dos pais de trabalhadores recém-demitidos, que assim poderiam ser identificados sem problemas pelas outras empresas. "A Volkswagen, pelo que mostra o documento, funcionava como uma espécie de órgão de inteligência nesse grupo", explica Sebastião Neto, do Fórum de Trabalhadores pela Verdade, Justiça e Reparação.[150] A advogada Rosa Cardoso, membro da Comissão Nacional da Verdade, também acredita que esses documentos revelam o protagonismo da corporação em espionar trabalhadores com atividades políticas e sindicais.[151]

Some-se a isso o fato de que a Volkswagen, com sua dimensão

---

148 "Empresariado e Ditadura Militar: repressão ao movimento operário", em *Convergência*. Disponível em <http://blogconvergencia.org/?p=5067&print=print>.

149 Processo nº 1.34.001.006706/2015-26, anexo I, p. 4.

150 "Ao menos 70 empresas colaboraram com a ditadura", em *CartaCapital*, 8 de setembro de 2014. Disponível em <http://www.cartacapital.com.br/politica/ao-menos-70-empresas-colaboraram-com-a-ditadura-5660.html>.

151 "The 'Black List'. Documents suggest foreign automakers aided Brazil's dictators" *op.cit*.

e importância,[152] era uma das poucas empresas no Brasil com condições organizacionais, logísticas e financeiras para desempenhar tal papel. Só na fábrica de São Bernardo — segundo informou em 17 de outubro de 1980 o jornal semanal *O São Paulo*, editado pela Arquidiocese de São Paulo —, havia trezentos funcionários da divisão de segurança incumbidos de supervisionar quarenta mil trabalhadores.

A direção da montadora negou sistematicamente todas as acusações. Em depoimento à Assembleia do Legislativa do Estado de São Paulo, o diretor jurídico Rogério Varga esclareceu, em 27 de fevereiro de 2015, que "o Cecose continua existindo e nunca teve nenhuma finalidade de contribuição para violação de direitos humanos. Ele é uma troca de caráter mais técnico de informações sobre segurança em geral".[153]

Tanto a Volkswagen quanto a Scania são acusadas nessa denúncia de haver confeccionado listas de trabalhadores passíveis de demissão e que, depois de demitidos, geralmente não encontrariam mais emprego, provavelmente devido a essas mesmas listas. Os respectivos depoimentos e os documentos encontrados se referem aos de 1978 e 1979, quando já se desenhava no horizonte o fim da ditadura. Em 1978 e 1980 houve importantes greves de metalúrgicos na Grande São Paulo.

O historiador Rodolfo Machado foi atrás das acusações contra a Volkswagen e examinou os arquivos a mando da Comissão Nacional da Verdade. Sua conclusão: os sindicalistas eram vistos como "caso de polícia". "Essa aliança nada santa, com a Volkswagen do Brasil entregando seus trabalhadores ao regime, pode ser comprovada por uma grande quantidade de documentos. Existem

152 Em meados dos anos 1970, a Volkswagen do Brasil era a empresa de maior faturamento da América Latina. Ver "vw do Brasil. Entwicklungshilfe im besten Sinne?", em *Brasilien Nachrichten*, novembro de 1978, p. 59.

153 Processo nº 1.34.001.006706/2015-26, s. 13.

listas negras. Enquanto essa colaboração garantia lucros mais elevados à Volkswagen e a outras companhias, os trabalhadores tinham seus direitos cortados e eram explorados."[154]

Na denúncia, a Volkswagen e outras empresas são acusadas de ter colaborado no processo de militarização do Estado e do setor privado depois do golpe militar de 1964. Em 2013 foram encontrados documentos nos arquivos do antigo Serviço Nacional de Informações que apontam para a colaboração do setor privado com os órgãos brasileiros de repressão. Esses documentos, classificados como estritamente confidenciais, indicam que o chamado Grupo Permanente de Mobilização da Indústria (GPMI) da Fiesp funcionava como mediador entre o setor industrial e os militares. O objetivo era a expansão da indústria de armamentos no mercado interno, a fim de se equipar melhor contra supostas tentativas de golpe comunistas. Para isso, se arrecadava dinheiro junto ao empresariado, e as empresas eram convidadas a converter seu portfólio de produtos civis em produtos militares. Junto com a Escola Superior de Guerra, a meta principal do GPMI era construir um "complexo militar-industrial" no Brasil, explica o jornalista Antônio Carlos Fon, citando o exemplo de fábricas de embalagens de batom que, de acordo com a proposta, poderiam passar a produzir cápsulas de munição.[155]

As pesquisas do historiador Jean-Claude Silberfeld apontam que os representantes da indústria e do setor privado — entre

---

154 Julio Segador. "Die umstrittene Rolle von VW während der Militärdiktatur" [O controverso papel da Volkswagen durante a ditadura militar], em *Deutschlandfunk*, 21 de março de 2015. Disponível em <http://www.deutschlandfunk.de/brasilien-die-umstrittene-rolle-von-vw-waehrend-der.799.de.html?dram:article_id=314919>.

155 "Diretoria da Fiesp foi ponto de partida de negócios entre indústria e ditadura em 64, diz ex-membro da ALN", em *Última Instância*, 29 de março de 2014. Disponível <http://ultimainstancia.uol.com.br/conteudo/noticias/70003/diretoria+da+fiesp+foi+ponto+de+partida+de+negocios+entre+industria+e+-ditadura+em+64+diz+ex-membro+da+aln.shtml>.

eles, Volkswagen do Brasil[156] e Scania — teriam patrocinado financeiramente o GPMI na época da ditadura. A Volkswagen, no mínimo, prometeu transferir recursos ao GPMI.

O Fórum de Trabalhadores por Verdade, Justiça e Reparação parte do pressuposto que as empresas já prestavam apoio financeiro antes do golpe militar de 1964e ajudaram a derrubar o governo João Goulart. Um papel central neste esquema foi desempenhado pelo Instituto de Pesquisas e Estudos Sociais (Ipes), suspeito de ter angariado fundos junto ao empresariado de São Paulo para um golpe entre 1961 e 1964. Um de seus cofundadores — e primeiro presidente, de 1961 a 1964 — foi João Baptista Leopoldo Figueiredo, então também presidente da Câmara Teuto-Brasileira de Indústria e Comércio e membro do conselho fiscal da Volkswagen do Brasil entre 1963 e 1975.[157] Mesmo assim, a responsabilidade da Volkswagen, nesse contexto, é questionável. O historiador Luiz Alberto Moniz-Bandeira cita uma das várias entrevistas que fez com Hermann Görgen, durante décadas o presidente da Sociedade Teuto-Brasileira (Deutsch-Brasilianische Gesellschaft), para quem a direção da montadora não comungava com as intenções do Ipes. "Algumas poucas empresas alemãs no Brasil, como Mannesmann ou Volkswagen, mantiveram-se solidárias com o governo Goulart ou então assumiram uma postura ambivalente."[158] Hermann Görgen era um defensor convicto da tese de que havia efetivamente um perigo comunista no Brasil antes de 1964. Além

---

156 René Armand Dreifuss. *1964: A conquista do Estado: ação política, poder e golpe de classe.* Editora Vozes: Petrópolis, 1981, p. 249.

157 *Diário Oficial do Estado de São Paulo*, 9 de julho de 1963. Disponível em <http://www.jusbrasil.com.br/diarios/4615269/pg-84-poder-executivo-parte-1-diario-oficial-do-estado-de-sao-paulo-dosp-de-09-07-1963>.

158 Luiz Alberto Moniz-Bandeira. *Wachstumsmarkt Brasilien: Der deutsche Wirtschafts- und Handelsbeitrag in Geschichte und Gegenwart* [Mercado em crescimento no Brasil: a contribuição da economia e do comércio alemães no passado e no presente]. Springer Gabler: Wiesbaden, 2013, p. 155.

disso, denunciou e difamou exilados na Alemanha junto ao consulado brasileiro em Bonn como "brasileiros que sujam a imagem do Brasil no exterior", o que está evidenciado em documentos do Itamaraty.[159] Além disso, ele tendia a banalizar a ditadura, tendo dito reiteradas vezes que nunca houve torturas sistemáticas naquela época. Essa foi, durante anos, a linha editorial dos *Cadernos Teuto-Brasileiros* ou *Deutsch-Brasilianische Hefte*, editados por Görgen. Por tudo isso, a afirmação de que a Mannesmann e a Volkswagen mantiveram-se "solidárias com o governo Goulart" ou assumiram uma "postura ambivalente" deve ser levada a sério, uma vez que ela quase desfaz o tom de lamúria de quem apoiou a ditadura.

Antes da queda de João Goulart, houve outra organização que conspirava ativamente contra o governo democrático: o Instituto Brasileiro de Ação Democrática (IBAD). Uma comissão parlamentar de inquérito de 1963, presidida pelo deputado Ulysses Guimarães, descobriu que o IBAD, fundado em 1959 por empresários nacionais, intelectuais de direita e companhias transnacionais, interferia na política brasileira com somas milionárias a fim de banir o "perigo comunista". Em dezembro de 1963, o IBAD foi proibido devido a atividades ilegais. Segundo fontes da Câmara dos Deputados, entre as multinacionais que apoiavam o instituto estavam Texaco, Esso, Coca-Cola, IBM e Bayer.[160] A Volkswagen não aparece nessa lista.

---

159 Luiz Ramalho. Carta à Deutsch-Brasilianische Gesellschaft, 8 de dezembro de 2013.

160 "Constituída CPI para apurar candidatos que teriam recebido financiamento do IBAD e do Ipes", em *Câmara e história*. Disponível em <http://www2.camara.leg.br/camaranoticias/radio/materias/CAMARA-E-HISTORIA/336061-1963--%C3%89-CONSTITU%C3%8DDA-CPI-PARA-APURAR-CANDIDATOS-QUE-TERIAM-RECEBIDO-FINANCIAMENTO-DO-IBAD-E-IPES-(07'-00%22).html>.

O ANDAMENTO DAS AUDIÊNCIAS NO CASO VOLKSWAGEN EM 2015 E 2016

O Ministério Público acolheu a denúncia contra a Volkswagen em 22 de setembro de 2015 e iniciou as audiências algumas semanas mais tarde. A primeira foi realizada em meados de dezembro de 2015. A principal testemunha de acusação foi Lúcio Bellentani.[161] Seu depoimento correspondeu ao anterior, de 19 de julho de 2012, registrado pela Comissão Municipal da Verdade de São Paulo. No dia 27 de abril de 2016 foi colhido o segundo depoimento,[162] em que três ex-trabalhadores foram interrogados sobre o dia a dia na fábrica durante a ditadura. Tarcísio Tadeu, Expedito Soares e Brás Sobrinho afirmaram que naquela época reinava um "ambiente de terror", que a equipe sofria fortes pressões e que era obrigada a manter um "ritmo de trabalho louco". Os três disseram que um complexo sistema de supervisão e controle impedia qualquer tentativa de organização dos trabalhadores e das atividades sindicais. As testemunhas confirmaram ainda que em reiteradas ocasiões militares e policiais estiveram presentes dentro da fábrica. No dia 18 de maio de 2016 realizou-se a terceira audiência. A depoente foi Tarcília Antonia Dagnoni, viúva de Amauri Dagnoni, preso em 1972. Segundo Tarcília, o marido foi torturado e teve lesões permanentes por causa dos golpes na região dos rins. Dagnoni ficou preso durante dois anos e nunca mais conseguiu um emprego regular.

No início de maio de 2016, o Ministério Público do Trabalho

---

161 Ver transcrição da sessão de 16 de dezembro de 2015.

162 Ver transcrição da sessão de 27 de abril de 2016. Um resumo pode ser encontrado em "Ermittlungen gegen vw do Brasil wegen Verstrickung in brasilianische Militärdiktatur ausgeweitet", em Kooperation Brasilien, 17 de maio de 2016. Disponível em <https://www.kooperation-brasilien.org/de/themen/menschenrechte-gesellschaft/ermittlungen-gegen-vw-do-brasil-wegen-verstrickung-in-brasilianische-militaerdiktatur-ausgeweitet>.

em São Bernardo do Campo anunciou que também participaria das investigações contra a Volkswagen do Brasil. O foco da instituição seria dimensionar como a montadora violou os direitos dos trabalhadores com suas medidas de controle e supervisão e com a perseguição de trabalhadores e suas associações, e em que medida deveria pagar indenizações por isso. A procuradora do Trabalho Andrea da Rocha Carvalho Gondim, que conduziu a apuração, declarou que "é de extrema importância a atuação colaborativa entre os diversos ramos do Ministério Público com o fim de apurar conduta tão abominável, principalmente quando tem relação ou ocorre no ambiente do trabalho, local em que o trabalhador se sente fragilizado em razão da subordinação que é peculiar nesse ambiente".[163]

O PAPEL DE ADHEMAR RUDGE

"Dentro da Volks, alguns setores que vocês trabalham, a segurança fica de olho em vocês através de um circuito de televisão e o coronel Rudge fica o dia inteiro vendo televisão e vendo vocês trabalhando. Tomem cuidado porque o coronel Rudge e os tenentes do Exército que trabalham aí dentro, eles têm um circuito fechado de televisão onde conseguem ver vocês dentro da seção",[164] alertou o então o sindicalista Luiz Inácio Lula da Silva aos trabalhadores da empresa durante a reunião dos metalúrgicos do ABC.

Segundo a denúncia encaminhada ao Ministério Público, a empresa vigiava os funcionários dentro fora de suas instalações. O chefe de segurança da Volkswagen, coronel Ademar Rudge, teria produzido relatório interno para a direção da Volkswagen em

---

163 *Idem.*
164 Processo nº 1.34.001.006706/2015-26, p. 29.

1972 sobre o julgamento de Lúcio Bellentani e outros funcionários pelo Superior Tribunal Militar.[165]

Adhemar Rudge foi convidado a depor no dia 18 de maio de 2016 pelo Ministério Público Federal em São Paulo. Segundo seus advogados, Rudge se submeteria naquele dia a uma intervenção médica no hospital e, por isso, estaria impedido de comparecer ao depoimento. Mas, em 23 de junho de 2016, a testemunha-chave apresentou-se aos procuradores e negou todas as acusações. Disse que era apenas um funcionário subalterno. "Nós éramos subordinados ao diretor de relações industriais", explicou Rudge, citando os nomes dos três diretores aos quais prestava contas: Admon Ganem, Jacy Mendonça e Mário Garnero. Com isso, a pergunta sobre a colaboração da empresa com os órgãos de repressão ganhou uma nova dimensão: uma espécie de quem é quem dos poderosos da economia brasileira, pois a trajetória profissional desses diretores da Volkswagen foi meteórica. Admon Ganem, depois de sair da empresa, se tornou diretor do Banco do Brasil. Jacy Mendonça ascendeu à diretoria da *holding* Autolatina e ocupou a vice-presidência da Fiesp. Mário Garnero continuou diretor da Volkswagen e cultivou fortes laços de amizade com o presidente da empresa, Wolfgang Sauer. Foi Garnero quem deu a Sauer a ideia de fundar a Brasilinvest. Sauer gostou da sugestão de convidar um grupo de transnacionais para capitalizar a empresa com dinheiro que depois seria investido no Brasil. A cerimônia de criação da Brasilinvest foi realizada em Salzburgo, na Alemanha, em 1975. Participaram oitenta empresas de dezesseis países. Sauer era membro do conselho administrativo da Brasilinvest. Garnero pediu várias vezes que as empresas participantes aumentassem o capital, até a iniciativa começar a adernar, o que atingiu também

165 Processo nº 1.34.001.006706/2015-26, s. 30.

o presidente da Volkswagen do Brasil, que foi obrigado a renunciar ao cargo e teve seu patrimônio pessoal congelado.[166]

Outra vertente acusatória contra a Volkswagen é a suposta perseguição e espionagem de atividades sindicais. Em seu depoimento, Adhemar Rudge declarou que não tinha contatos com trabalhadores e que os sindicalistas podiam se movimentar livremente pela empresa. Como evidência, afirmou que, "se havia uma greve, o pessoal da greve se reunia com o pessoal de relações trabalhistas, não com a gente", e "o pessoal que era do sindicato, empregado da fábrica, eles tinham livre acesso, tinham liberdade de andar lá dentro".[167] A que período Rudge se referia com esta afirmação? Certamente não ao período que compreende os anos 1969 e 1974, a pior época da repressão no Brasil, em que atividades sindicais eram maciçamente oprimidas, e as greves, proibidas. A primeira greve na empresa ocorreria apenas em 1978.[168]

Rudge também negou que houvesse "listas negras" ou espionagem de atividades sindicais dentro ou fora da empresa. Quando o procurador regional dos Direitos dos Cidadãos do Estado de São Paulo, Pedro Antônio de Oliveira Machado, mostrou a ele um documento com sua assinatura, Rudge respondeu: "Essa aqui não é a minha assinatura, essa rubrica não é minha, não." E acrescentou, indignado: "Ninguém tem autorização para assinar com o meu nome."

Rudge também negou a existência dos chamados "chiqueirinhos" na Volkswagen, pequenas salas para onde — segundo depoimento das vítimas — trabalhadores e trabalhadoras eram levados

---

166 "Ascensão e queda de Wolfgang Sauer, o mais influente CEO do país", em *Jornal GGN*, 1º de maio de 2013. Disponível em <http://jornalggn.com.br/blog/ascensao-e-queda-de-wolfgang-sauer-o-mais-influente-ceo-do-pais>.

167 "MPF requer documentos na Alemanha de crime na Volks", em *Diário do Grande* abc, 24 de junho de 2016. Disponível em <http://www.dgabc.com.br/Noticia/1977815/mpf-requer-documentos-na-alemanha-de-crime-na-volks>.

168 *Brasilien Nachrichten*, nº 24, maio de 1978, p. 16.

para interrogatórios individuais. "Tudo era livre. Lá não tinha prisão para nada, não, senhora, a única coisa era que o sujeito era ouvido em uma sala grande, depois mandava a comunicação para o setor trabalhista." Questionado pelo procurador se ele se lembrava das idas da esposa de Lúcio Bellentani à Volkswagen para obter informações sobre o paradeiro do marido e, depois, para pedir os documentos a fim de pedir o seguro de vida, Rudge respondeu secamente: "Nunca veio família pedir coisa nenhuma." Sobre a prisão de Lúcio Bellentani no pátio da empresa, o coronel declarou: "Nunca foi preso ninguém. Nunca entrou um órgão de repressão lá. Se prenderam, devem ter prendido o camarada lá fora. Eu teria conhecimento e não iria permitir."[169]

Segundo carimbo de entrada na sede do Dops, em São Paulo, no dia 12 de setembro de 1974 chegou uma carta marcada como "confidencial", datada de 10 de setembro de 1974 e endereçada ao diretor-geral do órgão repressivo, Lúcio Vieira. O remetente era Aluysio Simões de Campos, delegado regional do Ministério do Trabalho em São Paulo.[170] Na carta, Campos menciona as "informações prestadas pelo departamento de segurança industrial da Volkswagen do Brasil". Ao que parece, a seção chefiada por Adhemar Rudge entre 1969 e 1991 redigira um relatório — datado de 9 de setembro de 1974 — caracterizado como "comunicação interna" e endereçado ao diretor de produção, ao departamento jurídico, ao departamento de produção e ao diretor do departamento de pessoal. O relatório estava assinado por Adhemar Rudge. Neste relatório, Rudge informa que "os ex-empregados desta empresa — Amauri Dagnoni, Annemarie Buschel, Antonio Torini, Geraldo Castro del Posso,[171] Heinrich Plagge e

169 "MPF requer documentos na Alemanha de crime na Volks", *op. cit.*

170 Ver o relatório histórico da Fundacentro, do Ministério do Trabalho. Disponível em <http://www.fundacentro.gov.br/resgate-historico/rbso40-anos>.

171 Adhemar Rudge cometeu um erro de grafia em seu relatório: o nome

Lúcio Antonio Bellentani — foram, conforme anexo, condenados pelo Superior Tribunal Militar por prática de subversão".[172] No parágrafo seguinte do documento, Rudge menciona que a empresa cuida da obtenção e transmissão de informações sobre metalúrgicos que não trabalham na Volkswagen.[173]

Até hoje não ficou esclarecido como este relatório chegou às mãos do delegado regional do Trabalho de São Paulo, que o repassou ao Dops. "Não recebi e nem fazia comunicação", explicou Rudge. "O nosso setor não era político, era só para tomar conta do patrimônio." No entanto, alguns anos antes, o chefe de segurança dissera outra coisa. "Nos preveníamos, eventualmente com alguma troca de informações com o Dops."[174]

Depois do depoimento de Adhemar Rudge, o procurador Pedro Antônio de Oliveira Machado declarou que, num primeiro momento, solicitara documentos somente à Volkswagen do Brasil, mas que, para esclarecer todas as acusações, faria um pedido oficial para o envio de todos os documentos eventualmente existentes na matriz da empresa, na Alemanha.

---

correto é Geraldo Castro del Pozo, nascido em 15 de setembro de 1957 em Madri, na Espanha. Um prontuário sobre sua vida está disponível em <http://www.arquivoestado.sp.gov.br/memoriapolitica/fichas.php?pesq=1&nome=Geraldo+Castro+del+Pozo&ano_inicial=&ano_final=&prontuario=&organizacao=&acervo=&Reset2=Buscar>.

172 Processo nº 1.34.001.006706/2015-26: vol. II, p. 160, anexo 08, SOZ/341/1138, Dops/Apesp.

173 Processo nº 1.34.001.006706/2015-26, s. 30.

174 José Casado. "Operários em greve desafiaram perseguição", em *O Globo*, 15 de maio de 2005. Disponível em <http://www2.camara.leg.br/atividade-legislativa/comissoes/comissoes-permanentes/cdhm/rede-parlamentar-nacional-de-direitos-humanos/perseguicao>.

REAÇÕES DIFERENTES: VOLKSWAGEN, DAIMLER E SIEMENS

Desde que o grupo de Acionistas Críticos começou a reivindicar da diretoria da Volkswagen esclarecimentos sobre o envolvimento com a ditadura na assembleia geral de acionistas, em maio de 2014,[175] solicitando que assumisse sua responsabilidade histórica, a empresa se mexeu bastante. Num primeiro momento, a reação dos diretores foi defensiva. O então diretor de produção, Michael Macht, alegou que as perguntas diziam respeito a processos muito antigos.[176] Macht disse que a Volkswagen foi uma das primeiras companhias a tentar esclarecer sua responsabilidade no nazismo, ordenando a uma comissão de historiadores que examinasse sua atuação naquele período, e que esse seria o padrão para todas as suas subsidiárias. Se a Comissão Nacional da Verdade no Brasil encontrasse indícios sobre a cooperação de funcionários da Volkswagen com a ditadura, violando direitos humanos, a corporação se comprometeria a ajudar a esclarecer os fatos. E, se a CNV descobrisse provas quanto a violações de direitos humanos em que a Volkswagen do Brasil ou seus funcionários tivessem participado, faria tudo para esclarecê-las.[177] Ele disse que a Volks não havia encontrado nada em seus arquivos e documentos, mas que colaboraria se o colegiado

175 Ver em detalhes o site dos Acionistas Críticos em <http://kritische-aktionaere.de/fileadmin/Dokumente/Reden_2014/Rede_Christian_Russau_Volkswagen_HV_2014.pdf> e <http://kritische-aktionaere.de/fileadmin/Dokumente/Gegenantraege_2014/KA-Gegenantrag_VW_2014.pdf>.

176 Christian Russau. "VW do Brasil und die Militärdiktatur. Was hat Volkswagen do Brasil während der Zeit der brasilianischen Militärdiktatur getan — oder nicht getan? [VW do Brasil e a ditadura militar. O que a Volkswagen do Brasil fez durante a era da ditadura militar brasileira — ou não fez?], em Kooperation Brasilien, 16 de julho de 2014. Disponível em <https://www.kooperation-brasilien.org/de/themen/menschenrechte-gesellschaft/50-jahre-militaerputsch/50-jahre-militaerputsch/vw-do-brasil-und-die-militaerdiktatur>.

177 *Idem.*

brasileiro tivesse informações a respeito. Não se passaram nem duas semanas até que a empresa apresentasse Manfred Grieger, professor de História na Universidade de Göttingen, como coordenador para comunicação histórica da Volkswagen, incumbido de estudar o passado da empresa e as possíveis conexões com a ditadura brasileira.

Em 27 de fevereiro de 2015, a Comissão da Verdade do Estado de São Paulo realizou pela primeira vez uma audiência pública sobre o envolvimento empresarial na repressão da ditadura civil-militar brasileira. Para essa sessão foram convidadas muitas das empresas mencionadas no relatório final da Comissão Nacional da Verdade por terem colaborado com os órgãos de repressão do regime. Participaram da audiência representantes da Cobrasma e da Volkswagen.

O representante da montadora alemã foi o diretor-executivo para assuntos jurídicos, Rogério Varga, quem esclareceu que a Volkswagen vinha analisando seus documentos e estava em um processo de aprendizado junto com a CNV. "A Volks está aprendendo com esse processo de abertura. Nunca cogitamos não estar presentes aqui. Estamos analisando os documentos para entendê-los e contextualizá-los", disse, informando, porém, que ainda não haviam encontrado documentos que pudessem identificar de maneira inequívoca a empresa como colaboradora da ditadura. "A Volks não colaborou com órgãos de repressão. Não há documentos ou quaisquer evidências disso."[178]

O então presidente da Comissão da Verdade do Estado de São Paulo, deputado estadual Adriano Diogo, criticou Rogério

---

178 Christian Russau. "Wahrheitskommission São Paulo: Erste Befragung von VW wegen Militärdiktatur" [Comissão da Verdade de São Paulo: Primeiro interrogatório da VW sobre a ditadura militar], em *Latinorama*, 2 de março de 2015. Disponível em <http://blogs.taz.de/latinorama/2015/03/02/wahrheitskommission-sao-paulo-erste-befragung-von-vw-wegen-militaerdiktatur/>.

Varga e a empresa. "Quando eles vêm aqui, totalmente sem informações, sem admitir o papel das empresas, é como se continuassem rindo na nossa cara", disse à agência Reuters. Diogo adiantou que a comissão repassaria todas as informações disponíveis ao Ministério Público. "A Volkswagen um dia vai explicar sua colaboração perversa com a ditadura."[179]

Apesar de todos os desmentidos do representante, é importante constatar que a abordagem do assunto na Volkswagen difere nitidamente da reação da Daimler e da Siemens — e a Daimler ainda tem mais autocrítica do que a Siemens.

Na assembleia de acionistas de 2015, a Daimler negou ter encontrado qualquer informação em seus arquivos. O presidente da empresa, Dieter Zetsche, disse que ex-funcionários teriam sido questionados, sem resultados concretos.[180] A Daimler também reagiu em comunicado por escrito ao grupo de Acionistas Críticos: "Até agora, a Daimler não foi procurada nem pelas autoridades brasileiras, nem pelas comissões da verdade que estão fazendo a revisão da época da ditadura militar. Acompanhamos o trabalho das comissões e já iniciamos pesquisas próprias. Até agora, nossas investigações não resultaram em nenhum indício sobre o apoio ao regime militar no Brasil. Tampouco encontramos provas para a afirmação de que a Mercedes-Benz do Brasil tenha apoiado financeiramente a organização paraestatal Oban, composta por militares e policiais. Tais provas também não podem ser encontradas no relatório final da Comissão Nacional

179 "Brazil probe of dictatorship period not satisfied by Volkswagen testimony", em *Reuters*, 17 de fevereiro de 2015. Disponível em <http://www.reuters.com/article/brazil-dictatorship-companies-idUSL1N0W132020150228>.

180 "Citada na CNV, dona da Mercedes é questionada por acionistas sobre elo com ditadura brasileira; empresa nega", em *Opera Mundi*, 1º de abril de 2015. Disponível <http://operamundi.uol.com.br/conteudo/noticias/39998/citada+na+cnv+dona+da+mercedes+e+questionada+por+acionistas+sobre+elo+com+ditadura+brasileira+empresa+nega.shtml>.

da Verdade. O respeito e a atenção aos direitos humanos são de central importância para a Daimler. Naturalmente, estamos disponíveis para apoiar as autoridades e esclarecer os fatos."[181]

Já a Siemens reagiu de maneira completamente diferente. Na assembleia de acionistas do dia 27 de janeiro de 2015, em Munique, o presidente da empresa, Josef Käser,[182] afirmou que a Siemens fizera buscas em seus arquivos, sem nada encontrar.[183] O presidente do conselho de administração, Gerhard Cromme, não escondeu sua repulsa diante da responsabilidade histórica e não quis ouvir nada sobre o que eu, enquanto representante dos Acionistas Críticos, falava a respeito do envolvimento da companhia com a ditadura. Durante minha intervenção, Cromme simplesmente cortou o som do microfone:

— Esses fatos aconteceram há quarenta anos, e nem eu nem o senhor sabemos direito o que aconteceu. As fontes não estão 100% claras. Por isso mesmo é preciso levar luz às trevas do passado... [O microfone é desligado.]

— Senhor Russau, isso faz quarenta anos! O que nos interessa é a Siemens hoje, se tiver alguma pergunta a respeito da Siemens de hoje. [O microfone é religado.][184]

181 Para detalhes das reconvenções e das respostas da diretoria da Daimler, ver "Stellungnahme der Verwaltung zu den Gegenanträgen zur Hauptversammlung am 1 April 2015". Disponível em <http://www.daimler.com/dokumente/investoren/hauptversammlung/daimler-ir-hv-gegenantraegestellungnahmeverwaltung-2015.pdf>.

182 Usamos a grafia Josef Käser em vez de Joe Kaeser. Sobre isso, ver "Wenn aus Josef Käser plötzlich Joe Kaeser wird", em *Die Welt*, 2 de agosto de 2013. Disponível em <http://www.welt.de/wirtschaft/article118626265/Wenn-aus-Josef-Kaeser-ploetzlich-Joe-Kaeser-wird.html.>

183 "Relatório da CNV: sócios alemães pedem que Siemens explique envolvimento com ditadura brasileira", em *Opera Mundi*, 30 de janeiro de 2015. Disponível em <http://operamundi.uol.com.br/conteudo/noticias/39338/relatorio+da+cnv+socios+alemaes+pedem+que+siemens+explique+envolvimento+com+ditadura+brasileira.shtml.>

184 "Rede bei der Hauptversammlung der Siemens AG 27. Januar 2015" [Ata da assembleia de acionistas da Siemens em 27 de janeiro de 2015]. Disponível em <http://www.kritischeaktionaere.de/fileadmin/Dokumente/Reden_2015/Rede_

— Senhor Cromme, o senhor está difamando a memória das pessoas que morreram sob tortura! Isso é cinismo!

O *MEA CULPA* DA VOLKS?

"A Volkswagen lamenta o sofrimento infligido às vítimas durante a ditadura militar, eventualmente com a participação de funcionários da Volkswagen do Brasil", declarou à imprensa o historiador da empresa, Manfred Grieger. Em setembro de 2015, depois da denúncia contra a Volks, ele garantiu que as vítimas seriam procuradas e convidadas a relatar suas experiências, e prometeu que os responsáveis pelas violações aos direitos humanos seriam "impiedosamente investigados".[185] "Trata-se de rever a injustiça que aconteceu à época", disse.[186]

Em 1º de novembro de 2015, o jornal *O Estado de S. Paulo* estampou a seguinte manchete: "Volkswagen negocia reparação judicial por apoio à repressão durante ditadura". A notícia continuava: "Dirigente da matriz do grupo se reuniu com o MPF e disse ao jornal que pensa em 'desenvolver memorial com outras instituições brasileiras'; montadora é a primeira empresa a admitir possibilidade após relatório da Comissão da Verdade".[187]

Christian_Russau_Siemens_HV_2015.pdf>.

185 "Brasilien-Skandal gesellt sich zu Dieselgate" [O escândalo Brasil se irmana ao "dieselgate"], em DPA, 28 de setembro de 2015. Disponível em <http://www.rp-online.de/wirtschaft/brasilien-skandal-gesellt-sich-zu-dieselgate--aid-1.5427613>.

186 "Verfolgung und Folter: VW will Verwicklungen in brasilianischer Diktatur aufarbeiten" [Perseguição e tortura: a Volkswagen quer investigar envolvimentos na ditadura brasileira], em *Spiegel Online*, 2 de novembro de 2015. Disponível em <http://www.spiegel.de/wirtschaft/unternehmen/volkswagen-in-brasilien-vw--will-diktatur-geschichte-aufarbeiten-a-1060622.html>.

187 "Volkswagen negocia reparação judicial por apoio à "Volkswagen negocia reparação judicial por apoio à repressão durante ditadura", em *O Estado de S. Paulo*, 1º de novembro de 2015. Disponível em <http://politica.estadao.com.br/noticias/geral,volkswagen-negocia-reparacao-judicial-por-apoio-a-repressao-durante-ditadura,1789314>.

A palavra "memorial" tem diversos significados — pode ser um museu ou mesmo uma placa afixada em um muro. O que permanece bastante incompreensível é como a agência de notícias France-Presse retraduziu a notícia de *O Estado de S. Paulo* para o alemão: o provável "memorial" tornou-se um "escrito comemorativo": "Uma ideia poderia ser desenvolver um escrito comemorativo junto com instituições brasileiras, como sindicatos".[188]

Com relação às perguntas sobre indenizações da Volkswagen às vítimas detidas no local de trabalho com a cooperação do pessoal de segurança da empresa e, em seguida, levadas aos centros de tortura, ou que constavam das chamadas "lista negras",[189] a reportagem do jornal sugeria que a Volkswagen aceitara negociar. Um dia depois, no entanto, esta informação foi corrigida na imprensa alemã por Manfred Grieger. "Com relação à indenização que tem sido reivindicada reiteradas vezes, ainda não há avanços, porque não está claro de que forma seria feita." Grieger enfatizou que seria importante ter outras conversas com as vítimas e garantiu que se poderia cogitar um pedido oficial de desculpas por parte de representantes da Volkswagen. Contudo, desmentiu que havia aberto negociações sobre o pagamento de

188 "VW zu Ausgleich für Kooperation mit Brasiliens Diktatur bereit" [Volkswagen disposta a reparações pela cooperação com a ditadura do Brasil], em AFP, 2 de novembro de 2015. Disponível em <http://www.zeit.de/news/2015-11/02/deutschland-vw-zu-ausgleich-fuer-kooperation-mit-brasiliens-diktatur-bereit-02011804>. Sobre o mesmo tema, ver Christian Russau. "Zeitung Estadão meldet: VW zu Entschuldigung und Entschädigung wegen Diktaturverstrickung bereit" [O jornal Estadão noticia: a Volkswagen está disposta a pedir desculpas e indenizar devido a envolvimentos com a ditadura], em Kooperation Brasilien, 1º de novembro de 2015. Disponível em <http://www.kooperation-brasilien.org/de/themen/menschenrechte-gesellschaft/zeitung-estadao-meldet-vw-zu-entschuldigung-und-entschaedigung-wegen-diktaturverstrickung-bereit>.

189 Trabalhadores de São Bernardo do Campo já falavam sobre essas chamadas 'listas negras' em 1978, ver "VW do Brasil. Entwicklungshilfe im besten Sinne?" [Volkswagen do Brasil: ajuda de desenvolvimento no melhor sentido?], em *Brasilien Nachrichten*, novembro de 1978, p. 96.

indenizações, como reportou o jornal.[190] Novas conversas estavam programadas para 2016, segundo a agência de notícias alemã DPA. Mas, em outubro daquele ano, o historiador Manfred Grieger perdeu o cargo. A versão oficial dá conta de que houve um acordo, mas a imprensa alemã, brasileira e norte-americana levantaram a suspeita de que Grieger, um historiador internacionalmente respeitado, escolhera um caminho excessivamente crítico para a revisão do passado da Volkswagen. O motivo de sua saída teria sido a insatisfação de Grieger com a análise de um colega seu, também historiador, a pedido da Audi, subsidiária da Volkswagen, sobre o envolvimento de um executivo da empresa com o nazismo. Grieger criticara publicamente o trabalho, que julgou acrítico demais. Assim, surgiram hipóteses de que a Volkswagen também engavetaria as tentativas de revisão histórica do envolvimento da empresa com a ditadura brasileira. Mas isso não ocorreu. Pouco depois da demissão, outro historiador igualmente bem reputado, Christopher Kopper, da Universidade de Bielefeld, assumiu a tarefa.

No final de julho de 2017, o consórcio de jornalismo investigativo formado pelas emissoras *NDR* e *SWR* e pelo jornal *Süddeutsche Zeitung* publicou a análise de Kopper sobre o caso da seguinte maneira: "Volkswagen, cúmplice da ditadura militar no Brasil". A investigação, veiculada pelo jornal[191] e pelos canais

190 "Aufarbeitung in Brasilien VW geht auf Diktatur-Opfer zu" [Volkswagen do Brasil se aproxima de vítimas da ditadura], em *N-TV*, 2 de novembro de 2015. Disponível em <http://www.n-tv.de/wirtschaft/VW-geht-auf-Diktatur-Opfer--zu-article16267016.html>.

191 "Ohne Bedauern", em *Süddeutsche Zeitung*, 23 de julho de 2017. Disponível em <http://www.sueddeutsche.de/politik/brasilien-ohne-bedauern-1.3599959?reduced=true>. Tradução para o português em "A Volks e a ditadura", em Fundação Rosa Luxemburgo, 28 de julho de 2017. Disponível em <http://rosaluxspba.org/sem-arrependimentos/>.

de rádio[192] e televisão,[193] confirma que, durante a ditadura, a Volkswagen participou ativamente da perseguição política e da repressão a adversários do regime. Contratado pelo Ministério Público Federal em São Paulo especialmente para estudar o caso, o pesquisador Guaracy Mingardi confirmou: "A segurança interna agiu como um braço prolongado do Dops dentro da fábrica da Volkswagen". Segundo as investigações, a Volkswagen do Brasil teria espionado os próprios funcionários, de acordo com suas inclinações políticas. O serviço de segurança da empresa funcionava como um serviço secreto interno, definiu um antigo trabalhador. "O esquema do serviço de segurança da fábrica era buscar as pessoas e prender por uma ou duas semanas ali mesmo, como num cárcere privado na própria fábrica." A reportagem da NDR, SWR e *Süddeutsche Zeitung* também ouviu o torturador José Paulo Bonchristiano, o "Mr. Dops", nome pelo qual era chamado pelos próprios colegas. Sobre a colaboração da Volkswagen com o Dops, Bonchristiano disse: "A Volkswagen atendia rapidamente a qualquer demanda nossa. Se eu estivesse procurando algum elemento suspeito, por exemplo, eles diziam onde eu podia encontrá-lo. Éramos muito próximos."

Membro do conselho de administração da Volkswagen do Brasil nos anos 1960 e, desde 1982, presidente da companhia em Wolfsburg, na Alemanha, Carl Hahn disse que nunca tinha ouvido falar das investigações do Ministério Público Federal em São Paulo. E desdenhou a relevância das investigações: "Não há mesmo nada mais importante para nós do que nos ocupar com o

---

192 "Komplizen? VW und Brasiliens Militärdiktatur", em NDR, 10 de agosto de 2017. Disponível em <https://www.ndr.de/info/podcast4344.html>.

193 "Video: Komplizen? – VW und die brasilianische Militärdiktatur", em *Das Erste*, 24 de julho de 2017. Disponível em <http://www.daserste.de/information/reportage-dokumentation/dokus/videos/komplizen-vw-und-die-brasilianische-militaerdiktatur-114.html>.

passado do Brasil?" Carl Hahn designou como "superdemocratas" aqueles que hoje se ocupam criticamente do passado. Disse que não foi nenhum problema para ele o fato de a democracia brasileira ter sido substituída por uma ditadura liderada pelos militares em meados dos anos 1960. "Isso não me tirou o sono na época. Não lembro de ter chorado ao ver a democracia indo embora."

Até hoje, Hahn enxerga a Volkswagen como o "salvador" que traz prosperidade. "Nós oferecíamos condições de trabalho que faziam as pessoas formarem fila", afirma, sem se preocupar com frases politicamente incorretas. "Você precisa imaginar: sabe de onde vinham as pessoas? Do meio do mato." E ainda: "Se você pensar a quantas repúblicas de bananas levamos a prosperidade... Somos hoje o maior empregador na Polônia, na República Tcheca, na Eslováquia, na Hungria, somos o maior pagador de impostos, o maior exportador. Contribuímos mais para o desenvolvimento na Europa Central com os nossos investimentos do que qualquer investidor estatal ou multiestatal. Ninguém fala disso."

Jacy Mendonça trabalhou para a Volkswagen do Brasil entre 1969 e 1992. Inicialmente, chefiou o departamento jurídico, depois acumulou o cargo de diretor do departamento de recursos humanos. Na entrevista, explicou: "A economia crescia a 10% ao ano porque havia ordem no país". E acrescentou: "Não gosto da expressão 'ditadura militar'. Nunca tivemos uma ditadura no Brasil. Quem se queixa de ditadura é quem sentiu as consequências." Sobre a acusação de prisões de funcionários dentro da fábrica da Volkswagen, Mendonça diz: "Nunca. Jamais algum militar sequer pisou na fábrica. Se alguém lhe contar isso, é mentiroso." Alguns dias depois da entrevista, Jacy Mendonça enviou um livro a seus entrevistadores: "Para que você conheça o outro lado", escreveu a mão, em um bilhete. O livro era *A verdade sufocada: a história que a esquerda não quer que o Brasil conheça*.

O autor: Carlos Alberto Brilhante Ustra, o torturador.

O historiador Christopher Kopper disse à equipe da *SWR*: "Posso afirmar que houve colaboração regular entre o serviço de segurança interna da Volkswagen do Brasil e os órgãos policiais do regime." Kopper também responsabiliza a direção da Volkswagen pelas detenções dentro da fábrica: "A empresa permitiu as prisões. Possivelmente, ao informar suas observações sobre a distribuição de revistas comunistas, cooperou para que estes trabalhadores fossem detidos e levados pela polícia." Kopper recomendou que a Volkswagen pedisse desculpas.

Como conclusão, a equipe de jornalistas investigativos da *NDR*, da *SWR* e do *Süddeutsche Zeitung* dizem o seguinte: "A Volkswagen não foi apenas cúmplice, mas sim um ator da repressão." O relatório final de Christopher Kopper ainda não foi publicado.

Com a abertura da fase de coleta de provas pelo Ministério Público em São Paulo, no final de 2015, a questão envolvendo eventuais pagamentos indenizatórios — sejam coletivos ou individuais, sendo que os últimos têm sido recusados pelas vítimas — depende dos tribunais. Nesse sentido, o procurador Pedro Machado disse que uma das soluções poderia ser um acordo entre as partes, e que resultaria, por exemplo, na criação de um fundo sob supervisão do Ministério Público.[194] "Queremos fazer um Termo de Ajustamento de Conduta. O objetivo é que o dinheiro da reparação seja depositado no Fundo de Interesses Difusos ou usado para a construção de um memorial ou museu sobre o período", disse.[195]

---

194 "Parceria entre Volks e ditadura abre novo campo de investigação para o Ministério Público Federal", em Sindicato dos Trabalhadores nas Indústrias de Confecção e de Vestuário de Guarulhos, 23 de setembro de 2015. Disponível em <http://sindvestuario.org.br/novo/?p=19437>.

195 "Volkswagen negocia reparação judicial por apoio à repressão durante ditadura",

Acordos extrajudiciais também são possíveis, mas não impedem automaticamente o andamento dos processos na justiça. As vítimas, assim como grupos de direitos humanos e ativistas, têm dito reiteradamente que, no atual estado das coisas, preferem que o Estado brasileiro examine, reconheça e puna as empresas pelo apoio que prestaram à repressão durante o regime militar, e fazem questão de que esse trâmite se dê através das instâncias judiciais, até chegar ao Supremo Tribunal Federal e, talvez, à Corte Interamericana de Direitos Humanos.

---

em *O Estado de S. Paulo*, 1º de novembro de 2015. Disponível em <http://politica.estadao.com.br/noticias/geral,volkswagen-negocia-reparacao-judicial-por-apoio-a-repressao-durante-ditadura,1789314>.

4

CAMINHO DAS PEDRAS

A Alemanha é o país do automóvel. Em 2014 foram produzidos no país 5.604.026 veículos.[196] Um em cada catorze automóveis fabricados no mundo é feito na Alemanha.[197] Quase um terço das acusações de violações de direitos humanos na atividade econômica global atinge o setor extrativista, ou seja, a exploração de matéria-prima — mais do que em qualquer outro setor da economia.[198] Qual a relação entre esses números?

O aço é o material mais utilizado na fabricação de automóveis. A parcela de matérias-primas de aço e ferro utilizada nas carrocerias produzidas na Alemanha é de aproximadamente 65%.[199] Uma carroceria pesa, em média, duzentos quilos,[200] dos

---

196 "Anzahl der von Juli 2014 bis Juli 2017 monatlich in Deutschland produzierten Personenkraftwagen", em *Das Statistik-Portal*. Disponível em <http://de.statista.com/statistik/daten/studie/3150/umfrage/deutsche-automobilproduktion/>.

197 "Statistiken zur Automobilproduktion", em *Das Statistik-Portal*. Disponível em: <http://de.statista.com/themen/1140/automobilproduktion/?gclid=CLHop8zwi8oCFUHGGwodt3QGlg>.

198 United Nations Human Rights Council. "Corporations and human rights: a survey of the scope and patterns of alleged corporate-related human rights abuse" [Corporações e direitos humanos: um estudo sobre o escopo e padrões dos supostos abusos de direitos humanos relativos a empresas]. Genebra, 2008.

199 Axel Müller & Uwe Kerkow. "Vom Erz zum Auto: Mitverantwortung der deutschen Automobilindustrie" [Da jazida ao carro: corresponsabilidade da indústria automobilística alemã], em Eine Welt Netzwerk Bayern e.V., 2014. Disponível em <http://www.eineweltnetzwerkbayern.de/fileadmin/assets/Publikationen/8_Runder_Tisch_Unternehmen/8_RTB_-_EWNB_2014_-_S_13-21_Rohstoffe.pdf#page=2>.

200 Rainer Müller. "Soll man Autos aus Aluminium bauen? Ein Beispiel für 'Fermi-Probleme' in der Schule" [Deve-se fazer carros de alumínio? Um exemplo para

quais 130 quilos são feitos de aço. Portanto, apenas a carroceria dos automóveis produzidos na Alemanha consome — anualmente — uma quantidade aproximada de 782.523.380 quilos de aço.

A obtenção de matérias-primas para a atividade industrial internacional é uma questão bastante obscura. Em vez de transparência, há muito segredo, sempre sob o pretexto de esconder informações úteis à concorrência. Uma possibilidade de jogar mais luz nessa escuridão é fazer questionamentos durante as assembleias de acionistas das empresas. O grupo de Acionistas Críticos da Volkswagen e da Daimler, por exemplo, decidiram, em 2015 e 2016, tomar uma posição sobre as obrigações de controle e responsabilidade das empresas em relação às suas cadeias produtivas. E questionou os executivos sobre o respeito aos direitos humanos e ao meio ambiente na relação das empresas com seus fornecedores, e na relação dos fornecedores com seus fornecedores de matérias-primas.

Por meio de seu presidente Dieter Zetsche, durante a assembleia de acionistas realizada em 1º de abril de 2015, em Berlim, a Daimler respondeu sem grandes volteios: "Devido à complexidade na área de matérias-primas, atualmente não existe uma boa relação custo-benefício que permita o rastreamento detalhado das matérias-primas quanto aos seus contextos de produção no aspecto social e ambiental."

Quando o assunto é acesso a matérias-primas, a Volkswagen também prioriza a questão da disponibilidade.[201] É verdade que no relatório anual da empresa, publicado em 2014, lê-se que "o tema 'direitos humanos e fundamentos de comportamento na cadeia de fornecimento' foi desenvolvido em colaboração

---

"problemas Fermi" na escola], em Techinische Universität Braunschweig, sem data. Disponível em <https://www.tu-braunschweig.de/Medien-DB/ifdn-physik/aluminiumautos.pdf>.

201 Volkswagen. Relatório anual de 2014.

estreita com o departamento de compras da companhia", mas a Volkswagen tampouco pôde apresentar um rastreamento sério da origem das matérias-primas que utiliza em suas linhas de montagem. No relatório anual de 2014, o conceito "sustentável" aparece 149 vezes e, no de 2015, 124 vezes.[202] É uma frequência elevada para uma empresa que manipulou as taxas de emissão em seus veículos a diesel. Isso revela o quanto a empresa de Wolfsburg fala da boca para fora, pois, como seus concorrentes do ramo, tampouco quer lidar de maneira aprofundada com situações ambientais e de direitos humanos. Quando tocam no assunto, o fazem apenas com o objetivo de valorizar suas marcas.

Além disso, os fabricantes de automóveis gostam muito de dizer que, "por questões legais de concorrência, não têm como saber a procedência" das peças que adquirem junto a seus fornecedores — seja o aço que vem das siderúrgicas, sejam os componentes e acessórios cuja produção terceirizam —, já que poderiam exercer sobre os fornecedores uma força potencialmente muito grande, como disse a Daimler na assembleia de acionistas de 2015, em Berlim. Além disso — assim argumentaram Volks[203] e Siemens[204] quando questionadas a respeito de suas práticas com relação às obrigações de cuidados na obtenção de matérias-primas e produtos ao longo da cadeia de geração de valor —, seria extremamente complexo ter de acompanhar a origem dos produtos comprados de mais de dez mil fornecedores diferentes. A transparência, portanto, fica para outra hora.

Sabe-se que o Brasil é "o mais importante fornecedor de minérios, metais e minerais industriais para a indústria alemã",

---

202 Volkswagen. Relatório anual de 2015. Disponível em <http://www.volkswagenag.com/content/vwcorp/info_center/de/publications/publications.acq.html/archive-on/icr-financial_publications!annual_reports/index.html>.

203 Assembleia anual da Volkswagen em 5 de maio de 2015 em Hanôver, Alemanha.

204 Assembleia anual da Siemens em 27 de janeiro de 2015 em Munique, Alemanha.

como diz a Câmara de Comércio e Indústria Brasil-Alemanha. Também é sabido que 55% de todas as importações de minério de ferro da Alemanha vêm do Brasil, seguido pelo Canadá (17%) e pela Suécia (13%). As duas maiores importadoras alemãs de minério de ferro são a Thyssen-Krupp e a Salzgitter. Ambas adquirem a matéria-prima brasileira da gigante Vale, cujas maiores reservas estão em Carajás, no Pará, e em Minas Gerais. Vamos seguir, então, o caminho das pedras.

A MALDIÇÃO DAS PEDRAS

No Brasil, a extração de matérias-primas — apesar de seus já bastante documentados efeitos negativos para o ser humano e para a natureza — é tida como um necessário gerador de divisas. Aqui, e em toda a América Latina, ficou claro nas últimas décadas que, quanto mais se podia ganhar no mercado mundial com as matérias-primas, tanto menor o interesse dos governos em diminuir sua dependência das exportações primárias. Durante o *boom das commodities* ocorrido entre 2004 e 2012, quando a forte demanda, principalmente da China, fez os preços subirem, a expansão da extração de matérias-primas foi tida como uma panaceia. Os governos da chamada "esquerda sul-americana" legitimaram o modelo econômico extrativista, uma vez que as grandes receitas advindas do comércio internacional permitiam ao Estado combater a pobreza com amplos programas sociais e de infraestrutura, e assim conseguir maiores níveis de distribuição social da renda. Mas depender da exportação primária quase sempre significa aceitar efeitos colaterais de exclusão nas regiões extrativas, em nome de um objetivo supostamente maior: a inclusão social do conjunto da população. Nesse contexto, o sociólogo brasileiro Henri Acselrad cunhou o termo “zonas de sacrifício”, que em geral resultam em “zonas de contaminação”.[205]

O modelo extrativista causa uma grande quantidade de conflitos locais, regionais e transnacionais, e quem sofre é, sobretudo, a população mais pobre. O preço mais alto é pago por aqueles que vivem nas regiões ricas em matérias-primas. Em geral, nestes lugares, a renda média se encontra próxima ou abaixo da linha de pobreza, e o grau de instrução fica abaixo da média nacional. Apesar disso, o Estado e as empresas mineradoras dificilmente encontram grande resistência da população local contra os grandes projetos. A maioria dos moradores afetados são camponeses, pescadores, ribeirinhos, indígenas ou remanescentes quilombolas. O conceito de racismo ambiental, desenvolvido nos Estados Unidos nos anos 1980, aponta para o espantoso fenômeno de que a maioria dos moradores prejudicados por depósitos de lixo tóxico ou outros desastres ecológicos no país tenham sido os negros e os latinos.[206] Algo semelhante ocorre com muitos grandes projetos industriais danosos ao meio ambiente e violadores de direitos humanos básicos no Brasil.[207]

Atualmente, contudo, muitas comunidades indígenas, organizações de pequenos agricultores e também associações ambientais se defendem contra a aprovação de novas concessões de mineração, contra a extração de óleo e gás e contra as pressões governamentais para modificar o Código de Mineração de 1967. Com a alteração, a mineração no país deve ser ampliada

---

205 Christian Russau. “Der Anfang einer viel grösseren Welle” [O início de uma onda muito maior], em Fundação Heinrich Böll, 27 de maio de 2014. Disponível em <https://www.boell.de/de/2014/05/27/der-anfang-einer-viel-groesseren-welle-neo-extraktivismus-schafft-umweltungerechtigkeit>.

206 United Church of Christ Commission for Racial Justice. “Toxic Wastes and Race In The United States: A National Report On The Racial and Socioeconomic Characteristics of Communities With Hazardous Waste Sites”. Nova York, 1987.

207 Para uma ampla documentação sobre casos de racismo ambiental no Brasil, ver *Racismo ambiental*. Disponível em <http://racismoambiental.net.br/>.

ainda mais. Como primeiro passo, se prevê um avanço significativo na identificação dos recursos do subsolo brasileiro por meio de estudos geológicos. Além disso, o Estado quer aumentar futuramente algumas licenças para, pelo menos em teoria, gerar *royalties* mais altos, concedendo direitos de exploração às mineradoras que pagarem mais caro pelas concessões, e não mais àquelas que primeiro solicitarem a licença. Além disso, o novo marco regulatório deve garantir às empresas mais segurança legal e mais liberdades. Esse programa amigável ao setor privado deve atrair mais investimentos internacionais.

O plano nacional para 2030 prevê triplicar a produção de minério de ferro, que corresponde a 80% do valor bruto absoluto das exportações de matérias-primas minerais no Brasil.[208] Atualmente, 90% da produção brasileira — 275,4 milhões de toneladas de minério de ferro e 51,1 milhões de toneladas de *pellets* de minério de ferro — é exportada.[209]

Há duas grandes jazidas de ferro no país. O Quadrilátero Ferrífero se localiza entre as cidades de Belo Horizonte, Congonhas, Ouro Preto e Santa Bárbara, em Minas Gerais, em uma área de quase sete mil quilômetros quadrados, onde existem jazidas de cerca de dez bilhões de toneladas. A segunda grande região ferrífera do Brasil se encontra no sudeste do Pará. Na mina de Carajás, estima-se que haja cerca de dezoito bilhões de toneladas de minério de ferro.[210] Das zonas de extração paraenses e mineiras, o ferro é levado de trem até os portos do país, para exportação. Além disso, em Minas Gerais existe o maior duto de transporte mineral do mundo, pelo qual o ferro é

208 Câmara de Comércio e Indústria Brasil-Alemanha. "Brasilien: Projekte, Akteure und Rahmenbedingungen im Rohstoffsektor", 2015, p. 12.

209 Câmara de Comércio e Indústria Brasil-Alemanha, *op. cit.*, p. 14 e segs.

210 Lúcio Flávio Pinto. "Carajás é da China", em *Brasil de Fato*, 20 de agosto de 2013. Disponível em <http://antigo.brasildefato.com.br/node/23868>.

transportado sob pressão — com um consumo imenso de água — até o porto de Ponta Ubu, no Espírito Santo, onde é processado em *pellets* e colocado em contêineres para navegar pelo mundo.

O Estado brasileiro está investindo atualmente na ampliação da infraestrutura e da logística para garantir um transporte rápido dos recursos minerais por estrada, trilhos ou rios. "Tudo isso — ou seja, maior controle e maior participação estatal nas receitas da mineração, bem como a ampliação do setor em números absolutos, em nome do chamado desenvolvimento — deve trazer bem-estar à população: é o que diziam os governos progressistas no Brasil e na América Latina", explica Julianna Malerba, representante da Federação de Órgãos para Assistência Social e Educacional (Fase) e da Rede Brasileira de Justiça Ambiental.[211] Quem normalmente fica pelo caminho são os moradores afetados pelos grandes projetos de mineração.

CARAJÁS: O BURACO NA SELVA

Em 31 de julho de 1967, um helicóptero da empresa US Steel sobrevoava a Serra de Carajás, no sudeste do Pará, quando foi obrigado a fazer um pouso de emergência.[212] A bordo estava o geólogo Breno Augusto dos Santos, que primeiro ficou maravilhado com aquele terreno. Depois, curioso. Por fim, decidiu observá-lo com mais detalhe. O geólogo percebeu rapidamente que a clareira em que pousaram havia sido criada naturalmente. Observou as pedras e fez uma descoberta com grandes consequências: um alto teor de ferro no solo, de 66%, impedia o crescimento das plantas. Por acaso, Breno dos Santos tinha descoberto a maior

211 Christian Russau, *op. cit.*

212 Ariane Barth. "Aufbruch zur letzten Grenze", em *Der Spiegel*, 3 de outubro de 1983. Disponível em <http://www.spiegel.de/spiegel/print/d-14022451.html>.

jazida de minério de ferro do mundo, em uma região rica também em cobre, níquel, bauxita, manganês e ouro. No fim dos anos 1970, a Companhia Vale do Rio Doce — então estatal, mas que foi privatizada em 1997 e rebatizada, em 2007, apenas como Vale — comprou as licenças da US Steel e deu início aos trabalhos de mineração. Em 1981 detonaram-se os primeiros explosivos, e em 1982 foi assinado, com as bênçãos do Banco Mundial, um crédito bilionário para a construção da mina de Carajás, em conjunto com outros bancos multilaterais e nacionais de desenvolvimento, além de bancos privados e consórcios empresariais. As extrações começaram em 1985, e já no primeiro ano foram produzidas 13,5 milhões de toneladas de minério de ferro.

Carajás era parte do grande plano de desenvolvimento da Amazônia desenvolvido nos anos 1960 e imposto nos anos 1970 e 1980 pelo governo militar. A região da Amazônia brasileira, tida então como "terra sem homens", tinha de ser desWenvolvida com estradas, trilhos, fazendas, hidrelétricas, mineração e indústria.[213] A partir de 1964, construiu-se a Rodovia Transamazônica, e em vários dos trechos os povos indígenas que viviam "na terra sem homens" foram expulsos e massacrados para que o projeto pudesse prosseguir. Em 1974, a Rodovia Belém-Brasília foi asfaltada. A partir de 1984, o pavimento também chegou às rodovias que pretendiam ligar Manaus a Porto Velho e Cuiabá a Porto Velho. Em 1984 e 1987 ergueram-se as grandes barragens de Tucuruí e Balbina para fornecer a energia necessária à mineração, sobretudo à extração de bauxita e à fundição de alumínio, que, levadas a cabo pela Albras, Alunorte e Mineração Rio do Norte, consumiam quantidades

213 Elmar Altvater. *Sachzwang Weltmarkt — Verschuldungskrise, blockierte Industrialisierung, ökologische Gefährdung — der Fall Brasilien* [Restrições práticas do mercado mundial – crise de endividamento, industrialização bloqueada, perigo ecológico – o caso do Brasil]. Hamburgo: VSA, 1987.

imensas de eletricidade.[214]

Inserida no Projeto Grande Carajás, a mina de Carajás em Parauapebas era vista como a isca que traria desenvolvimento à porção leste da Amazônia, com investimentos de aproximadamente 230 bilhões de dólares — montante comparável ao PIB anual brasileiro na época.[215] Em 2015, a Vale já havia extraído 129,6 milhões de toneladas de minério de ferro da mina de Carajás.[216] Atualmente, a empresa trabalha na ampliação da extração, e até 2017 está previsto um aumento da produção para 250 milhões de toneladas de minério de ferro por ano.[217] Mas a queda de preço no mercado mundial, bem como os protestos de milhares de moradores,[218] pequenos agricultores, indígenas e quilombolas — que passaram a sentir os efeitos negativos da mineração não apenas

214 À Mineração Rio do Norte (MRN) pertence a mina de bauxita de Trombetas, que em 2012 forneceu 5% da produção mundial de bauxita, com 15,5 milhões de toneladas. A MRN é um consórcio que pertence a Vale (40%), Alcoa (18,2%), BHP Billiton (14,8%), Rio Tinto (12%), CBA (10%) e Norsk Hydro (5%). Atualmente, segundo a Procuradoria-Geral da República, as terras quilombolas de Alto Trombetas e Alto Trombetas 2, no Pará, onde vivem três mil quilombolas, estão severamente ameaçadas pelo aumento da exploração de bauxita. Ver "Ibama ignora Fundação Palmares e autoriza continuidade de licenciamento de mineradora em terras quilombolas", em Comissão Pró-Índio, 16 de julho de 2017. Disponível em <http://comissaoproindio.blogspot.de/2016/07/ibama-ignora-fundacao-palmares-e.html>. No caso do alumínio e derivados, as exportações do Brasil para a Alemanha aumentaram 613,3% em 2015. Ver relatórios na página da Embaixada do Brasil em Berlim. Disponível em <http://berlim.itamaraty.gov.br/de/brasiliens_ausenhandel.xml>.

215 Instituto Brasileiro de Análises Sociais e Econômicas. "Projeto Grande Carajás: trinta anos de desenvolvimento frustrado". Rio de Janeiro: iBase, 2014. Disponível em <http://www.ufjf.br/poemas/files/2014/07/Coelho-2014-Projeto-Grande-Caraj%C3%A1s.pdf#page=16>.

216 "Produção de minério de ferro da Vale bate recorde em 2015", em *O Estado de S. Paulo*, 18 de fevereiro de 2016. Disponível em <http://economia.estadao.com.br/noticias/geral,producao-de-minerio-de-ferro-da-vale-bate-recorde-em-2015,10000017019>.

217 Lúcio Flávio Pinto, *op. cit.*

218 Lisa Carstensen. "Carajás — ein Entwicklungsmonster auf dem Vormarsch" [Carajás — um monstro do desenvolvimento em marcha], em *LabourNet Germany*, 22 de julho de 2015. Disponível em <http://www.labournet.de/internationales/brasilien/soziale_konflikte-brasilien/carajas-ein-entwicklungsmonster-auf-dem-vormarsch/>.

nas proximidades da mina, mas também ao longo do chamado corredor ferroviário, até o porto de Ponta da Madeira, em São Luís, no Maranhão —, acabaram dificultando o cronograma da Vale.

O ramal ferroviário de Carajás sai de Parauapebas, no Pará, e corta o estado do Maranhão. Segundo o Índice de Gini, que mede a desigualdade na distribuição de renda, o Maranhão ocupa, juntamente com o Piauí, o Sergipe e a Bahia, uma das posições mais baixas no ranking nacional de desenvolvimento humano. Ao longo da linha ferroviária de 892 quilômetros, 35 trens passam diariamente por mais de cem assentamentos, vilarejos e cidades, cortando 27 municípios, onde vivem dois milhões de pessoas. Muitas vezes fica parado, e os moradores são obrigados a esperar que se movimente caso queiram atravessar para o lado de lá dos trilhos. O trem é muito longo para ser contornado. São 330 vagões, ou seja, cerca de três quilômetros — é a composição mais longa do mundo. Quando empaca nos trilhos, crianças a caminho da escola e agricultores buscando o sustento em suas lavouras tentam passar por entre ou por debaixo dos vagões, arriscando a vida. Não passa um mês sem que alguém morra atropelado. E, como a Vale quer dobrar a produção da mina de Carajás, a estrada de ferro está sendo duplicada. Após a conclusão da obra, o tempo de espera dos trens nos entroncamentos deve diminuir, e talvez não precisem mais ficar parados.

Mas um tráfego mais fluido de composições não seria um alívio para as pessoas que vivem ao longo da ferrovia, diz o padre italiano Dário Bossi, que colabora há anos com as comunidades afetadas pela mineração de ferro na Amazônia. Para isso, a ordem dos combonianos, à qual pertence Dário Bossi, fundou a organização de direitos humanos Justiça nos Trilhos, que pesquisa os conflitos provocados pela mineração de ferro e seu transporte na região, e documentou os protestos da população local entre 2012 e 2014. Os moradores protestaram 24 vezes, e em 23 delas recorreram à forma mais eficiente de manifestação: bloquearam os acessos à mina, trechos da estrada de ferro ou da rodovia. Algumas vezes, fizeram tudo isso simultaneamente. Em geral, não leva muito tempo para que empresários e políticos reajam. Às vezes, algumas demandas podem ser atendidas dessa forma; em outras, porém, na maioria delas, a política e a polícia reagem com violência e brutalidade.

Foi o que aconteceu em 17 de abril de 1996, quando 1.500 trabalhadores sem-terra bloquearam a Rodovia BR-155, em Marabá, em protesto contra os atrasos na destinação de terras à reforma agrária na região. O governador do Pará na época, Almir Gabriel (PSDB), deu ao secretário de Segurança Pública a ordem de limpar a rodovia. Este a repassou à Polícia Militar, que deveria cumprir a missão "valendo-se dos meios necessários, inclusive de armas de fogo". A PM acatou as determinações: matou dezenove manifestantes e feriu 81, segundo números oficiais. Desde então, em todo o mundo, celebra-se anualmente o 17 de abril como "Dia dos Sem-Terra" em homenagem às vítimas do massacre de Eldorado do Carajás.

Os estados da Amazônia, sobretudo Pará e Rondônia, estão todos os anos no topo do ranking brasileiro das mortes no campo. "Não se pode compreender os conflitos de terra na região amazônica sem conhecer a estrutura política local, marcada pela privatização do monopólio da violência por latifundiários e empresários ricos. As raízes dessas estruturas se estendem até o começo do período colonial e até Portugal, na Idade Média", diz o historiador Thilo Papacek. Quando os portugueses anexaram as terras transatlânticas que mais tarde batizariam como "Brasil", no século XVI, os funcionários enviados pela metrópole se depararam rapidamente com o problema de controlar uma colônia com dimensões continentais. Os funcionários pensavam ter encontrado a solução no sistema de sesmarias, praticado em Portugal desde 1375. Esse sistema previa a divisão das terras entre nobres, soldados condecorados e cidadãos lusitanos, que se serviam do trabalho escravo, mandavam lavrar a terra e constituíam a base de poder local. De maneira muito mais pronunciada do que em outros locais no Brasil, na Amazônia se encontram até hoje redes clientelistas compostas por latifundiários, políticos e juízes. A incursão da Amazônia no mercado mundial a partir do século XIX — primeiro com a exploração da borracha, depois pela extração predatória de madeiras tropicais e, mais tarde, pela criação de gado, mineração, produção de eletricidade e plantio de soja — significou uma "simultaneidade do não simultâneo na Amazônia: o desenvolvimento econômico moderno, promovido pelo Estado desde a ditadura militar, coexiste ao lado de estruturas políticas originárias da Idade Média. Os sistemas clientelistas dos poderosos tiveram sucesso em impedir que um Estado de direito conseguisse se estabelecer na região", explica Thilo Papacek.[219] Aqueles que se veem afetados por uma infinidade de conflitos de terra até podem apelar aos tribunais, mas, se vão obter seus direitos contra os poderosos interesses concorrentes, é uma outra história.

Foi o que aconteceu no caso da expansão da mina de Carajás e, por conseguinte, do segundo trilho de trem para otimizar o escoamento do ferro. "A Vale está construindo ali uma nova mina, a chamada mina Carajás S11D, que deve ser ainda mais produtiva que a antiga mina de Carajás", explica o padre Dário Bossi. "Depois, vão construir mais um ramal de ferrovia. É um projeto enorme, que deve custar perto de dez bilhões de euros. Mas os

219 Thilo Papacek. "Modernes Mittelalter. Im brasilianischen Teil Amazoniens gab es noch nie ein öffentliches Gewaltmonopol" [Idade Média moderna: na Amazônia brasileira nunca houve um monopólio público da violência], em *Lateinamerika Nachrichten*, nº 414, dezembro de 2008.

gastos são minimizados quando se trata de reduzir os efeitos do empreendimento sobre os moradores locais. Há apenas algumas poucas adaptações, como se não houvesse impacto algum sobre as pessoas daqui."

A Vale afirma que foi obrigada a executar 1.168 intervenções[220] para possibilitar a ampliação da linha férrea. "Intervenção", aqui, significa destruição de casas e realocação de comunidades inteiras. "Esse projeto da duplicação [da ferrovia] é o coração dos projetos da Vale", afirma Danilo Chammas, advogado da Justiça nos Trilhos em Açailândia, uma cidade maranhense com cerca de cem mil habitantes. "É, ao mesmo tempo, um dos projetos mais econômicos e mais lucrativos da Vale." A obra foi paralisada várias vezes devido às petições dos afetados, entre moradores locais e grupos indígenas, que viram seus direitos constitucionais básicos serem desrespeitados pela obra. Mas sempre surgiu alguma instância judicial disposta a autorizar o prosseguimento dos trabalhos. O projeto de duplicação do ramal ferroviário da Vale prevê a construção de 47 viadutos e cinco grandes pontes. "Eles nunca conversaram direito com as pequenas comunidades, e agora simplesmente invadem com suas escavadeiras", vitupera padre Bossi. Pó, barulho e sujeira são a consequência, como se já não houvesse o bastante na região

DESENVOLVIMENTO PREJUDICIAL À SAÚDE

Piquiá de Baixo é um vilarejo que pertence à cidade maranhense de Açailândia. Até a Rodovia BR-222, as ruas são de terra. Com

---

220 Articulação Internacional dos Atingidos pela Vale. "Relatório de insustentabilidade da Vale 2012". Disponível em <http://amazonwatch.org/assets/files/2011-vale-unsustainability-report.pdf#page=6>.

1.100 habitantes, Piquiá viveu nos últimos quinze anos um *boom* econômico, com taxas de crescimento de até 23%, e agora abriga aqueles que não conseguiram lucrar com o crescimento. As pessoas pagam com a própria saúde as promessas da industrialização brutal e contínua.

A BR-222 é compartilhada por crianças que brincam e caminhões que transportam a ardente lava de ferro dos altos-fornos. De um lado, o local é delimitado por trilhos trafegados pelos trens de três quilômetros de extensão, cheios de minério de ferro. E o lugarejo ainda é cercado por três metalúrgicas, uma usina termelétrica a gás, uma fábrica de cimento e uma siderúrgica recém-construída. As coquerias e os altos-fornos são movidos pelo carvão vegetal produzido na região a partir de plantações de eucalipto que se estendem pelo horizonte. O carvão vegetal é um dos setores econômicos mais marcados pelo trabalho escravo no Brasil, e os produtos finais dessa cadeia produtiva têm muita saída no mercado mundial.[221] O Observatório Social, apoiado por organizações sindicais alemãs, preparou em 2011 um estudo sobre o carvão vegetal na Amazônia e seu emprego no processo de produção de aço. O levantamento estima que só no Pará sejam desmatados anualmente cinco milhões de metros cúbicos de madeira nativa para a produção de carvão vegetal. Segundo os autores e as autoras do estudo, uma grande parte desse desmatamento é "legalizado" por documentos falsificados, e o carvão vegetal resultante desse processo, sustentado sobre trabalho escravo. O instituto listou uma série de consumidores internacionais do ferro-gusa produzido com o uso desse carvão: além de grandes empresas brasileiras e multinacionais,

---

221 Dauro Veras & Marques Casara. "Escravos do aço: siderúrgicas se beneficiam de trabalho escravo em carvoarias na selva amazônica", em Observatório Social, nº 6, junho de 2004, p. 10 e segs.

encontramos a Thyssen-Krupp.[222]

Os detritos das siderúrgicas de Piquiá de Baixo chovem sem nenhum filtro sobre esse bairro e seus moradores, que adoecem. O que significa viver em um lugar onde se batalha pela sobrevivência com um salário médio de menos de quinze reais por dia, enquanto a carga de apenas uma das composições que atravessam diariamente a comunidade vale entre dez e trinta milhões de dólares? Quem precisa de atendimento médico tem de suportar dores até quarta-feira à tarde, único dia em que a médica atende no posto de saúde de Piquiá de Baixo. Mas, se é pra ficar doente, que seja na segunda-feira, pois assim é possível conseguir uma das 25 fichas de atendimento disponíveis por semana. Quem não consegue tem que tentar novamente na semana seguinte — ou viajar quinze quilômetros até o hospital de Açailândia. Nem todos podem viajar, já que o preço de uma passagem de ônibus equivale a um quarto ou à metade do salário diário médio dos moradores do vilarejo.

Nos anos 1980, o governo paraense teve a ideia de agregar valor aos bens produzidos na região, criar postos de trabalho e impulsionar o desenvolvimento econômico. Para tanto, com os recursos do projeto Grande Carajás, fomentou a instalação de uma série de siderúrgicas na metade do caminho entre Carajás e São Luís. O resultado aparece com toda força em Piquiá de Baixo. A ponte local se ergue a 40 metros de altura, os antigos pilares de concreto dos anos 1980 estão escurecidos, enquanto os novos, construídos para apoiar o segundo trilho, ainda guardam a tonalidade acinzentada do projeto em construção. Tratores e caminhões basculantes trazem o cimento fresco. Um homem se

---

222 "A floresta que virou cinza", em Observatório Social, fevereiro de 2011. Disponível em <http://www.observatoriosocial.org.br/sites/default/files/08-01-2011_02-er-17-a_floresta_que_virou_cinza.pdf#page=27>.

aproxima, tímido, e pede para falar com o padre Dário. Pergunta se o religioso teria sido enviado pela Vale. E se poderia continuar plantando milho na roça embaixo dos pilares de concreto: ele tem medo de que os veículos da empresa passem por cima de seus cultivos. O homem fez um pequeno plantio em um terreno que surgiu há trinta anos, após o deslocamento dos dormentes. A terra pertence à Vale, mas, como não era utilizada, ele não viu por que não poderia fazer umas plantas crescerem por ali. Quando finalmente descobre que Dário Bossi não é da Vale, o agricultor fica visivelmente aliviado.

Muitas outras pessoas estão inquietas, mas o padre Dário e seus companheiros da Justiça dos Trilhos — os advogados Ana Paula dos Santos e Danilo Chammas — têm um plano de ação. "Não dá pra conseguir nada só com algumas promessas cheias de salamaleques. Por um lado, deve-se levar as empresas à justiça para realizar as audiências determinadas legalmente, e as pessoas têm que ser ouvidas. Mas também precisamos protestar na rua", diz o religioso. Quase toda as famílias têm casos de morte a lamentar, a maioria devido a doenças pulmonares, problemas de circulação ou câncer. Não seria possível instalar filtros na chaminés das siderúrgicas? Seria caro demais, tornaria a produção pouco rentável e custaria importantes postos de trabalho, dizem governantes, funcionários públicos e empresários. E assim os moradores sofrem com as partículas sólidas em suspensão.

"A gente não fazia ideia de como se defender", revela Francisca Sousa Silva, a Dona Tida, enquanto olha para a roda que se formou no pequeno clube das mães. Doze mulheres de todas as gerações estão sentadas em cadeiras brancas de plástico dentro de uma das quatro casas comunitárias de Piquiá de Baixo. "Nós, as mais velhas, não fizemos faculdade e só frequentamos a escola durante alguns poucos anos." Alguém sugeriu fundar uma associação de moradores. Mas como? Há muitas questões: como se organiza um protesto? E como lidar com o fato de que membros das famílias trabalham nas siderúrgicas? "Aí convidamos os padres da região e pedimos conselho", conta. "Como poderíamos saber fazer tudo isso, mandar uma carta aberta de protesto a Brasília, organizar assinaturas no mundo inteiro? Os padres conversaram com a gente e, juntos, lidamos com toda a situação", diz Dona Tida, que nasceu em 1º de maio, Dia do Trabalho, e quer comemorar de maneira especial seu próximo aniversário, em que completará 70 anos: afinal, a resistência contínua do pequeno vilarejo contra as siderúrgicas, contra o pó diário, conquistou uma grande vitória.

Foi no final de 2015 que toda Piquiá de Baixo explodiu em êxtase, pois o governo federal tinha deferido o pedido de realocação dos moradores e garantido que colocaria à disposição da comunidade uma nova área, oito quilômetros distante dali, onde construiria novas casas para as famílias afetadas. "Queremos só sair dessa poeira!", diz Joselma Alves de Oliveira, que mora em Piquiá desde que nasceu, há 35 anos. E concorda quando Dona Tida, decana da resistência local, conta sobre as motivações que levaram ao início do movimento. "Ou lutamos juntos ou morremos todos", era o lema. "Hoje de manhã, antes de vocês chegarem, varremos e limpamos tudo." Ela aponta para a cadeira branca de plástico vazia ao seu lado. Passa o dedo pelo assento e pelo encosto. "Já está tudo empoeirado, preto. Está vendo?" Não dá para não ver. Todas as doze mulheres mostram locais empoeirados. "Aqui, o vidro da janela, a mesa de madeira, tudo fica com essa coisa." E acrescenta: "Essa coisa preta poeirenta vai direto para os nossos pulmões. Não admira que todos estejam doentes."

Houve longas discussões sobre o plano de realocação. A ideia de abandonar a antiga Piquiá de Baixo nem sempre foi bem recebida. Muitos moradores estavam furiosos e exigiam da siderúrgica a conversão para uma produção mais limpa, além do pagamento de indenizações. O argumento: nós chegamos primeiro, por que somos nós que temos que sair? Houve muitas discussões na associação de moradores. "Antes das siderúrgicas chegarem tinha floresta aqui. A gente criava gado. Lá embaixo, no rio, a gente tomava banho e pescava", explica seu Adelson Ferreira do Nascimento, que mora em Piquiá há décadas. "Hoje está tudo poluído. Chove poeira de ferro, carvão, cimento — e o gás e tudo junto. Quem aguenta isso 24 horas por dia?" Faz uma longa pausa. "Então talvez seja melhor a gente sair daqui, pois aqui nunca mais vai ficar limpo."

A luta dos moradores e das moradoras por seus direitos recebe há muitos anos o apoio da organização Justiça nos Trilhos. Isso foi necessário para dar repercussão nacional ao protesto local. "No começo a gente só falava", diz Dona Tida. "Mas depois protestamos em frente frente ao aterro de entulho, onde uma criança tinha morrido pouco tempo antes." Na época, a empresa negou qualquer responsabilidade pelo acidente, uma vez que havia colocado placas de aviso no local. Mas a morte da criança enfureceu as pessoas de tal modo que não cederam na resistência. "Fomos para a frente da fábrica com tampas de panela", continua Dona Tida, rindo da situação. "O barulho das nossas tampas de panela não tinha chance contra o barulho da siderúrgica, mas conseguimos incomodar e bloqueamos a entrada." Só depois disso é que os representantes da empresa se prontificaram a conversar.

"Tivemos que protestar muito, acionar a procuradoria, organizar abaixo-assinados no mundo todo, porque de graça, sem resistência organizada, aqui você não consegue nada. Você fica abandonado", lamenta Joselma Alves de Oliveira. A gigante da mineração queria ficar de fora de tudo aquilo. "A Vale dizia: não temos nada a ver com isso. Nós só fornecemos o produto, o minério de ferro. O que as siderúrgicas fazem e como fazem, nós não temos nada a ver." Mas esses argumentos não foram bem recebidos pela população de Piquiá de Baixo. "Aí dissemos: quem produz drogas não pode dizer que não tem nada a ver com o que outras pessoas fazem com isso. Com pressão popular, conseguimos que contribuíssem também com uma parte." Houve muitas negociações, muitos processos judiciais, mas de algum modo deu certo. Os moradores e as moradoras conseguiram que todas as empresas dali, que tornaram a vida naquele bairro insustentável, comprassem um novo terreno e financiassem o reassentamento.

No final de dezembro de 2015 foi emitido em Brasília o decreto que garantia a realocação dos moradores de Piquiá de Baixo. As festividades do Ano Novo foram maiores e mais animadas do que nunca. Mas então passou-se mais um trimestre e nada tinha avançado. Seu Adelson voltou a ficar cético. "Faz cinco anos que prometem que vão realocar a gente", diz. "Já não sei mais quantas vezes ouvi falar isso: 'logo, logo'. Não sei se ainda acredito." E então, para piorar, houve algumas reviravoltas no mundo da política. A turbulência que se abateu sobre Brasília causou efeitos até nos menores vilarejos do país, como Piquiá de Baixo, em Açailândia, no Maranhão, o segundo estado mais pobre do Brasil. "Dependendo do que acontecer por lá, não vai ser liberado mais nem um centavo — e aí não vai acontecer nada aqui", disse, em março de 2016, um dos moradores, que preferiu permanecer anônimo. "Podemos tirar essa ideia de mudança da cabeça."

No meio da grande crise política do Brasil, antes de ser ilegitimamente destituída da Presidência da República, Dilma Rousseff cuidou para que o plano de mudança finalmente pudesse se tornar realidade. Nas vésperas de ser afastada pela Câmara dos Deputados, foi assinado na presença de Dilma um contrato entre a Caixa Econômica Federal, os órgãos responsáveis e os moradores. O documento finalmente possibilitaria reassentar os habitantes de Piquiá de Baixo pelo programa Minha Casa Minha Vida. Em novembro de 2016, a comunidade fez uma reunião geral e votou o nome do novo assentamento. Escolheram entre Piquiá da Conquista, Piquiá da Vitória e Piquiá de Baixo. Venceu Piquiá da Conquista: uma conquista para Piquiá de Baixo.

CONEXÃO CARAJÁS-ALEMANHA

Dia 14 de novembro de 2008. Brasileiros e alemães estão comemorando. É a bilionésima tonelada de minério de ferro da mina de Carajás, no Pará, fornecida à siderúrgica da Thyssen-Krupp, na Alemanha. Viajaram do Brasil à Europa o presidente da Vale, Roger Agnelli, e os diretores da mineradora José Carlos Martins e Eduardo Bartolomeo. Na Alemanha, os executivos brasileiros celebraram com o presidente da Thyssen-Krupp, Ekkehard Schulz, e com o chefe do setor de aço da empresa, Karl-Ulrich Köhler. Alguns meses antes, em 26 de junho de 2008, conforme noticiou a imprensa,[223] o Berge Stahl — que foi o maior navio graneleiro do mundo desde que começou a navegar, em 1986, até 2011, com uma capacidade de carga de 350 mil toneladas, 342 metros de comprimento, 65 metros de largura e 23 metros de profundidade[224] — deixou o porto de Ponta da Madeira, em São Luís, para

223 "Vale e ThyssenKrupp comemoram embarque de bilionésima tonelada de minério de ferro de Carajás", em *Jornal Pequeno*, 15 de novembro de 2008. Disponível em <http://jornalpequeno.com.br/edicao/2008/11/15/vale-e-Thyssen-Krupp-comemoram-embarque-de-bilionesima-tonelada-de-minerio-de-ferro-de-carajas/>.

224 Para informações sobre o tráfego marítimo, ver *Marine Traffic*. Disponível em <http://www.marinetraffic.com/de/ais/details/ships/shipid:198382/mmsi:235089333/imo:8420804/vessel:BERGE_STAHL>.

chegar três semanas depois a Roterdã, na Holanda.[225] A carga do navio pesa tanto quanto 51 torres Eiffel ou 400 mil carrocerias de automóvel. Três gruas de descarga de Roterdã precisaram de quatro dias para desembarcar todo o minério de ferro que levou à Europa. O Berge Stahl atravessou o Atlântico mais de duzentas vezes para a Thyssen-Krupp, levando minério amazônico até o porto holandês, de onde seria então transferido a embarcações menores e transportado a até Duisburg, na Alemanha.

A "conexão Carajás-Alemanha" vem de longa data. Em 1982, o Banco de Crédito para a Reconstrução (KfW), algo parecido a uma versão alemã do BNDES, participou com um empréstimo de mais de 300 milhões de marcos para a Companhia Vale do Rio Doce. O Banco Mundial, do qual a Alemanha detinha à época 5% das ações,[226] concedeu um crédito adicional de 304,5 milhões de dólares.[227] A união das antigas indústrias carboníferas e siderúrgicas europeias contribuiu com 600 milhões de marcos. Somaram-se a isso várias centenas de milhões de dólares vindos do Japão, dos Estados Unidos, de particulares internacionais e de bancos brasileiros, tudo na forma de crédito para a mina de Carajás.[228] No total, os custos do projeto Carajás a partir de 1982 chegaram a cerca de 4,9 bilhões de dólares. Como contrapartida

---

225 "Vale e ThyssenKrupp comemoram embarque de bilionésima tonelada de minério de ferro de Carajás", *op. cit.*

226 "Ein Aufstand mit Äxten und Kettensägen", em *Der Spiegel*, 27 de fevereiro de 1989. Disponível em <http://www.spiegel.de/spiegel/print/d-13495481.html>.

227 Banco Mundial. "Guarantee Agreement (Carajas Iron Ore Project) between the Federative Republic of Brazil and International Bank for Reconstruction and Development", Loan Number 2196 BR, 13 de agosto de 1982, p. 2. Disponível em <http://documents.worldbank.org/curated/en/681691468007523195/pdf/Loan-2196-Brazil-Carajas-Iron-Ore-Project-Guarantee-Agreement.pdf>.

228 Banco Mundial. "Loan Agreement (Carajas Iron Ore Project) between International Bank for Reconstruction and Development and Companhia Vale do Rio Doce", Loan Number 2196 BR, 13 de agosto de 1982, p. 2. Disponível em <http://documents.worldbank.org/curated/en/904941468228908784/pdf/Loan-2196-Brazil-Carajas-Iron-Ore-Project-Loan-Agreement.pdf>.

ao empréstimo de mais de 600 milhões de marcos alemães, garantiu-se para a indústria carbonífera e siderúrgica europeia um terço da produção anual de Carajás a preços de 1982 durante quinze anos.[229] Só a Thyssen-Krupp processou logo de cara oito milhões de toneladas.[230] Naturalmente, o acesso privilegiado ao minério de ferro não impediu que o crédito oferecido à exploração da mina de Carajás tivesse que ser quitado com juros.

Na Alemanha, as consequências ambientais e sociais das maiores minas de ferro do mundo já eram bem conhecidas. Em 1983, a correspondente da revista *Der Spiegel* no Brasil, Ariane Barth, escreveu uma reportagem sobre os riscos sociais dos grandes projetos de desenvolvimento do leste amazônico.[231] Em 1989, apareceu uma ampla reportagem no semanário alemão *Die Zeit* que tratava das consequências ecológicas e sociais da maior mina de ferro do mundo — e também da corresponsabilidade alemã, pois uma parte do minério de ferro destinado à exportação deveria ser fundida na própria Amazônia como ferro-gusa.[232] A fonte de energia para tanto era o carvão vegetal — que, como lembrava a reportagem, obtinha-se frequentemente em condições de trabalho análogas à escravidão — produzido então a partir de madeira nativa e, posteriormente, a partir de reflorestamentos de eucalipto. "A floresta tropical vai se aquecer: um desdobramento previsível que nenhum dos credores levou em consideração", diz o artigo do *Die Zeit*, citando um estudo do Banco Mundial. "O fato de não terem previsto estas

---

229 "Da lohnt es sich, zu investieren", em *Die Zeit*, 17 de março de 1989. Disponível em <http://www.zeit.de/1989/12/da-lohnt-es-sich-zu-investieren>.

230 "Ein Aufstand mit Äxten und Kettensägen", *op. cit.*

231 "Aufbruch zur letzten Grenze", em *Der Spiegel*, 17 de outubro de 1983. Disponível em <http://www.spiegel.de/spiegel/print/d-14023679.html>.

232 "Geteilt, verbrannt, zersägt" [Dividido, queimado, serrado], em *Die Zeit*, 8 de setembro de 1989. Disponível em <http://www.zeit.de/1989/37/geteilt-verbrannt-zersaegt>

consequências levanta sérias questões com relação à avaliação de impacto ambiental por parte do banco."

Já no início dos anos 1980, especialistas alertavam sobre as consequências destrutivas do projeto. "Mas, em sua loucura de fornecer matéria-prima às siderúrgicas alemãs, a comissão interministerial responsável pela autorização dos créditos da KfW fez ouvidos moucos a todos os avisos. Foi só no final de 1987 que o Banco Mundial abordou o problema — tarde demais, pois o desenvolvimento no leste amazônico já tinha adquirido uma dinâmica própria impossível de frear. E, no entanto, as empresas europeias continuam entre as importadoras de ferro-gusa."[233] Tais notícias sombrias deram ensejo à Conferência Conjunta de Igreja e Desenvolvimento (GKKE, na sigla em alemão) para instituir um amplo programa de diálogo envolvendo múltiplos grupos de interesses, entre afetados políticos, empresas e ONGs. Seria a "expressão da solidariedade das igrejas na Alemanha com as pessoas no 'terceiro mundo'", que sofrem com condições injustas e humanamente indignas".[234] No final de 1992, a GKKE discutiu com seus parceiros brasileiros a escolha de um ponto central para o diálogo: "Carajás, desenvolvimento ou destruição?".

Entre 1992 e 1996 ocorreram catorze encontros de trabalho com os parceiros brasileiros, então reunidos no Fórum Carajás. Na Alemanha, foram realizadas conversas regulares com representantes das comissões parlamentares, com a Comissão de Cooperação Econômica, com outros deputados e membros do Parlamento Europeu, sindicatos, universidades, com a

233 "Geteilt, verbrannt, zersägt", *op. cit.*

234 Manfred Kulessa, Harry Neyer & Martin Ott (orgs.) *Allianzen der Solidarität. Das Dialogprogramm der* gkke. *Entwicklung als internationale soziale Frage. Materialien zum GKKE-Dialogprogramm* [Alianças de solidariedade. O programa de diálogo da GKKE. Desenvolvimento com questão social internacional. Materiais para o programa de diálogo da GKKE]. Caderno D 19, julho de 1997. Disponível em <http://www.justitia-et-pax.de/jp/publikationen/pdf/gkke_019.pdf.>

embaixada brasileira e o Instituto Brasileiro do Meio Ambiente (Ibama). A GKKE se encontrou ainda com representantes da Câmara de Comércio e Indústria Brasil-Alemanha em São Paulo, com a indústria alemã e brasileira de aço e alumínio e com diversas organizações não governamentais.

O diálogo com a indústria alemã de alumínio se estendeu por vários anos, e acabou resultando em uma viagem conjunta de empresários e representantes da GKKE para o leste da Amazônia em 1995. As empresas alemãs do aço, porém, só participaram de quatro encontros com a GKKE, que tirou uma conclusão bastante esclarecedora sobre todo o processo: "Até agora não foi possível integrar a indústria de aço no diálogo, apesar de não terem faltado esforços em diversos níveis."[235] Representantes desse segmento desdenhavam da iniciativa como um "desperdício de dinheiro de impostos das igrejas". Para que ouvir o drama de uma pequena agricultora obrigada a abandonar sua casa para dar lugar a uma estrada de ferro, ou as dificuldades de um pescador que tem de lidar com cardumes afetados pela mineração, ou a história de um indígena cuja floresta caiu nas graças de geoprospectores e cuja terra logo seria alvo da mineração, enfim, para que dar ouvidos a carvoeiros libertados de condições de trabalho análogas à escravidão, se adquirir matéria-prima barata é um negócio muito mais lucrativo?

Assim, tudo seguiu seu curso na Amazônia. Nos primeiros vinte anos de operação da mina de Carajás, um terço da produção destinou-se à Europa[236] e pouco mais da metade, ao Japão.[237] Desde os anos 2000, porém, a China é o maior importador do minério de ferro de Carajás, abocanhando 34% da produção.

235 *Idem.*

236 No final dos anos 1980, os importadores alemães de minério de ferro eram Krupp, Salzgitter, Thyssen, Mannesmann, Klöckner, Korf e Dillingen.

237 "Da lohnt es sich, zu investieren", *op. cit.*

Outros 19% vão para os demais países asiáticos,[238] e 17%, para a Alemanha. Atualmente, a Thyssen-Krupp importa entre 20 e 22 milhões de toneladas por ano. A segunda maior produtora de aço da Alemanha, a Salzgitter, declarou ter importado no ano de 2015 aproximadamente 200 mil toneladas de minério de ferro de Carajás. Em 2016 foram 529 mil toneladas, conforme a resposta do presidente da empresa durante a assembleia de acionistas em junho de 2017.

MATÉRIA-PRIMA PARA A ALEMANHA

"O polo industrial e de alta tecnologia da Alemanha depende em grande medida da importação de energia e de matérias-primas minerais. O fornecimento de matéria-prima em longo prazo e conforme a demanda é de importância central para o desenvolvimento da economia alemã. Nesse sentido, o governo iniciou em 2010 a sua estratégia de matérias-primas. O objetivo dessa estratégia é apresentar uma política e um suprimento de matérias-primas sustentáveis e competitivas internacionalmente", diz o relatório anual de 2015 da Câmara de Comércio e Indústria Brasil-Alemanha.[239] O Ministério da Economia da Alemanha concedeu ao órgão binacional uma verba para a construção de um centro de competência teuto-brasileiro em mineração e matérias-primas. A inauguração ocorreu em 19 de setembro de 2015. Esse espaço é responsável, entre outras coisas, por elaborar estudos de mercado e dar apoio técnico a empresas alemãs

---

238 Lisa Carstensen. "Carajás: Unstillbarer Hunger nach Eisenerz" [Carajás: fome insaciável por minério de ferro], em *LabourNet Germany*, junho de 2015. Disponível em <http://www.labournet.de/wp-content/uploads/2015/07/carajas2.pdf>.

239 Câmara de Comércio e Indústria Brasil-Alemanha. Relatório anual de 2015, p. 36. Disponível em <https://www.ahkbrasil.com/download/Relatorio_Anual_2015_2016.pdf>.

no contato com órgãos e empresas brasileiros. Em agosto de 2016 ocorreu em Belo Horizonte a primeira Conferência Teuto-Brasileira de Mineração. Além de temas como o cultivo agrícola em areais de mineração abandonados ou a segurança na manipulação de resíduos de mineração, havia no programa também questões sobre o preparo e a reutilização de metais de terras raras[240] — o que disparou todos os alarmes em protetores do meio ambiente e ativistas de direitos humanos.

Thomas Timm, diretor-geral da Câmara de Comércio e Indústria Brasil-Alemanha, tem bem menos reservas quanto aos metais de terras raras. Em 2015, Timm mandou anunciar que "a mineração brasileira apresenta atualmente às empresas alemãs grande potencial de ampliação de suas atividades comerciais", e que serão investidos cerca de 270 bilhões de dólares até 2030 na exploração e na preparação de minérios, além de 80 bilhões de dólares em infraestrutura. "Como até agora apenas cerca de 30% do Brasil foi prospectado geologicamente, os especialistas contam com excelentes oportunidades comerciais também no longo prazo."[241] O diretor da Agência Alemã de Matérias-Primas, Peter Buchholz, concede ao Brasil um papel importante na garantia de matéria-prima à Alemanha. "Impressionantes 8,5% de todas as importações de matérias-primas minerais da Alemanha vêm do Brasil. A maior parte é composta de minério de ferro, mas cobre, nióbio, níquel, alumínio, manganês e seus derivados

240 Os metais de terras raras são, de acordo com a classificação da União Internacional de Química Pura e Aplicada (IUPAC), um grupo relativamente abundante de dezessete elementos químicos, dos quais quinze pertencem ao grupo dos lantanídeos (do lantânio ao lutécio). Os outros dois são o escândio e o ítrio. A extração dos metais de terras raras costuma exigir uso intensivo de produtos químicos danosos ao meio ambiente. [N. E.]

241 Câmara Teuto-Brasileira de Indústria e Comércio, Agência de Matérias Primas Alemã, Germany Trade & Invest (org.). "Brasilien: Projekte, Akteure und Rahmenbedingungen im Rohstoffsektor" [Brasil: projetos, atores e condições do setor de matérias primas], 2015, p. 6.

também são produtos indispensáveis do Brasil para a indústria alemã."[242] Acrescente-se a isso, segundo Buchholz, o fato de que "é muito alta a demanda brasileira por tecnologia de exploração, desmantelamento, transporte, carga e acondicionamento, e pelo desenvolvimento de infraestrutura, como a construção de portos, e também de tecnologia naval, férrea e de caminhões", demanda que, acrescenta, "deve aumentar significativamente" no futuro. "As empresas alemãs já estão presentes no Brasil em todas essas áreas."[243] Assim se complementam a antiga e a nova divisão internacional do trabalho entre Brasil e Alemanha: "Estão no centro das atenções novas fontes de fornecimento de matérias-primas e produtos intermediários estrategicamente importantes, bem como novos mercados para máquinas e equipamentos de mineração."[244]

A CORRESPONSABILIDADE AO LONGO DAS CADEIAS DE SUPRIMENTO

Muitas comunidades no Brasil e em outros países da América Latina, onde se encontra um terço das atividades globais de mineração,[245] estão se deparando atualmente com a perda de seus direitos tradicionais e ancestrais à terra e às florestas, com a destruição da diversidade biológica, com a poluição de ecossistemas e recursos hídricos e com os perigos à vida e à saúde decorrentes da exploração dos recursos naturais. Essas comunidades

242 *Idem*, p. 7.
243 *Idem*.
244 *Idem*.
245 Claudia Müller-Hoff. *Alle Rechte — keine Pflichten. Schutz für Mensch und Umwelt — Eine Orientierungshilfe im Dschungel der Diskussion um Unternehmensregulierung* [Todo direito e nenhuma obrigação: proteção para pessoas e meio ambiente: uma orientação na selva da discussão sobre regulamentação ambiental]. FDCL: Berlim, 2015, p. 6.

criticam o fato de a política de mineração ser determinada menos pelos governos locais e nacionais do que pelas empresas estrangeiras. Os danos sociais e ecológicos da mineração intensiva suscitaram nos últimos anos, sobretudo na América Latina, um novo e vivo debate sobre alternativas ao desenvolvimento.[246]

Na Alemanha há uma grande quantidade de grupos ambientais e de direitos humanos que contribuem para que as demandas e as recomendações da sociedade civil latino-americana — que exige regulamentações socioecológicas da mineração e espaços para discutir caminhos alternativos — sejam ouvidas na Alemanha e incorporadas às leis nacionais. São tarefas urgentes, pois a estratégia alemã dentro da iniciativa europeia para as matérias-primas tem enfatizado apenas as garantias de fornecimento. As consequências econômicas, sociais e ambientais nos países do Sul são muito pouco consideradas, embora Alemanha e União Europeia tenham uma responsabilidade especial na questão: a UE é o maior importador de matéria-prima do mundo,[247] e a Alemanha é o polo industrial mais importante e o maior processador de *commodities* do bloco.

Várias organizações ambientais e de direitos humanos alemãs exigem que empresas importadoras de matérias-primas, entre elas as influentes multinacionais automobilísticas, sejam futuramente obrigadas por lei a manter uma cadeia de suprimentos transparente, produzindo relatórios sobre aspectos relativos aos direitos humanos e ambientais em suas atividades, e que possam ser

---

246 *Der Neue Extraktivismus — Eine Debatte über die Grenzen des Rohstoffmodells in Lateinamerika* [O novo extrativismo – um debate sobre os limites do modelo de matérias primas na América Latina]. RLS/FDCL Verlag: Berlim, 2012.

247 *International Resource Politics: New challenges demanding new governance approaches for a green economy* [Política internacional de recursos: novos desafios exigem novas abordagens de governança para uma economia verde]. Fundação Heinrich Böll & Wuppertal-Institut: Berlim, 2012, p. 15.

responsabilizadas juridicamente caso incorram em negligência.[248]

Em 2008, dezenas de organizações não governamentais na Alemanha se uniram na rede AK Rohstoffe para influenciar as estratégias de matérias-primas do governo alemão. O objetivo é conseguir uma virada ecológica nas cadeias de fornecimento. As diferentes iniciativas de transparência, prestação de contas e governança discutidas no nível das Nações Unidas ou da União Europeia devem, conforme a demanda da rede, ser significativamente ampliadas e complementadas por determinações legais que tornem perenes e também compreensíveis as obrigações de cuidado com os direitos humanos por parte das companhias. O acesso à justiça contra as empresas no início da cadeia de suprimentos também deve ser possível a todas as vítimas de violações de direitos humanos, independentemente do local onde residam. Em resumo, a rede quer fazer com que as posições de grupos da sociedade civil e das pessoas atingidas sejam levadas em conta no debate e na regulamentação legal.[249]

Os fabricantes de automóveis, por sua vez, gostam de dizer que adquirem o aço de muitos fornecedores e que não podem acompanhar detalhadamente as cadeias de suprimentos. Na verdade, como confirmou em 2015 o presidente Heinrich Hiesinger, na assembleia de acionistas da Thyssen-Krupp, a origem das matérias-primas é geralmente conhecida, pois as grandes multinacionais do aço costumam "fechar contratos de fornecimento diretamente com os operadores das minas". Em janeiro de 2016, Igor Birindiba Batista, membro da rede dos grupos de solidariedade

---

248 AK Rohstoffe. "Verantwortung entlang der Lieferkette im Rohstoffsektor" [Responsabilidade ao longo da cadeia de suprimento no setor de matérias-primas!], julho de 2015. Disponível em <https://www.boell.de/sites/default/files/verantwortung_entlang_der_lieferkette.pdf#page=7>.

249 "Anforderungen an eine zukunftsfähige Rohstoffstrategie" [Demanda para uma estratégia de recursos com futuro], em *Powershift*, outubro de 2010. Disponível em <http://power-shift.de/?p=271>.

Kooperation Brasilien, perguntou durante a assembleia de acionistas da multinacional o quanto os fornecimentos de rolos compressores, sistemas de quebra, moagem e transporte para a mina de Carajás podem ser compatibilizados com as demandas de sustentabilidade ecológica e respeito aos direitos humanos.[250] Em sua resposta, a Thyssen-Krupp admitiu a existência dessa rede de fornecimento, mas não viu problema algum neles, já que não seria tarefa da corporação inspecionar todos os compradores das máquinas. Nessa assembleia, Birindiba também questionou as relações comerciais com a empresa mineradora brasileira Samarco (uma subsidiária da Vale e da BHP Billiton). A Thyssen-Krupp tinha fornecido a essa empresa, responsável pela maior catástrofe ambiental da história do Brasil — o rompimento da barragem de resíduos do Fundão, em Mariana —, tubulações para o duto de minérios, trituradores e um moinho de esferas.

A Thyssen-Krupp respondeu referindo-se ao código de conduta dos fornecedores da empresa, "referenciado no Pacto Global das Nações Unidas sobre Sustentabilidade e na Declaração Geral de Diretos Humanos e nas Normas Trabalhistas Fundamentais da Organização Internacional do Trabalho".[251] No mais, segundo Hiesinger, mesmo que ninguém tenha feito qualquer menção à responsabilidade da Thyssen-Krupp pelo desastre na cidade mineira, o "fornecimento de moinhos para processamento de material fornecido à empresa Samarco pela última vez em 2011 [...] não tem qualquer relação causal com o rompimento

---

250 Para a íntegra da intervenção de Igor Birindiba Batista, ver *Kooperation Brasilien & Dachverband Kritische Aktionäre*. Disponível em <http://kritischeaktionaere.de/fileadmin/Dokumente/Reden_2016/Reden_Thyssen-Krupp_HV/Rede_von_Igor_Birindiba_Batista_TK_HV__2016.pdf.>

251 Para as contrapropostas e respostas da diretoria da Thyssen-Krupp, ver Thyssen-Krupp. *Gegenanträge: Hauptversammlung 2016*. Disponível em <https://www.Thyssen-Krupp.com/media/investoren/documents_1/hauptversammlung/2016/neu/gegenantraege_hv_2015_20160118114552_de.pdf#page=5.>

da barragem de Mariana, em novembro de 2015". Segundo Hiesinger, uma empresa como a Thyssen-Krupp não poderia assumir "tarefas de ordem política como as de um Estado" em regiões distantes do mundo — tampouco houve perguntas nesse sentido. A demanda de Igor Birindiba à direção da empresa dizia respeito a ações preventivas para minimizar riscos, uma vez que a Thyssen-Krupp teria plenas condições, com sua força de mercado, "de influenciar os efeitos sociais e ecológicos da produção ao impor condições de fornecimento".

No que diz respeito às possibilidades legais de responsabilização de empresas internacionais, as coisas caminham mais lentamente. Nos últimos anos, porém, houve alguma movimentação nessa área. Desde julho de 2015 um grupo de trabalho intergovernamental está discutindo no âmbito da UE um instrumento internacional para regulamentação de transnacionais, e se está trabalhando em regulações para a comercialização dos chamados "minerais de conflito", que são explorados ou produzidos em regiões conflagradas. Em maio de 2015, o Parlamento Europeu votou a favor de obrigar os importadores de matérias-primas a comprovar a origem completa de zinco, ouro, tantálio e tungstênio, algo que transcende as exigências atuais da Comissão Europeia. Em novembro de 2016, porém, a UE publicou uma nova resolução "excessivamente fraca", de acordo com as críticas da sociedade civil.[252]

"Os fabricantes de automóveis se justificam dizendo que as cadeias de suprimentos são muito complexas, e por isso não seria possível rastrear a origem exata de milhares de componentes"

---

252 Human Rights Watch. "EU-Regulierung zu Konfliktmineralien: EU-Kommission, Europ. Parlament & Mitgliedsstaaten auf Leitlinien geeinigt", 20 de maio de 2015. Disponível em <https://business-humanrights.org/de/eu-regulierung-zu-konfliktmineralien-eu-kommission-europ-parlament-mitgliedsstaaten-auf-leitlinien-geeinigt>.

que compõem um veículo automotor, lembra o padre Dário Bossi, que não consegue entender a falta de transparência. Sim, a cadeia deve ser complexa quando se trata de um fornecedor de tecnologia como a Siemens, que adquire seu material a partir de vários fornecedores intermediários espalhados pelo mundo. Mas Bossi pensa que a área automobilística poderia ser um ponto de partida. "Poderiam começar conferindo transparência à produção da carroceria, que compõe a maior parte do veículo", opinou o padre quando esteve na Alemanha, em maio de 2015. "Os metais que chegam aqui frequentemente têm uma única origem — mas os produtores se negam a identificá-la com precisão."

A falta de transparência aumenta as chances de que violações aos direitos humanos e degradação ambiental ocorram logo no início da cadeia produtiva, sem que os clientes no final da cadeia de consumo jamais cheguem a conhecê-las. Isso poupa muita gente de uma consciência pesada. Afinal, quem é que quer saber se a fabricação de seu carro consumiu carvão vegetal produzido por trabalho infantil, alumínio obtido graças à destruição de ecossistemas ou aço forjado em meio a conflitos sociais e assassinatos?

A falta de transparência também poupa uma boa quantidade de dinheiro para as empresas. E assim será enquanto a prestação de contas e a responsabilidade empresarial ao longo da cadeia de produção ainda não tiverem sido definidas em lei e, sobretudo, colocadas em prática — pois em muitos lugares, como a Amazônia, o texto da legislação não basta para fazer justiça.

5

POLUIÇÃO E ESPOLIAÇÃO NO RIO DE JANEIRO

Santa Cruz é um dos principais espaços industriais na zona oeste da cidade do Rio de Janeiro. Próximo da Baía de Sepetiba, de importância estratégica, conta com vários portos de carga de minério, um aeroporto militar e também as instalações nas quais está sendo construído o primeiro submarino atômico do Brasil. Ali está também a maior siderúrgica da América Latina: a Thyssen-Krupp Companhia Siderúrgica do Atlântico, ou CSA.

Tinha tudo para ser muito bonito, pelo menos nos planos dos chefes alemães. Os dados econômicos são favoráveis. Até trinta mil postos de trabalho locais foram criados durante a fase de construção, entre 2006 e 2010. A partir do começo das operações, foram 3.500 empregos, chegando depois a 5.500. Segundo as previsões, cinco milhões de toneladas de brame de aço seriam enviadas de navio para os Estados Unidos e a Alemanha. Os fornecedores locais seriam fortalecidos. E as cerimônias de inauguração garantiriam exposição midiática favorável aos políticos no horário nobre. Grandes caciques alemães, como Volker Kauder, da União Democrata-Cristã, gostavam de aparecer no canteiro de obras, e o governo federal alemão concedeu à subsidiária da Thyssen-Krupp garantias de crédito de exportação no montante de duzentos mil euros. O projeto era "digno de financiamento, e o risco, bastante aceitável", segundo Berlim. Tinha tudo para ser muito bonito.

A nova siderúrgica deveria atenuar alguns problemas enfrentados pela Alemanha: as crescentes demandas da União Europeia pela diminuição nos níveis de poluição por material particulado em Duisburg; a nova diretriz da UE para eficiência energética, exigindo uma queda anual de 1,5% do consumo de energia; a planejada redução de direitos de emissão de gás carbônico; os valores de *benchmarking* da UE para emissões de gás carbônico, contestados pela indústria de aço; os crescentes custos da energia elétrica na Alemanha; o perigo latente de que, no futuro, a pressão pública alemã consiga reverter a decisão política que libera as companhias intensivas em consumo de energia de recorrerem a recursos energéticos sustentáveis; e os regulamentos de construção — vistos pelas empresas como "irritantes" — segundo os quais deve haver uma distância mínima de 1.500 metros entre as chaminés da siderúrgica até a moradia mais próxima (seja a via de escape de um alto-forno ou uma coifa de extração de vapor da cantina da empresa, ambos são considerados pelos regulamentos de construção e operação como unidades de emissão). Tudo isso poderia ser contornado com a nova usina instalada no Rio de Janeiro — o novo *Eldorado* para a siderurgia alemã.

Em 2009, o diretor de proteção ao meio ambiente da Thyssen-Krupp elogiou a rapidez dos órgãos brasileiros em conceder a licença para a obra. "Na Alemanha teria sido necessário muito mais tempo." Claro, e certamente ela nem teria sido construída.

Segundo a própria Thyssen-Krupp, a usina se orientaria pela "mais moderna tecnologia e pelos mais elevados padrões ambientais". E não poderia faltar a cereja do bolo: como gases tóxicos da coqueria e dos altos-fornos são queimados em turbinas de gás para geração de energia — e o calor residual das instalações é reutilizado nas turbinas a vapor da usina de energia elétrica —, partes da siderúrgica deveriam ser reconhecidas como um projeto do Mecanismo do Desenvolvimento Limpo (CDM, sigla em inglês para Clean Development Mechanism) pela Convenção-Quadro das Nações Unidas sobre Mudanças Climáticas. Um manto verde sobre a exportação de indústrias sujas de países do Norte para o Sul global.

Pena que o "acordo verde" abençoado pela Convenção-Quadro não tenha dado certo, por razões não esclarecidas. No site da ONU, o projeto da CSA para queima de gases e reaproveitamento de calor constava, até 2011, como já tendo sido "proposto". Mas, nesse mesmo ano, essa informação desapareceu sem que qualquer notícia sobre isso tenha sido veiculada. E hoje perdeu-se na poeira das autorizações de órgãos públicos. Não deve existir mais nenhum indício dessa questão.

A multinacional alemã sempre se deu maravilhosamente bem no Rio de Janeiro com o prefeito, o governador e o então presidente da República, Lula, o ex-metalúrgico, de quem mesmo amigos mais íntimos falam pelas costas como alguém que entendia "desenvolvimento" a partir da perspectiva um tanto quanto simplista de "siderúrgica, siderúrgica, siderúrgica". Tudo certo no *front* oficial, portanto. Mas a Thyssen-Krupp não contava com o levante dos pescadores e moradores locais.

Os pescadores foram os primeiros a protestar contra a siderúrgica, pois já tinham sofrido com a construção dos portos. As redes de pesca foram ficando a cada dia mais vazias. As estatísticas da Federação das Associações de Pescadores Artesanais do estado do Rio de Janeiro mostram que, hoje, se pesca apenas um quinto do que se pescava.

Os pescadores estão certos de que, durante os trabalhos de dragagem para construção dos portos, os sedimentos foram levantados de maneira imprópria, de modo que os metais pesados (zinco, cádmio e arsênio) depositados no leito marítimo foram novamente liberados. Esses materiais, altamente tóxicos, vieram da fábrica de zinco Ingá Mercantil, que foi à falência nos anos 1980, e em cujo terreno abandonado um dique se rompera nos anos 1990: incontáveis toneladas de metais pesados foram despejadas na Baía de Sepetiba, impossibilitando a pesca por muitos anos. Mas, dizem os pescadores, o processo de decantação tinha feito com que a qualidade da água melhorasse com o passar do tempo.

Então veio a Thyssen-Krupp. A corporação conhecia muito bem a realidade local. Quando adquiriu o terreno, a contaminação dos sedimentos na baía não era nenhum segredo. Se quero comprar uma casa e o dono me diz, durante a compra, que o imóvel está cheio de cupins, e eu compro mesmo assim, os cupins são problema meu.

A Thyssen-Krupp e o governo fluminense assinaram acordos de proteção ambiental, além de contratos de benefícios fiscais para a empresa. Em 2007, vieram os navios de dragagem para aprofundar a baía para o acesso ao porto da Thyssen-Krupp. E esvaziaram a redes dos pescadores.

A empresa nega que os sedimentos tenham sido manipulados de maneira imprópria, e diz que o processo utilizado manteve os sedimentos "em camadas dentro de cavernas subterrâneas, sem serem revolvidos". Ou seja, as obras pouparam o meio ambiente — e, para isso, teriam custado muito caro. Os termos "cavernas subterrâneas" e "selamento sustentável", porém, foram colocados em outra perspectiva pela empresa holandesa Royal Boskalis Westminster, que efetivamente realizou os trabalhos de escavação e dragagem encomendados pela Thyssen-Krupp. Na descrição do projeto do processo de descontaminação da Baía de Sepetiba, a companhia fala em "valas", referindo-se às supostas "cavernas". Com relação ao "selamento sustentável", a Boskalis menciona uma "cobertura com dois metros de terra limpa".[253] A empresa salientou que, durante os trabalhos, "a qualidade da água foi verificada diariamente em diversos locais selecionados". Na medição, os "parâmetros mais importantes verificados são o grau de turbidez, a temperatura da água e o teor de sal". O fato de não haver afirmações concretas sobre a medição de metais pesados diz tudo.

Na verdade, a verificação da qualidade da água deveria estar a cargo dos órgãos públicos, mas o Instituto Ambiental do Rio de Janeiro (Inea) admitiu, em dezembro de 2009, após ser instado a se manifestar, que não realizou nenhuma medição. Segundo o Inea, a CSA coletaria os dados e os encaminharia ao instituto para análise. Sobre esse assunto, a diretoria da Thyssen-Krupp declarou durante a assembleia de acionistas, em 2010, que empresas brasileiras especializadas coletaram amostras de água — o monitoramento seria feito pelo Instituto TuTech da Universidade de Hamburg-Harburg. Mas esses dados jamais foram publicizados, apesar da solicitação do parlamento. O Inea tampouco publica informações sobre as águas que banham a área de influência da siderúrgica e do cais do porto. A Comissão de Direitos Humanos da Assembleia Legislativa do Rio de Janeiro já requisitou oficialmente as amostras. Até agora, nada.

Além de driblar acusações de que tenha recontaminado a Baía de Sepetiba, a Thyssen-Krupp também rechaça insinuações de que sua fábrica teria sido construída em uma área de

---

253 Christian Russau. "'Ihr beutet das Erz aus — uns Fischern bleibt die Schlacke!' Konflikt um den Stahlwerksbau von Thyssen-Krupp bei Rio de Janeiro" ["Vocês exploram o minério — para nós, pescadores, sobra o entulho!" Conflito na construção da aciaria da Thyssen-Krupp no Rio de Janeiro], em *Brasilien Nachrichten* 141, maio de 2010. Disponível em <http://www.brasiliennachrichten.de/umwelt/90-ihr-beutet-das-erz-aus-uns-fischern-bleibt-die-schlacke>.

proteção ambiental. "Segundo o Direito brasileiro, só estão sob proteção ambiental geral as faixas de litoral cobertas por manguezais e as margens dos rios." Sim, e é exatamente este o caso. Os manguezais da região se estendem para além de onde a vista alcança. Por isso mesmo é que, na década passada, o governo fluminense havia ilegalizado um assentamento do Movimento de Trabalhadores Rurais Sem Terra nesse terreno. Na época, o argumento ambiental valeu, e as 75 famílias do MST que moravam ali e plantavam abóbora, alface, feijão e hortaliças para consumo próprio foram removidas à força. Quando a Thyssen-Krupp veio e quis erguer seu complexo, porém, o governo deixou de enxergar qualquer valor ecossistêmico no local.

Desde a construção do porto, a baía está cada vez mais assoreada. As correntes marítimas se alteraram. "A Thyssen-Krupp mandou dragar a entrada do porto justamente no local que nós, pescadores, usamos há gerações, pois são os locais preferidos para desova na baía", conta um pescador.

Quem vai indenizar essas perdas? A Thyssen-Krupp não estava aberta à conversa. Assim, os pescadores começaram a protestar localmente, e depois levaram suas reivindicações à assembleia de acionistas da empresa, na Alemanha, em janeiro de 2010. Houve reportagens no rádio, na televisão e em jornais impressos alemães; vários documentários, realizados por um conjunto de emissoras públicas, se dedicaram ao caso da siderúrgica, descrita pelo diário econômico *Handelsblatt* como "usina da crise" e "desastre",[254] pela revista de economia *Wirtschaftswoche*

254 "ThyssenKrupp wartet auf Erlaubnis für Krisenwerk", em *Handelsblatt*, 30 de janeiro de 2015. Disponível em <http://www.handelsblatt.com/unternehmen/industrie/in-brasilien-Thyssen-Krupp-wartet-auf-erlaubnis-fuer-krisenwerk/11306080.html>.

como “sucata”,[255] e pela revista *Der Spiegel* como “porcaria”.[256] Um desastre para a imagem da gigante alemã do aço. Mas seus executivos se mantiveram intransigentes, o que lhes custaria caro. Conforme informações de Ekkehard Schulz, presidente da Thyssen-Krupp demitido há alguns anos devido ao “desastre” no Rio de Janeiro, a soma total de indenizações devidas aos pescadores em 2011 beirava os 280 milhões de euros. Juros e juros sobre mais juros aumentavam o valor. Mesmo que o Judiciário brasileiro não seja um sinônimo de celeridade, em algum momento uma decisão favorável aos pescadores será proferida.

A operação da CSA iniciou-se em 2010 — e irrompeu, então, a tempestade de protestos dos moradores. Eles reclamavam da poeira e da poluição do ar, de irritações pulmonares e oculares, de conjuntivites, dermatites e alergias, e das idas e vindas ao hospital. Isso chegou rapidamente aos noticiários no Rio de Janeiro: poeira da siderúrgica invade as casas dos moradores, aumento de casos de doenças etc.

“A siderúrgica foi aberta pelo governador e pelo ministro com tanta pompa, foi tão alardeada porque iria criar empregos... Uma indústria dessas é bem-vinda em troca de trabalho e impostos, mas não se ela poluir”, vociferou o jornalista Ricardo Boechat no programa matinal da rádio *BandNews FM*, uma das campeãs de audiência no Rio. “Não tem filtro contra isso? Se não tem, então não construam essa siderúrgica! Eu pessoalmente questiono a afirmação da empresa de que estão utilizando a melhor tecnologia possível. Se não estão utilizando a melhor

255 “Stürzt Ekkehard Schulz über Amerika-Desaster?”, em *Wirtschaftswoche*, 5 de novembro de 2011. Disponível em <http://www.wiwo.de/unternehmen/industrie/thyssen-krupp-stuerzt-ekkehard-schulz-ueber-amerika-desaster/5922412.html>.

256 “ThyssenKrupp bekommt etwas Schadensersatz von Chinesen”, em *Spiegel Online*, 28 de outubro de 2013. Disponível em <http://www.spiegel.de/wirtschaft/unternehmen/pfusch-bei-werksbau-in-brasilien-Thyssen-Krupp-bekommt-schadensersatz-a-930368.html>.

tecnologia possível, então fechem imediatamente esse troço!", exigiu Boechat, para depois perguntar: como é possível que um país como a Alemanha, que faz tanto pelo meio ambiente em seu território, exporte a sua indústria para contaminar outros países? "Mas que barbaridade! Uma empresa alemã", vituperou o jornalista, antes de adicionar com desdém: "Chucrute!".

No início de dezembro de 2010, o Ministério Público do Rio de Janeiro entrou com ação contra a CSA. Os responsáveis são acusados de crime ambiental e podem ser condenados a até dezenove anos de reclusão. O processo continua. Justamente na semana em que se anunciou a ação, o engenheiro-chefe responsável — um dos acusados, e ameaçado pela possível sentença de prisão — voltou para a Alemanha, para pedir a sua certamente merecida aposentadoria.

O Ministério Público fluminense ainda pediu o fechamento da fábrica, se as violações de normas ambientais continuassem. Poucos dias depois do anúncio da ação, o segundo alto-forno foi ligado — e a poeira tóxica atingiu os moradores das redondezas com toda fúria. No Natal de 2010, as casas da Avenida João XXIII, adjacente ao pátio da unidade, ficaram cobertas por uma camada de poeira composta de óxidos metálicos. Depois desse caso, a CSA foi obrigada a instalar câmeras de monitoramento no terreno. As imagens são transmitidas diretamente para o centro de operações do Inea, que assim verifica em tempo real se a siderúrgica está funcionando de acordo com as regulamentações ambientais. A empresa não poderá obter a licença de funcionamento enquanto a verificação não estiver concluída, afirmou o então secretário do Meio Ambiente do Rio de Janeiro, Carlos Minc.

Trata-se, por um lado, de uma ameaça séria. No entanto, deve-se também questionar a seriedade — e a idoneidade — dos órgãos ambientais do Rio de Janeiro. Em janeiro de 2010, a Thyssen-Krupp levou ao parlamento alemão um documento que deveria dar um verniz favorável às ações da CSA no estado. Mas o tiro saiu pela culatra. A convite da Comissão para Cooperação Econômica e Desenvolvimento, representantes da Thyssen-Krupp, de um lado, e pescadores brasileiros e organizações não governamentais, de outro, compareceram ao parlamento alemão em 27 de janeiro de 2010. A empresa enviou três representantes de alto escalão e dois assistentes. Eles estavam a um lado do salão. O pescador artesanal Luís Carlos Oliveira, que trabalha na Baía de Sepetiba, e Karina Kato, do Instituto Políticas Alternativas para o Cone Sul (Pacs), se colocaram do outro. Mas as duas frentes se mantiveram aferradas a suas versões. Para os políticos presentes, parecia que se colocavam apenas afirmações contra afirmações, e, portanto, nada de compreensível surgia daquilo. Até que os três diretores da Thyssen-Krupp entregaram um documento em várias vias que deveria documentar todas as medidas preventivas de proteção de compensação do meio ambiente, bem como as boas ações sociais realizadas pela empresa no Rio de Janeiro. No item 8 encontra-se um "Panorama dos projetos sociais da Thyssen-Krupp CSA". As três páginas listam projetos sociais e de compensação no valor de 73.197.172,08 reais. E, entre outras informações, está ali o projeto social "Feema's Head Office Reform". Feema é a sigla para Fundação Estadual de Engenharia do Meio Ambiente, que depois deu origem ao Inea. Portanto, o órgão ambiental fluminense recebeu da Thyssen-Krupp 4,6 milhões de reais para reforma da sua sede oficial, como demonstrado com orgulho pela companhia.

Quando essa informação chegou ao Rio de Janeiro, irrompeu outra tempestade de protestos. A idoneidade do órgão ambiental estava seriamente em questão, disse a associação de moradores e pescadores em uma declaração conjunta. E, para o Ministério Público, existia também uma suspeita inicial de conflito de interesses do órgão ambiental, o que provocou a instauração de sindicâncias em junho de 2010, depois de o documento da Thyssen-Krupp ter sido traduzido. Na assembleia de acionistas do ano seguinte, em janeiro de 2011, o então presidente Ekkehard Schulz respondeu, ao ser questionado, que a CSA teria contribuído com esse dinheiro apenas por ser membro da Federação das Indústrias do Estado do Rio de Janeiro. Não haveria nenhuma relação direta com essa questão. O Ministério Público não aceita até hoje essa argumentação, e mantém a ação contra a empresa devido à suposta prática ilegal de influência sobre os órgãos públicos de meio ambiente.

Pouco antes do Natal de 2010, o segundo alto-forno voltou a ser acionado, apesar de o Inea, a Secretaria de Meio Ambiente e o próprio governador Sérgio Cabral (PMDB) terem prometido o contrário. Isso só foi possível porque Cabral assinou um decreto autorizando as atividades da empresa. Conforme se noticiou, o peemedebista temia que a Thyssen-Krupp demitisse oitocentos trabalhadores caso o alto-forno não pudesse ser religado. Pouco antes, o órgão ambiental exigiu uma auditoria com duração de sessenta dias para investigar os níveis de poluição de maneira independente antes que o segundo alto-forno, com produção anual de mais de 2,5 milhões de toneladas, pudesse ser colocado em operação.

Poucos dias depois do acionamento, porém, a poeira voltou a atingir os moradores. Isso demandou uma reação emblemática dos órgãos públicos. Enquanto a inspeção ambiental não tivesse sido concluída, a CSA não receberia autorização para funcionamento, disse o então secretário de Meio Ambiente, Carlos Minc. Depois desses novos problemas, o Inea deu à CSA um prazo de trinta dias para que chegasse a uma solução "definitiva" do problema. A então secretária de Meio Ambiente do Rio de Janeiro, Marilene Ramos, substituta de Minc, declarou que a empresa sofreria uma pena grave em caso de reincidência, e expressou profundas dúvidas sobre a localização da siderúrgica: "Já ficou provado que não é compatível que uma usina funcione tão próximo de uma comunidade que já estava instalada na região."

A Thyssen-Krupp só pôde acionar o segundo alto-forno, conforme autorizado pelo decreto do governador, depois de a consultora norte-americana CH2M HILL ter determinado, numa curta auditoria, uma série de condições. Segundo a empresa, a quantidade de produção de ferro-gusa dos altos-fornos, bem como o uso de valas de emergência, deveriam se orientar pela direção do vento. "Se a direção do vento apontar para Santa Cruz, a CSA deve reduzir imediatamente as taxas de fundição de ferro nas valas de emergência para um mínimo." Uma operação corrente de altos-fornos, sinterização de minério e siderúrgica, orientada conforme a direção do vento? Ninguém em Santa Cruz, Sepetiba e cercanias acredita que tal requisito seja seguido na prática. As valas de emergências existem para emergências, que não podem ser orientadas conforme a direção do vento.

A LONGA SAGA DA LICENÇA DE OPERAÇÃO NÃO CONCEDIDA

A legislação ambiental brasileira é muito detalhada. Segundo a Constituição de 1988, para qualquer grande obra, é necessário que se formule um parecer sobre o impacto ecológico a pedido da firma interessada antes que os órgãos estaduais e nacionais competentes coloquem em trâmite o processo de licenciamento, que tem três fases: a licença prévia, a licença de instalação e a licença de operação definitiva. Além de todas essas autorizações e da entrega de outras estimativas de impacto ecológico e acordos de compensação social e ambiental, deve-se fazer audiências públicas conforme previsto em lei, que determinam que as comunidades e as pessoas afetadas sejam previamente consultadas. Mas, lendo com cuidado todos os artigos da lei, tudo não passa de aparência. Foi a Secretaria do Meio Ambiente, sob a batuta do cofundador do PV e, depois, filiado ao PT Carlos Minc que a partir de meados dos anos 2000 introduziu a flexibilização da legislação ambiental para declaradamente "facilitar" a vida das empresas. Quando Minc se tornou ministro do Meio Ambiente, no governo Lula, uma de suas primeiras medidas foi "flexibilizar" a interpretação prática das leis ambientais brasileiras. Aquilo que antes necessitava de autorização e apreciação, e recaía sobre a esfera de fiscalização nacional, foi repassado pelo ministério de Minc para os órgãos estaduais, ajudando assim a causar um colapso institucional a partir de 2008. Essa mudança teve como cerne a figura jurídica criada no início dos anos 1990: os Termos de Ajustamento de Conduta (TAC), que serviram para flexibilizar as licenças de construção e de impactos ambientais para grandes projetos, de forma que as empresas, em caso de inobservância dos requisitos e descumprimento dos prazos, pudessem negociar um acordo com os órgãos estaduais. Assim, estendiam os prazos dos — e, segundo os críticos dessa medida, enfraqueciam intencionalmente os — requisitos.

Um estudo preliminar sobre o caso das baías de Sepetiba e Guanabara[257] demonstrou como os TACs são utilizados es-

257 Rodrigo Viegas, Raquel Giffoni Pinto & Luis Fernando Novoa Garzón. *Negociação e acordo ambiental: o Termo de Ajustamento de Conduta* (TAC) *como forma de tratamento dos conflitos ambientais*. Fundação Heinrich Böll: Rio de Janeiro, 2015. Disponível em <http://br.boell.org/pt-br/2015/01/12/negociacao-e-acordo-ambiental-o-termo-de-ajustamento-de-conduta-tac-como-forma-de.>

pecificamente para conceder o aval oficial a esses grandes e controversos projetos que violam requisitos ambientais, como a siderúrgica da Thyssen-Krupp e a refinaria Reduc: um aval abençoado pelos órgãos públicos que esses grandes projetos industriais nunca teriam recebido pelo sistema de três fases, com licença prévia, de instalação e de operação definitiva. Por isso, os críticos chamam os TACs de "licenciamento ambiental *fast food*".

O que isso significou no caso da Thyssen-Krupp?

Assembleia de acionistas da Thyssen-Krupp em Bochum, Alemanha, 21 de janeiro de 2011. Citando a corporação: estamos "firmemente convencidos de ter cumprido todos os requisitos, de modo que em fevereiro de 2011 receberemos a licença prévia, e então talvez em março ou abril de 2011 receberemos a licença de operação definitiva para nossa siderúrgica no Rio de Janeiro, quando os últimos ajustes tiverem sido feitos". Em maio de 2011, a Thyssen-Krupp declarou ao *Financial Times Deutschland*: "Até a concessão da licença de operação definitiva, pode ser que ainda decorra um ano e meio", ou seja, até perto do fim de 2012. Na assembleia dos acionistas de 2013, a Thyssen-Krupp afirmou que tinham sido feitos grandes progressos no Rio de Janeiro, e que seria uma questão de meses para obter da licença de operação. E assim se seguiu: 2014, 2015, 2016... Seis anos de operação a todo vapor da siderúrgica CSA — e tudo sem licença de operação.

A licença prévia expirara no início das obras, pois foi automaticamente substituída pela licença de instalação e construção. Esta seria válida a partir de 2006, mas nunca foi substituída por uma licença de operação. Os furiosos protestos dos moradores cuidaram para que isso não acontecesse, de modo que o tema da poeira que chovia sobre as casas chegou à grande imprensa fluminense, pressionando os políticos e os órgãos públicos. Em 2012, assim, a Thyssen-Krupp estava com um grave problema: a licença de instalação ameaçava expirar em pouco tempo. Segundo a legislação brasileira, uma licença de instalação só pode valer por no máximo seis anos, quando se deve ter o projeto pronto para a licença de operação. Mas a Thyssen-Krupp não estava em condições de obtê-la.

O que fazer? — perguntavam-se políticos, órgãos públicos e a Thyssen-Krupp no início de 2012, quando a maior siderúrgica da América Latina, com seus milhares de empregos, se via ameaçada de fechamento. Era impossível vislumbrar uma licença de operação devido aos persistentes problemas ambientais. Decidiu-se, então, procurar a solução no Termo de Ajustamento de Conduta, que foi assinado entre os órgãos públicos e a Thyssen-Krupp em março de 2012. Com 134 requisitos, determinou-se detalhadamente quais reformas e modificações tecnológicas a empresa teria de realizar dentro de dois anos. Caso não fossem cumpridos, a fábrica seria fechada.

Dois anos se passaram, durante os quais houve duas outras assembleias de acionistas em Bochum. Quando questionada, a diretoria da Thyssen-Krupp respondeu que estava progredindo no cumprimento dos 134 requisitos, e que estava certa de que obteria a licença de operação definitiva ao término do prazo. Em março de 2014, porém, o TAC teve de ser prolongado por mais dois anos. Para a Thyssen-Krupp, isso deve ter sido constrangedor, mas no balanço anual daquele ano já não consta mais a expressão "licença prévia", e sim um "acordo ampliado com os órgãos públicos". Só faltou questionar qual seria a diferença, nos termos da legislação brasileira, entre "acordo com os órgãos públicos" e "acordo ampliado com os órgãos públicos".[258] Quem é

258 "Rede bei der Hauptversammlung der ThyssenKrupp AG 30. Januar 2015", em Kritische Aktionäre. Disponível em <http://www.kritische-aktionaere.de/fileadmin/Dokumente/Reden_2015/Rede_Christian_Russau_Thyssen-Krupp_HV_2015_aktuell.pdf>.

que amplia o quê? Um deles, o acordo público, seria legal, mas o outro passa raspando no teste de observância ao Estado de Direito. Justamente um TAC, que busca ajustar condutas. Em seu relatório anual, a Thyssen-Krupp maquiou a situação da seguinte maneira: "Foi assinado um acordo ampliado com os órgãos públicos ambientais brasileiros para a obtenção da licença de operação, com prazo de validade de 24 meses. Neste meio tempo, serão implantadas medidas e sugestões de melhoria recomendadas pelos órgãos públicos por parte de auditores independentes." É interessante como a terminologia das empresas manipula a realidade. Hoje, se falaria em "fatos alternativos".[259] Não se trata de "sugestões de melhoria", mas sim de claros requisitos dos órgãos públicos que a Thyssen-Krupp deveria acatar dentro de 24 meses, mas que não conseguiu cumprir.

No início de abril de 2016, os órgãos públicos do Rio de Janeiro comunicaram que a CSA receberia uma licença excepcional pelo período de noventa dias para atender aos requisitos restantes. A notícia surgiu poucos dias antes do anúncio de que a Thyssen-Krupp assumiria a participação de 27% da Vale na CSA ao preço simbólico de um dólar em troca da promessa da Vale de ficar com 10% dos 2,6 bilhões de euros de títulos de dívida da siderúrgica. Caso contrário, em 16 de abril de 2016, teria expirado o TAC — já ajustado para o prazo máximo legal de 48 meses. A lei não prevê um prolongamento da tal licença provisória de operação que o TAC representa. Por isso, os órgãos públicos do Rio de Janeiro recorreram à chamada Autorização Ambiental de Funcionamento

259 Referência à expressão *alternative facts*, que ganhou notoriedade nas discussões sobre "pós-verdade" após ser empregada por Kellyanne Conway, conselheira do presidente dos Estados Unidos, Donald Trump, durante uma entrevista ao canal NBC em 22 de janeiro de 2017. Na ocasião, Kellyanne defendeu a declaração falsa de Sean Spicer, porta-voz da Casa Branca, que mentiu sobre o número de pessoas que assistiram à cerimônia de posse de Trump em Washington. [N. E.]

(AAF), que prevê um prazo máximo de noventa dias. A Thyssen-Krupp teria implementado, até então, 95% das exigências.

"Como a Thyssen-Krupp vai conseguir realizar em noventa dias o que não conseguiu em seis anos de operação?", perguntava-se Karina Kato, da ONG Pacs, que há anos apoia os moradores na resistência contra a gigante alemã. "A poeira continua caindo sobre os moradores, e a Thyssen-Krupp segue minimizando os perigos à saúde das pessoas", queixava-se também Gabriel Strautman, que cuida da campanha da Pacs junto com os moradores e os pescadores.

A Comissão Estadual de Controle Ambiental (Ceca) teve de admitir no fim de julho de 2016 que o prazo de noventa dias não seria cumprido. Assim, em 26 de julho de 2016, concedeu à CSA mais sessenta dias. Esse tempo seria necessário para redigir o relatório dos progressos feitos durante o já expirado prazo prolongado de noventa dias, decidiram os órgãos ambientais, conforme informou a Pacs, que estava presente na reunião da Ceca.[260] Não foi dada nenhuma justificativa para a nova extensão do prazo. O pedido não foi feito pela Thyssen-Krupp, mas pelo órgão ambiental do Rio de Janeiro. "Um procedimento inexistente", considera Gabriel Strautman. "Ou seja, enquanto a população não recebe respostas às suas questões prementes de saúde e indenização, o órgão ambiental do Rio de Janeiro concede novamente um cheque em branco à siderúrgica."

Em setembro de 2016, a Ceca concedeu a licença de operação à CSA, apesar do atendimento tardio e até hoje incompleto dos requisitos. O órgão declarou que, se houver alguma irregularidade contra os requisitos legais dentro do prazo de validade

260 "Cheque em branco para poluir: Inea prorroga autorização ambiental da TKCSA", em PACS, 28 de julho de 2016. Disponível em <http://www.pacs.org.br/2016/07/28/cheque-em-branco-para-poluir-inea-prorroga-autorizacao-ambiental-da-CSA/>.

inicial de cinco anos da autorização, a mesma seria revogada. Uma decisão judicial que proibia esse tipo de manobra havia sido derrubada pouco antes.

Não seria o fim da novela. Em dezembro de 2016, a Procuradoria-Geral da República entrou com outra ação contra a siderúrgica. Desta vez tratava-se da acusação de que, pouco antes do Natal de 2010, o governador Sérgio Cabral teria concedido ilegalmente à CSA a autorização especial para acionamento do segundo alto-forno. Os culpados seriam Cabral, seus então secretários de Governo e de Meio Ambiente, Arthur Bastos e Marilene Ramos, bem como a empresa Thyssen-Krupp Companhia Siderúrgica do Atlântico. Essa nova ação juntou-se a outras ações já correntes contra poluição ambiental — e às 238 ações de indenização movidas pelos moradores, devido à poeira, e pelos 5.763 pescadores da região, cuja produtividade foi reduzida em 80% desde a instalação da unidade. A tudo isso se somam investigações sobre milícias e concessão ilegal de benefícios fiscais, além do procedimento do Ministério Público que considera a fábrica ilegal.

Isso é tudo? Não, ainda não.

Quando o Inea concedeu a licença de operação, em 28 de setembro de 2016, um diretor da CSA declarou que a empresa não teria implementado todos os requisitos firmados no TAC, sobretudo os requisitos relativos às questões de saúde. Assim, admitiu-se que a empresa até então não tinha realizado nenhum exame epidemiológico sobre as consequências de suas atividades para a população, e que não fora instalado nenhum sistema de aviso de emergência em caso de acidente. A empresa concordou em colocar à disposição da Secretaria de Saúde do Rio de Janeiro recursos financeiros que seriam destinados à questão, mas os órgãos públicos estaduais não aplicaram o dinheiro. Assim, todo o peso da fábrica continua recaindo sobre os ombros dos moradores.

A SIDERÚRGICA "PESA COMO CHUMBO"

Na assembleia de acionistas de janeiro de 2014, o presidente da Thyssen-Krupp, Heinrich Hiesinger, declarou: "A siderúrgica CSA do Rio de Janeiro pesa feito chumbo na companhia." De fato, a Thyssen-Krupp sabe muito bem o que é chumbo. Mas, se a CSA "pesa como chumbo", não é sobre a empresa. São os moradores das redondezas que diariamente se veem envolvidos em uma nuvem de poeira.

O que os vizinhos da siderúrgica afirmam há muito tempo — e a sede, em Essen, vivia negando — já está mais do que comprovado pela ciência: a fábrica emite poeira com metais pesados que cai como uma chuva fina sobre a região. A poeira não é "só de grafite", como afirmou a Thyssen-Krupp várias vezes. Contém também zinco, silício, sódio, manganês, potássio, cálcio, alumínio, vanádio, titânio, enxofre, fósforo, níquel, magnésio, cobre, cromo, cádmio e chumbo. A composição da poeira foi definida por um estudo da Secretaria de Ambiente do Rio de Janeiro, que começou a analisá-la em 2012 e confirmou sua toxicidade. Os detritos podem provocar asma, câncer de pulmão, problemas circulatórios, malformações e morte precoce.[261] O relatório prossegue indicando que, "devido à exposição ao material particulado de poeira, registra-se um acréscimo de queixas de doenças nas vias respiratórias (asma, bronquite, doenças pulmonares), doenças dermatológicas (eczemas, dermatites e dermatoses),

261 "Relatório reafirma correlação entre material expelido pela TKCSA e impactos na saúde", em Fiocruz, 11 de dezembro de 2014. Disponível em <https://portal.fiocruz.br/pt-br/content/relatorio-reafirma-correlacao-entre-material-expelido-pela-CSA-e-impactos-na-saude>.

oftalmológicas (conjuntivites) e estados de fadiga, estresse, bem como piora em caso de pressão elevada ou diabetes".

Impõe-se a seguinte pergunta: quando é que a legislação finalmente determinará que diretores e conselheiros das companhias que administram tais fábricas devem morar com suas famílias na área atingida pela poeira das siderúrgicas? Por que é que apenas "os outros" são afetados, aqueles que não têm como se defender — os pobres, excluídos da riqueza e do poder, e que ficam distantes das sedes das grandes multinacionais?

A Pacs e a medico international produziram um estudo sobre a situação da saúde no entorno da CSA.[262] O relatório contém uma análise sobre a situação econômica, social e de saúde da população, e conclui que estamos falando de pessoas em situação de extrema vulnerabilidade. Todos os entrevistados no âmbito deste mapeamento de saúde identificaram as atividades da siderúrgica como a origem de seus problemas de saúde. Apenas em meados de 2011 alguns políticos começaram a se pronunciar publicamente pelo fechamento da fábrica da Thyssen-Krupp no Rio de Janeiro. Entre tais políticos, encontram-se alguns que, até então, haviam apoiado o projeto, mas que, com a mudança de postura da imprensa e da população, começaram a mudar de opinião. Claro: depois de uma eleição há sempre outra eleição. Assim, Eduardo Paes (PMDB), prefeito do Rio entre 2009 e 2016, se justifica: "Se eu estivesse na origem do processo decisório da vinda da CSA, talvez não tivesse ajudado a empresa a vir." Segundo ele, a siderúrgica provocou mais problemas que soluções à cidade, razão pela qual, diz, preferiria uma "indústria sem chaminé" — que, na visão dos políticos, seria bem mais

262 "Gesundheitsmapping in Santa Cruz", em medico international, 18 de janeiro de 2014. Disponível em <https://www.medico.de/gesundheitsmapping-in-santa-cruz-14701/>.

interessante para a imagem da metrópole carioca. Agora, a siderúrgica é mais do que constrangedora para os políticos do Rio de Janeiro. E não importa que os mesmos políticos tenham passado os últimos anos apoiando o projeto com generosos incentivos fiscais — e se vangloriando da criação de "milhares de novos empregos". De repente, tudo muda.

Os pescadores artesanais da Baía de Sepetiba foram os primeiros a se manifestar contra a CSA. Protestaram contra as ameaças de morte vindas de milicianos supostamente empregados como seguranças da siderúrgica; contra a perda de produtividade da pesca; contra a poluição da baía; e contra o comportamento arrogante dos executivos alemães, que não os tratavam como pescadores, e a quem parecia indiferente saber como um pequeno pescador pode sobreviver junto ao maior forno siderúrgico do continente. Mas esse parece ter sido o erro mais grave que a Thyssen-Krupp cometeu no empreendimento, que já custou perto de sete bilhões de euros: não ter levado em conta os pescadores e os moradores do entorno. Pois eles não desistem. "Não temos nada a perder", diz o pescador Isac Alves. "Destruíram nossas áreas de pesca e agora querem destruir a saúde e o futuro dos nossos filhos." Isac questiona por que os alemães construíram aquela siderúrgica, e já responde: "Porque, na Alemanha, as leis ambientais são rígidas, e lá não existem só no papel." E completa: "Aqui no Brasil temos leis ótimas, mas elas ficam quase sempre só no papel."

Para a Thyssen-Krupp, o ar no Rio de Janeiro se tornou irrespirável. Depois de muitos anos de perdas bilionárias e prejuízos operacionais, da explosão dos custos devido às reformas da instalação, dos protestos de pescadores, dos moradores e dos grupos ambientais e de direitos humanos, de políticos que se responsabilizam mutuamente, da mídia local que primeiro enalteceu o projeto e depois quis mandá-lo para o inferno, não admira que a Thyssen-Krupp tenha tentado desesperadamente, durante vários anos, vender o atoleiro bilionário chamado CSA. Mas isso em nada muda a situação dos pescadores e dos moradores. Assim, parece que, para as pessoas que residem no bairro de Santa Cruz, na cidade maravilhosa, há apenas uma solução: paralisar a obra. Ali poderia ser instalado um campus universitário voltado à tecnologia e ao meio ambiente. Ou, se não, a fábrica poderia entrar na história como o maior museu a céu aberto sobre megaprojetos industriais fracassados.

A PERIFERIA ESQUECIDA DO RIO DE JANEIRO

Em tese, os Jogos Olímpicos realizados entre os dias 5 e 21 de agosto de 2016, no Rio de Janeiro, deveriam ser "verdes e limpos". Para tal, o Comitê Olímpico Brasileiro prometeu ao Comitê Olímpico Internacional uma redução nas emissões de dióxido de carbono de 16% em relação aos níveis de 2005. Até 2020, a totalidade dos gases de efeito estufa emitidos no perímetro urbano deveria cair em 2,3 milhões de toneladas, 20% a menos que em 2005.

"Preciso limpar essa poeira suja na casa inteira quatro, cinco vezes por dia — e não paro mais de tossir." Seu Raimundo Araújo está furioso. Ele passa a mão no encosto da cadeira e mostra: "É como se eu fosse o empregado deles, como se fosse obrigado a fazer isso. Não sou o empregado deles, mas me vejo obrigado a tirar a poeira todos os dias. E por causa deles! Essa poeira vai destruindo a gente — eu, minha família, meus vizinhos e meus amigos." Aposentado, seu Raimundo morou a vida toda em Santa Cruz. "Há seis anos, tudo mudou completamente de um dia para o outro", diz. A casinha onde ele vive fica bem em frente às instalações da CSA. "Essa siderúrgica aí gera tanta poeira..." A distância é de 250 metros.

Quanto mais fala, mais furioso Seu Raimundo parece. Ao mesmo tempo, fica com os olhos marejados. "Eu mereço ser tratado aqui como um servo sem direitos na Babilônia de Nabucodonosor?" Toda semana, Seu Raimundo frequenta uma das muitas igrejas evangélicas que existem no país inteiro. Talvez por isso, permeia suas declarações com citações bíblicas do Velho e do Novo Testamento. E diz que se sente como Jó, indagando por que ele — logo ele — precisa ser vítima de um monstro de siderúrgica.

Andréa Lucynait tem opinião semelhante. Até 2006, quando a obra começou a ser planejada, diz, "Santa Cruz era um bairro esquecido na periferia da cidade. Com o início da obra, começou a ser um horror para nós." O "horror" a que se refere é a poeira que cai diariamente sobre os moradores do entorno. "Eles penduraram em todo lugar aqueles outdoors com o lema: 'Pensamos no futuro do aço'. Eu não quero pensar no futuro do aço, quero pensar no futuro da vida. O aço não me interessa." Ela tosse. Todos estão tossindo, diz, e ela tem medo. "Tem todos esses casos de doença, de câncer, e não existe nenhum estudo, nenhum relatório que examine isso. Será que esqueceram de nós?" Karina Kato mostra o último exemplar do jornal de bairro que a Thyssen-Krupp distribui gratuitamente. Na parte interna da publicação, impressa em papel de alto brilho, está escrito: "Cuidado com tosse que não para". Seriam conselhos de como se comportar em caso de inspirar poeira da fábrica? "Os sintomas se parecem com os de uma gripe comum, mas podem ser coisa mais séria: tuberculose", diz a notícia da Thyssen-Krupp.

No final de 2011, a direção da empresa foi bem mais radical. Cientistas da Fundação Oswaldo Cruz (Fiocruz) tinham recomendado que os moradores expostos à poeira fossem examinados e tratados ao longo de vários anos a fim de poder avaliar com mais acurácia os riscos à saúde causados pela poeira. A direção da CSA interveio e processou os cientistas por difamação. Isso provocou uma nova onda de protestos no Rio de Janeiro. Será que a siderúrgica e sua trupe de advogados queriam calar a boca de cientistas independentes? Quando o tema chegou à imprensa na Alemanha e foi abordado durante a assembleia de acionistas, a direção executiva no Rio de Janeiro retirou a queixa e propôs um acordo extrajudicial que deu aos cientistas o direito a apresentar os resultados de seus estudos.

Para Seu Raimundo, a questão é clara como água, e só há uma solução: mudar-se. Mas ele não tem dinheiro e quer que os donos da siderúrgica o indenizem. Dona Rosimeri Almeida Lopes tem outra opinião. "Claro que a culpa é da siderúrgica, nem cabe dúvida", explica. "Mas nós estávamos aqui antes. Eles chegaram depois, nunca pediram autorização e agora lançam essa poeira sobre nós, noite e dia, dia e noite. Eles precisam levar essa fábrica para outro lugar." E, se os donos da siderúrgica vêm da Alemanha, Dona Rosimeri, mostrando a poeira que se juntou dentro de sua casa, acha que eles devem levá-la de volta ao país. "Veja!", diz, enquanto segura um ímã sobre a bacia: a poeira sobe e gruda no ímã. "Os caras da siderúrgica dizem que é apenas grafite, o mesmo que tem dentro dos lápis na escola. E ainda dizem que o grafite não adoece a gente!" Ela se altera: "Desde que essa siderúrgica veio pra cá, a minha saúde piorou muito. Se não faz mal, como dizem, por que os trabalhadores aí dentro usam máscara? E nós, que respiramos isso todos os dias?!"

A poeira da siderúrgica não impediu que as autoridades ambientais do Rio de Janeiro declarassem durante a abertura da Olimpíada que tinham alcançado o objetivo de redução de 16% das emissões de dióxido de carbono com relação a 2005.

Como, se é no perímetro urbano da cidade que fica a maior siderúrgica da América Latina, em operação desde 2010, e que emite anualmente mais de 5,7 milhões de toneladas de dióxido de carbono para o ambiente? Como, se, segundo todas as autoridades ambientais, os cariocas — incluindo trânsito, emissões domésticas e industriais — aumentaram suas emissões em 72%? Muito simples: a siderúrgica da Thyssen-Krupp não entrou nos cálculos porque, segundo os órgãos governamentais, pede uma "abordagem diferenciada".

Então aconteceu o que já vinha se anunciando. Em fevereiro de 2017, a Thyssen-Krupp informou a venda da Companhia Siderúrgica do Atlântico à companhia argentina Ternium por 1,5 bilhão de euros, valor que ainda poderia ser corrigido em 900 milhões de euros, segundo a matriz. O jornal *O Globo* mencionou a dívida de 300 milhões de euros que a siderúrgica ainda teria de pagar ao Banco Nacional de Desenvolvimento Econômico e Social (BNDES). Com isso, a Thyssen-Krupp finalizou a dispendiosa aventura Steel Americas. Os custos iniciais de 1,3 bilhão de euros se transformaram em 12 bilhões de euros. A CSA causou uma devastação, e não apenas no balanço da companhia.

O chefe da Thyssen-Krupp Steel à época, Karl-Ulrich Köhler, foi demitido em 2009 por causa do desastre do projeto no Brasil. No final de 2011, Ekkehard Schulz, que foi durante anos CEO da Thyssen-Krupp e em janeiro de 2011 mudou-se para o conselho de administração da empresa, foi obrigado a deixar o cargo. O presidente do conselho de administração, Gerhard Cromme, renunciou em 2013, igualmente pela responsabilidade que teve no "desastre brasileiro".

E os moradores e as moradoras? Ainda correm na justiça 238 pedidos de indenização por danos à saúde dos atingidos. Esses processos continuam, assim como os pedidos de indenização de

5.763 pescadores, que já em janeiro de 2010 levaram seu protesto à assembleia de acionistas em Bochum, mas que nunca receberam nenhuma indenização. Na assembleia de acionistas de 2017, em janeiro, Heinrich Hiesinger foi questionado por uma ativista de Londres sobre o que aconteceria com esses processos caso a empresa vendesse a siderúrgica. A resposta da empresa, via Heinrich Hiesinger: o comprador herdaria essas brigas.

Assim, a Thyssen-Krupp simplesmente varre a poeira para debaixo do tapete. Existe um novo dono da siderúrgica que hoje em dia ninguém gostaria de ter construído. Colocar um ponto final nesta história toda — é isso que também querem os moradores do entorno. Para eles, no entanto, resta a poeira.

6

OS RIOS BARRADOS E MALDITOS DA AMAZÔNIA

Além de "siderúrgicas, siderúrgicas, siderúrgicas", o desenvolvimento precisa também de energia. Este é o mantra repetido eternamente por aqueles que propagam o desenvolvimento como crescimento econômico aliado à eletrificação a qualquer custo. Os defensores do modelo não permitem a existência de modos de vida alternativos, como o dos povos indígenas, dos ribeirinhos ou de comunidades de subsistência: em nome do progresso e em troca do pagamento de indenizações, sacrificam a diversidade social e cultural. No Brasil, os governos dos últimos anos — em qualquer lado do espectro político — viram na Amazônia uma grande fonte de eletricidade. A floresta deveria ser palco de hidrelétricas superdimensionadas, que produziriam gigawatts e terawatts para todo o país. A região já abriga uma série de grandes usinas. E, nos próximos anos, há planos de construir mais sessenta.[263] O resultado são reassentamentos forçados de milhares de pessoas, e destruição de modos de vida tradicionais. Além, é claro, de desmatamento.

263 Tina Kleiber & Christian Russau. "Der Belo-Monte-Staudamm und die Rolle europäischer Konzerne" [A barragem de Belo Monte e o papel das empresas europeias], em *GegenStrömung*, 2014. Disponível em <http://www.gegenstroemung.org/web/blog/neues-dossier-der-belo-monte-staudamm-und-die-rolle-europaeischer-konzerne>.

BELO MONTE, E COMO AS EMPRESAS ALEMÃS ENVOLVIDAS REAGEM ÀS CRÍTICAS

A terceira maior hidrelétrica do mundo, Belo Monte, instalada no Rio Xingu, está sendo colocada em operação aos poucos. Durante muitos anos, as pessoas afetadas pela barragem, ribeirinhos e indígenas, juntamente com grupos de direitos humanos e ambientalistas, bem como vários procuradores altamente engajados, lutaram contra o empreendimento. Até agora as temíveis consequências de Belo Monte para o ser humano e para a natureza provaram-se verdadeiras: cerca de quarenta mil pessoas foram obrigadas a se realojar em casas que não correspondem aos padrões prometidos, distantes de transporte público e sem opções próximas de trabalho; o sistema de esgoto de Altamira não foi concluído, e a cidade, que sofreu uma explosão demográfica durante a construção da usina, corre o risco de se transformar em uma imensa cloaca durante as cheias do Rio Xingu; várias obras, como escolas e hospitais, não foram concluídas dentro do prazo ou não receberam os equipamentos prometidos; e, com a conclusão da barragem, uma taxa de desemprego até então inédita na cidade fazem com que Altamira esteja à beira do caos social: atualmente, o índice de homicídios no município supera a média nacional e se equipara ao de Honduras, que ostenta as maiores cifras de assassinato em todo o mundo. Toneladas de peixes mortos retirados do Xingu nos meses anteriores à inauguração, pescadores artesanais e pescadores de peixes ornamentais famintos, temendo pelo futuro da sua profissão; aldeias indígenas que não receberam as prometidas medidas de proteção e de compensação determinadas judicialmente, e que eram "pré-condição" para o início da obra, em 2011. Todos esses temores se confirmaram. Indígenas, procuradores, pescadores, moradores das cercanias e pequenos comerciantes estão furiosos — e se sentem traídos.

A luta contra a usina está perdida. Acima dos meandros da Volta Grande do Rio Xingu, erguem-se as quilométricas paredes da barragem do canal de Belo Monte, colocando-se como uma advertência para todos que lutaram contra a construção. No Brasil, a maioria dos políticos e economistas nunca quis ouvir as críticas das comunidades locais, rechaçando-as com argumentos de que o país precisa de energia, de que os indígenas eram "obstáculos ao desenvolvimento" (palavras do ex-presidente Lula) ou de que os ambientalistas e opositores a Belo Monte recebiam "ordens do estrangeiro" (palavras de Aldo Rebelo, membro do PCdoB, ex-ministro do Esporte, ex-ministro de Relações Institucionais, ex-ministro da Defesa).

Grupos e organizações não governamentais ativos no exterior, como a International Rivers e a Amazon Watch, dos Estados Unidos, o Planète Amazone, da França, e a Belo-Monte-Netzwerk (Rede Belo Monte), da Alemanha, uniram-se em uma campanha para confrontar as empresas estrangeiras que participaram diretamente da construção da usina. Enquanto a Amazon Watch e a International Rivers protestavam nas assembleias gerais da General Electric — que adquiriu o fabricante de turbinas francês Alstom — e a Planète Amazone protestava contra a empresa francesa Engie — antigamente GDF Suez e EDF —, os ativistas da Alemanha se concentraram em 2013 na fabricante de turbinas VoithHydro, uma *joint venture* de Voith e Siemens, e nas seguradoras e resseguradoras de Belo Monte, como a Allianz e a Companhia Resseguradora de Munique (Munich Re ou Münchener Rückversicherungsgesellschaft).

O auge dessa campanha internacional foi a participação de ativistas do Brasil, dos Estados Unidos e da Alemanha na assembleia geral anual da Siemens em janeiro de 2014.[264] Só que ativistas de direitos humanos e ambientais geralmente não são acionistas. Como, então, entrar na assembleia para confrontar os executivos? Simples: comprando uma única ação. Dentre centenas de milhões de ações, uma única certamente não tem peso na votação, mas a legislação alemã define que cada acionista tem direito a se pronunciar durante dez minutos, e não importa quantas ações possua. Os ativistas se aproveitam disso, pois nesses dez minutos quem ouve não é apenas a assembleia de acionistas, que chega a reunir dez mil pessoas, mas também os diretores e os presidentes da empresa. Eles podem ser diretamente questionados e estão *obrigados* a responder a qualquer pergunta.

A Voith reagiu quando os ativistas protestaram em 20 de junho de 2012 — época em que estavam sendo abertos os trabalhos da Conferência das Nações Unidas sobre Desenvolvimento Sustentável, a Rio+20 — com cartazes em frente ao portão de sua fábrica na cidadezinha de Heidenheim, na Alemanha, e distribuíram material informativo aos trabalhadores confusos. Como mero fornecedor, a Voith "não seria o destinatário certo para muitos aspectos da discussão". Ao mesmo tempo, a empresa "ainda seria da opinião de que as vantagens da proteção do clima e da geração confiável de energia elétrica superariam os prejuízos decorrentes de grandes obras de infraestrutura como esta, por meio de intervenções no ecossistema e dos efeitos sobre as pessoas que moram na região".[265]

Devido à sua participação no projeto de Belo Monte, a

---

264 Para informações sobre protestos, pedidos reconvencionais e comunicados de imprensa ocorridos em janeiro de 2014 durante a assembleia dos acionistas da Siemens, ver *Kritische Aktionäre*. Disponível em <http://www.kritischeaktionaere.de/siemens.html.>

265 Carta resposta da Voith Hydro à *GegenStrömung*, 19/12/2012.

Siemens, que possui 35% das ações na *joint venture* conduzida com a Voith, a VoithHydro, também se viu publicamente confrontada com as críticas durante as assembleias de acionistas em 2013, 2014, 2015 e 2016. Em 2013, ativistas da organização Robin Wood escalaram o Estádio Olímpico de Munique para pendurar um cartaz de protesto,[266] e na entrada representantes da Belo-Monte-Netzwerk recebiam os acionistas com panfletos e banners com o lema "Nenhum lucro às custas da Amazônia e das pessoas". Representantes da Netzwerk fizeram discursos exigindo que essas demandas fossem levadas diretamente à diretoria e ao conselho supervisor da empresa.

"Belo Monte é o golpe mortal no coração dos povos indígenas do Xingu", explicou o bispo de Altamira, Dom Erwin Kräutler, durante a assembleia de acionistas. A declaração de Kräutler foi lida por uma representante da Netzwerk. As empresas europeias obtêm "lucros astronômicos com esse projeto insano", e precisamente por isso, segundo o bispo, Belo Monte não é eticamente defensável. Dom Erwin Kräutler recebeu em 2010 o prêmio Right Livelihood Award, uma espécie de "Nobel alternativo", graças à sua atuação em prol dos direitos humanos na região do Xingu. "Cada empresa que participa de Belo Monte assina como corresponsável essa catástrofe ambiental e de direitos humanos", denunciou.

Os ativistas instaram a Siemens a "sair do projeto", uma vez que "uma empresa como a Siemens também deve respeitar os padrões internacionais de meio ambiente e direitos humanos".

---

266 Rudolf Stumberger. "Proteste gegen Staudamm-Bau. Siemens-Hauptversammlung in München von Kritischen Aktionären heimgesucht" [Protestos contra construção de barragem. Assembleia-geral da Siemens em Munique castigada por acionistas críticos], em *Neues Deutschland*, 24 de janeiro de 2013. Disponível em <http://www.neues-deutschland.de/artikel/810828.proteste-gegen-staudamm-bau.html>.

Assim, finalmente tiveram de ser criadas estruturas que excluíssem a participação futura da empresa em projetos deletérios como Belo Monte. Depois da palestra, os ativistas entregaram ao presidente do conselho consultivo, Gerhard Cromme, um abaixo-assinado com quarenta mil adesões contra as empresas envolvidas na hidrelétrica.[267] O então presidente da Siemens, Peter Löscher, respondeu de maneira evasiva às perguntas e às acusações ao dizer que a Siemens não era parte do consórcio que construiu a barragem, ignorando a participação da corporação nas instalações da usina por meio da *joint venture* com a Voith.

Em janeiro de 2014, a aliança dos grupos que protestavam contra a participação da Siemens em Belo Monte já era bem maior. Mônica Soares Brito, do Movimento Xingu Vivo para Sempre, viajou do Brasil para a Alemanha, e da Europa e dos Estados Unidos chegaram ativistas da Amazon Watch e da Planète Amazone, para mostrar que não deixariam de criticar a participação da Siemens no projeto da hidrelétrica. Em 2015, Belo Monte voltou a ser um tema na assembleia dos acionistas da empresa — e também em 2016, quando o Greenpeace participou do encontro. A Siemens sempre respondeu com evasivas, ressaltando que possuía apenas uma participação minoritária de 35% na VoithHydro, não podendo, portanto, ser o primeiro alvo das críticas.

A Münchener Rückversicherungsgesellschaft — ou Munich Re, maior resseguradora do mundo — também foi criticada nas assembleias de acionistas devido ao seguro emitido para Belo Monte entre 2013 e 2016. Graças a ele, a empresa foi excluída do índice de sustentabilidade Global Challenges Index "por

267 "Belo Monte: Euer Profit zerstört unser Leben", petição da organização Rettet den Regenvald e.v. [Salvem a Amazônia], sediada em Hamburgo. Disponível em <https://www.regenwald.org/aktion/876/belo-monte-euer-profit-zerstoert-unser-leben>.

infrações ambientais".[268] Confrontado diretamente com críticas e acusações, o presidente Nikolaus von Bomhard não teve como não reagir: chamou Belo Monte de um "projeto monstruoso", indicando que não seria simples sair de um contrato de seguros como esse sem mais nem menos. No ano seguinte, no final de abril de 2014, Von Bomhard deu um claro passo atrás. Ativistas ambientais da ONG alemã Urgewald desmascararam as "diretrizes" da companhia com um simples "catálogo de perguntas" lido pela ativista Barbara Happe. Assim, soube-se que Belo Monte não tinha sido apenas um mero deslize dentro dos negócios "tão limpos" da Munich Re, que também tem participação em outras barragens bastante controversas, como a Usina de Santo Antonio, no Rio Madeira — um projeto cuja sustentabilidade ambiental fora declarada insuficiente pelo Supremo Tribunal Federal depois da maior enchente da história de Porto Velho, mas que foi concretizado mesmo assim. Além disso, a diretoria da Munich Re declarou que continuariam fazendo resseguros em projetos de grandes barragens no Brasil.

A assembleia de acionistas da Allianz realizada no início de maio de 2013 coincidiu com as ocupações do canteiro de obras de Belo Monte por mais de 150 indígenas da etnia Munduruku.[269] No final de 2011, a Allianz havia assumido 5% do seguro da construção de Belo Monte, cerca de oito bilhões de euros, contra quaisquer riscos. Com isso, segundo cálculos das organizações reunidas na Belo-Monte-Netzwerk, a Allianz cobre riscos de construção no valor de cerca de 400 milhões de euros.

---

268 "Global Challenges Index der Börse Hannover: Im zweiten Quartal weiterhin im Plus", em Global Challenges Index, 8 de março de 2012. Disponível em <http://gcindex.boersenag.de/de/news.php>.

269 Christian Russau. "Besetzung von Belo-Monte-Baustelle beendet" [Uso do canteiro de obras de Belo Monte terminou], em *Amerika 21*, 13 de maio de 2013. Disponível em <https://amerika21.de/2013/05/82807/ende-besetzung-belo-monte>.

As organizações veem nisso uma violação dos critérios de sustentabilidade tão elogiados pela própria Allianz. Verena Glass, do Movimento Xingu Vivo para Sempre, descreveu Belo Monte como "um ataque massivo à sobrevivência de milhares de pessoas numa das regiões com maior biodiversidade do mundo". Ela falou a cerca de 3.500 acionistas da Allianz sobre o perigo de expulsão de até quarenta mil pessoas e as violações cometidas pelo consórcio empresarial e pelo governo brasileiro. Num primeiro momento, a Allianz ficou na defensiva. Os problemas advindos de grandes projetos seriam compensados pelas vantagens da produção de energia benéfica para o clima, disse a seguradora. Além disso, argumentaram seus executivos, o Brasil é um Estado de Direito e, se o governo e os órgãos públicos autorizaram o projeto, não há implicação nenhuma contra a participação da empresa.

Contudo, a Allianz questionou claramente o Estado de Direito no caso da barragem de Jirau, no Rio Madeira, obra que também foi assegurada pela empresa alemã. Em 2011 houve enormes protestos de trabalhadores contra as condições degradantes de trabalho e os baixos salários no canteiro de obras. O dano material causado pelos protestos chegou a estimados 550 milhões de dólares, que a seguradora simplesmente não quis pagar. Para tanto, recorreu a um tribunal internacional na Grã-Bretanha.[270] As seguradoras e resseguradoras ofereceram cerca de 100 milhões de euros à usina, e a jurisprudência do tribunal privado em Londres

270 Christian Russau. "Hoffentlich Allianz versichert... und mit privatem Schiedsgericht doppelt abgesichert! Ganz ohne Verträge im TTIP-Style: Wie Versicherer und Rückversicherer juristischen Streit zwischen Grossbritannien und Brasilien säen" [Com sorte a Allianz cobre... e duplamente segurado com um tribunal particular! Sem contratos no estilo TTIP: como seguradoras e resseguradoras semeiam conflitos jurídicos entre a Grã-Bretanha e o Brasil], em *GegenStrömung*, 10 de setembro de 2015. Disponível em <http://www.gegenstroemung.org/web/blog/hoffentlich-allianz-versichert-und-mit-privatem-schiedsgericht-doppelt-abgesichert/>.

decidiu a favor da proposta. No caso de Belo Monte, a Allianz sempre chamou a atenção para a eficiência do Estado de Direito no Brasil — no caso de Jirau, não queria se fiar dele.

Seguradoras e resseguradoras alemãs possuem todas as condições de criar para si critérios realmente robustos em questões de sustentabilidade e respeito aos direitos humanos. Mas o antigo presidente da Allianz, Michael Diekmann, tem um lema: "se estou satisfeito comigo mesmo, não entendo porque os outros não estejam."[271] Diekmann dizia que a Allianz estava orgulhosa de sua política ambiental, mas afirmou que a crítica dos acionistas críticos e das ONGs o teria estimulado a repensar posições. "A primeira reação espontânea da nossa parte foi defensiva. Logo ficou claro que, apesar de todo nossos sinceros esforços, talvez tenhamos sido um pouco oportunistas."[272] O resultado foi que, a partir de 2012, a Allianz reestruturou seus critérios para meio ambiente, sociedade e governança e, em junho de 2016, publicou seu novo quadro normativo.[273] Segundo o documento, a empresa considera as barragens como um dos treze "setores sensíveis" definidos para sua atuação. No futuro, a decisão sobre a participação da Allianz em projeto de hidrelétricas deverá levar em conta as posições da Comissão Mundial de Barragens, do Protocolo de Avaliação de Sustentabilidade de Hidrelétricas e os padrões internacionais de direitos humanos.

---

271 Herbert Fromme. "Grüner Wandel. Passend zum 125. Firmengeburtstag gibt sich die Allianz selbstkritisch und bekennt sich zum lange unterschätzten Thema Klimaschutz. Auch Konzernkritiker werden gelobt" [Virada verde: em seu 125º aniversário, a Allianz faz autocrítica e se revela no tema por muito tempo subestimado da proteção climática: críticos da empresa também são elogiados], em *Süddeutsche Zeitung*, 22 de abril de 2015. Disponível em <http://www.sueddeutsche.de/wirtschaft/allianz-gruener-wandel-1.2446791.>

272 *Idem.*

273 "Allianz ESG Integration Framework", 26 de junho de 2016. Disponível em <https://www.allianz.com/v_1467708774000/media/responsibility/documents/Allianz_ESG_Integration_Framework_2016.pdf>.

Os projetos serão submetidos a um processo de rastreamento em que serão apurados os riscos que representam à biodiversidade, à governança, às comunidades locais, às áreas protegidas, à reputação da empresa e aos direitos trabalhistas. O direito de povos indígenas ao consentimento livre, prévio e informado, como determina a Convenção 169 da Organização Internacional do Trabalho (OIT), passou a ser reconhecido pela Allianz. Será interessante observar como a empresa reagirá em cada caso. Os resultados concretos só serão mostrados pela atitude da empresa no futuro.

A PAREDE VERMELHA NO XINGU

Março de 2016, Volta Grande do Rio Xingu. Samambaias e musgos, bromélias e orquídeas cobrem o chão, aráceas e filodendros disputam o solo com dendezeiros, lianas enredadas se dependuram ao longo das cascas das poucas árvores restantes de jatobá e babaçu, e acima de todas ergue-se imponente a castanheira. Então a floresta se abre, dá espaço a uma pastagem e aparece uma parede: um imenso muro vermelho que superaria a altura das castanheiras se elas ainda existissem por ali.

Nesta parte, a parede tem 65 metros, enquanto as copas de árvores poupadas pelo desmatamento não passam de 25 metros. A cor vermelha vem da terra, colocada sobre as camadas de concreto, entulho e areia para permitir o crescimento de plantas nativas. A parede é a superfície inclinada do dique externo identificado com o número 6C, o mais alto da usina, e que faz fronteira com o flanco sul da represa. Belo Monte, a terceira maior barragem do mundo. Deve criar postos de trabalho. Estimular o desenvolvimento. Resolver o problema energético do Brasil inteiro. É o que afirmam seus apoiadores. Os críticos rebatem, dizendo que a eletricidade gerada pela usina vai alimentar a voraz fundição de ferro e alumínio no Pará e no Maranhão, voltadas à exportação, e os distantes centros urbanos no Sudeste do país.

Poucos quilômetros adiante, outro pedaço mais ou menos intacto de mata. Depois dele, antigas pastagens passam perto de plantações de dendezeiro. Mas depois a floresta é cortada de uma vez, como por uma lâmina. Um traçado de mais de cem metros de largura, que se perde no horizonte. Aqui estão as torres elétricas de alta tensão, alinhadas em quatro fileiras paralelas, que correm para o sul do país. Trezentos metros adiante, outro canal corta a paisagem, também em direção ao sul. Homens em macacões sobem e descem das torres, aparafusando peças. Chamam uns aos outros e acenam ao veículo que para. Posam para uma foto lá nas alturas. Com muito gosto. Sorriem.

Zé Carlos não sorri. Está furioso, mas ainda assim tenta se expressar de maneira clara. Precisa resumir em poucos minutos o que aconteceu em sua aldeia algumas semanas atrás. Até agora, ninguém falou sobre isso, simplesmente porque nunca nenhum jornalista perguntou. Zé Carlos é o cacique da Terra Indígena Arara, localizada na margem direita da Volta Grande do Rio Xingu, um meandro natural de cerca de cem quilômetros, descendo o rio no primeiro estágio da barragem de Belo Monte, Pimental, e avançando rio acima a partir da casa de turbinas principal. Para encurtar o curso do rio, a operadora da barragem e as empreiteiras cavaram um canal com vários quilômetros que conduz a maior parte da água do rio para uma nova represa de cerca de quinhentos quilômetros quadrados, onde a barragem 6c contém a água. No final de fevereiro de 2016, o lago da barragem, que se estende até a hidrelétrica principal, estava cheio até a borda. Havia chovido tanto que a barragem encheu a olhos vistos, mais rápido do que os engenheiros tinham planejado. Ou os engenheiros erraram feio nos cálculos.

Na aldeia arara vivem mais de cem pessoas que se comunicam com o mundo exterior através do rádio. A conexão é estabelecida sempre entre oito e onze horas da manhã, e às três da tarde. Zé Carlos tem um celular que de vez em quando pega. Há algumas semanas, estava na cidade de Altamira, algumas horas de barco rio acima, para conseguir mantimentos para a aldeia. À noite, tocou o telefone. Um funcionário da Norte Energia ligou para lhe comunicar que iriam abrir naquele momento as comportas da primeira etapa da barragem, Pimental, e soltariam na Volta Grande tanta água que o nível do rio subiria rapidamente. Pediu que Zé Carlos avisasse os moradores.

"Eu disse: 'Norte Energia, agora estou em Altamira'. Eu perguntei à Norte Energia no telefone: 'Não dá pra fazer isso amanhã? Hoje não consigo chegar na aldeia e avisar as pessoas, se fizermos isso amanhã de tarde, não tem problema'. E a resposta da Norte Energia: 'Sem chance. Temos que fazer isso agora'", conta Zé Carlos Arara para a procuradora Thaís Santi, que grava o depoimento. Depois do telefonema, Zé Carlos estava extremamente agitado. Abrir as comportas sem avisar os moradores da aldeia? Ficou muito inquieto, não conseguia dormir. "Levantei de manhã bem cedo e tentei descobrir o que tinha acontecido. Às oito da manhã consegui contatar a aldeia pelo rádio. Eles me contaram então que de noite toda a água do rio desceu e muitas coisas foram arrastadas pela enxurrada. Barcos, motores, redes, tudo que estava ali. O que não foi carregado foi destruído." As pessoas fugiram, em pânico. Pensaram que a barragem havia se rompido. Em Pimental, as barragens têm onze metros de altura, e mais adiante, rio acima, os diques chegam a cinquenta, sessenta metros. No dique 6c, atinge 65 metros. Nem é bom imaginar o que aconteceria se um deles apresentasse rachaduras.

“Isso mostra claramente que a Norte Energia age de maneira irresponsável. Eles não têm nem o menor plano de comunicação em caso de emergência. E isso afeta toda a Volta Grande”, diz a procuradora Thaís Santi. “Durante a construção de Belo Monte foi estabelecido desde o começo que, logo depois da licitação, quem recebesse a licença para construção da represa teria que começar com a implantação de um plano para proteger as populações indígenas. Isso tinha que ter acontecido já em 2010”, conta a procuradora. No Rio Xingu, segundo o plano de proteção, há mais de trinta aldeias indígenas. “Mas até hoje não foi feito absolutamente nada.”

O que se implantou foi uma política de *computer, cars and cash* [computadores, carros e dinheiro], como comenta Todd Southgate, um documentarista canadense que está concluindo no Xingu a sua longa observação de Belo Monte. No final de 2016, Todd apresentou seu filme *Belo Monte: depois da inundação* a indígenas e ribeirinhos.[274] Os “presentes” enviados pela Norte Energia afetaram a autonomia das comunidades, segundo Southgate. Se, antes, as populações tradicionais conseguiam tirar seu sustento do Rio Xingu, agora bebem refrigerantes em garrafas PET, assistem aos programas das grandes emissoras e só comem peixe se forem à cidade comprar filés congelados no supermercado.

Além de impactarem o modo de vida indígena, os motores de popa, os carros, as motonetas, a gasolina, as tevês de tela plana e os computadores que a Norte Energia distribuiu nas diversas aldeias ao longo do Xingu como indenização pela construção de Belo Monte provocaram brigas. “Antes, éramos dezoito comunidades. Depois vieram os regalos da Norte Energia e houve inveja e briga entre os diferentes grupos, e alguns se separaram”,

274 Para mais informações sobre o filme, ver <http://www.belomonteafterthetflood.com/index_port.html>.

diz Gilliard, cacique juruna na pequena aldeia Muratu. Hoje são 45 comunidades, segundo ele. O antigo lema de dividir para conquistar?, pergunto. "Sim", diz Gilliard, "essa foi a estratégia, quiseram nos separar para enfraquecer a nossa resistência."

Para a procuradora Thaís Santi, a situação é ainda mais grave. "As investigações do Ministério Público Federal revelaram que os efeitos da construção da barragem não foram minimizados, como prometido, mas, ao contrário, se expandiram. Todos os documentos, todos os depoimentos de testemunhas e de pessoas afetadas, e todos os estudos da Fundação Nacional do Índio (Funai) fornecem a mesma imagem: em Belo Monte temos um etnocídio." A procuradora faz uma pausa. Não é fácil verbalizar uma acusação de etnocídio. "Belo Monte é um etnocídio conduzido pelo Estado brasileiro e pela Norte Energia, operadora da barragem, que faz chegar aos indígenas doações que os deixam dependentes do Estado e da empresa. Com isso, a estrutura social e cotidiana das aldeias foi destruída. O que está acontecendo aqui é uma ruptura total do ciclo da vida, da alimentação, do mundo do trabalho dos indígenas", diz.

Antes de se tornar procuradora, Thaís Santi trabalhou como professora universitária na área de Filosofia do Direito. Sua dissertação de mestrado versou sobre a teoria desenvolvida por Hannah Arendt em *As origens do totalitarismo*, de 1951. Ela conta que discutia com seus estudantes sobre um mundo às margens da legalidade, um mundo do terror, que passou a vivenciar quando assumiu o cargo no Ministério Público Federal em Altamira. Segundo a procuradora, Belo Monte mostra o lado extremo do Direito flexibilizável. A usina fere a Constituição e viola os direitos das comunidades locais, mas nos tribunais o que vale não são as leis, é a força. "A operadora argumenta com dados sobre tudo o que foi gasto na obra, sobre quantos trabalhadores e trabalhadoras perderiam seus empregos. Mas tudo isso não é Direito nem lei. A existência de Belo Monte pertence ao mundo aterrorizante dos fatos, em que tudo é possível, em que já não existem os limites criados pelo Direito. Belo Monte só existe em um mundo onde tudo é possível."

O Ministério Público Federal interpôs 25 ações contra Belo Monte. Algumas conseguiram deter temporariamente a construção da barragem, mas sempre havia um juiz em Brasília que revogava a suspensão e protelava as ações. E isso sem que as questões apontadas tenham sido analisadas juridicamente. A interdição dos procedimentos do Estado de Direito é feita por meio de decretos advindos da ditadura. Os direitos dos afetados são soterrados pelo chamado "interesse nacional", a chamada "suspensão de segurança". O "interesse nacional" está acima do interesse das comunidades estabelecidas ao longo do Rio Xingu. Talvez dentro de alguns anos os processos judiciais sejam concluídos e as violações causadas por Belo Monte, punidas. Mas então a barragem já estará em operação, produzindo energia para o "interesse nacional", e uma desconstrução será impossível, graças à força dos fatos.

Enquanto isso, o alcoolismo aumentou drasticamente entre os indígenas da região. "Os homens saíam cedo para pescar, bem cedo mesmo. Hoje muitos deles se levantam tarde, e dá pra ver a ressaca na cara deles", queixa-se Leiliane Juruna, liderança da aldeia indígena de Muratu, na Volta Grande, que, cercada por crianças da aldeia, pendura roupas na área coberta atrás da casa, bem protegida da garoa. Quando acaba o serviço, Bel, como é conhecida, vê Gilliard chegar com o fruto minguado de sua pescaria. "Desde que levantaram a barragem, os peixes ficaram raros." No início de 2016, o Instituto Brasileiro do Meio Ambiente e dos Recursos Naturais Renováveis (Ibama) constatou que dezesseis toneladas de peixe morreram em decorrência da construção de Belo Monte.

Bel e Gilliard não têm muito tempo. Em duas horas chegará uma visita à aldeia de Muratu. Victoria Tauli-Corpuz, relatora especial das Nações Unidas sobre os direitos dos povos indígenas, conhecerá em primeira mão as consequências de Belo Monte sobre a vida dos Juruna. A conversa durará uma hora. Depois de passar por Muratu, Tauli-Corpuz ainda tem uma reunião com a Norte Energia. Ambos os lados querem e devem ser ouvidos. Começa a chover. Uma chuva forte. E então chega a informação de que o avião que trazia a relatora especial das Nações Unidas não pôde pousar em Altamira devido ao mau tempo, e precisou seguir voo até Belém. Lá sua comitiva fretou uma pequena aeronave para que ela possa encontrar os indígenas. Quatro horas e muita chuva depois, a caravana internacional aparece. Viaturas com policiais fortemente armados escoltam — três na frente e duas atrás — o veículo 4 × 4 que traz os representantes da ONU. Ágeis, os policiais saltam dos veículos, colocam-se em semicírculo em torno dos carros e mantêm as armas automáticas cruzadas frente ao peito.

Bel e Gilliard Juruna se dirigem à relatora cortando as fileiras de policiais e ela se aproxima, abraçando-os calorosamente. O comandante da polícia manda os soldados para a beira do rio e explica a Bel e Gilliard que a presença policial trata-se "apenas de segurança preventiva". Perto de cinquenta pessoas se reúnem sob um telhado de palha. Os tradutores distribuem fones de ouvido para os recém-chegados das aldeias vizinhas de Paquiçamba e Furo Seco. Depois de uma saudação a todos os presentes, Tauli-Corpuz se apresenta: "Sou indígena, venho de uma região montanhosa nas Filipinas, onde nos anos 1970 e 1990 uma grande usina hidrelétrica ameaçava a vida de trezentas mil pessoas." Apesar do Estado de exceção vigente na época, os indígenas se organizaram "para evitar que as nossas terras fossem represadas e nossos campos de arroz ficassem debaixo d'água". Apesar das mortes e das torturas, os índios venceram. "Nós obrigamos o Banco Mundial a se retirar, e o governo teve que parar o projeto em 1986. Eu queria contar isso a vocês."

Em seguida, ela escuta durante uma hora os relatos dos indígenas, com atenção e paciência. A equipe olha o relógio, preocupada com o cronograma. A conversa com a Norte Energia já foi cancelada. Tauli-Corpuz prefere ouvir o que os indígenas têm a dizer. Bel e Gilliard Juruna relatam os muitos "presentes" que receberam da empresa, as consequências do consumismo e o fim da pescaria, os peixes mortos, o nível sempre inconstante do Rio Xingu, que agora depende da abertura e do fechamento das comportas de Belo Monte. Contam como a vida mudou, dizem que a Norte Energia trouxe eletricidade, mas que os indígenas não têm como pagar as horrendas contas de energia que chegam a cada mês. Falam das audiências realizadas pela Norte Energia, das poucas oportunidades que tiveram de se manisfestar e da total irrelevância que suas posições tiveram na tomada de decisões. Isso é o que mais inquieta a relatora da ONU. De acordo com a Constituição de 1988 e com a Convenção 169 da OIT, lembra, as populações indígenas devem ser ouvidas sobre projetos que causam impactos a seus territórios e modos de vida. O governo federal afirma ter realizado audiências suficientes. Além disso, em uma interpretação *sui generis* da lei, defende que os índios não foram diretamente afetados, uma vez que nenhuma aldeia foi inundada pela barragem.

A Procuradoria da República, porém, enxerga as coisas de outra forma. As audiências foram anunciadas e realizadas de maneira juridicamente duvidosa, frequentemente sob intenso esquema policial, intimidando as pessoas afetadas. Além disso, a Convenção 169 não prevê meramente que os indígenas sejam ouvidos: exige o seu *consentimento*. É sobretudo esse último ponto que ainda se encontra numa zona cinzenta. Belo Monte reduzirá a vazão do Rio Xingu em até 80% ao logo de centenas de quilômetros, e justamente na Volta Grande, onde suas águas não são apenas fonte de alimento para os indígenas, mas também fonte de água potável, meio de transporte e geladeira natural. Os índios não verão suas aldeias alagadas, mas serão diretamente afetados pelas alterações no curso do rio. Portanto, seu direito ao consentimento prévio é indispensável. Daí que, os procuradores caracterizem a construção da barragem como um "ataque à Constituição brasileira".

"O que está acontecendo aqui não é apenas um ataque físico, mas sim um ataque à cultura de vocês", diz Victoria Tauli-Corpuz depois de ouvir pacientemente os Juruna. Sussurros de concordância se espalham sob o telhado de palha. "Se vocês perderem a identidade cultural, a identidade de vocês como indígenas está ameaçada. O que vocês fazem ao protestar está correto, pois assim defendem todas as gerações futuras."

A equipe lembra à relatora das Nações Unidas que o cronograma saiu completamente dos trilhos, e ela indica que pretende ficar ainda mais tempo na aldeia. Mas os sinais do comandante da polícia são claros. Precisam estar na cidade antes do pôr do sol. São orientações da própria ONU. Então os policiais retomam as rédeas. Com metralhadoras cruzadas frente ao peito, escoltam a saída de Tauli-Corpuz e sua comitiva. Motores rugem, e a caravana sobe o morro até a estrada de terra, as viaturas à frente e atrás do carro alugado pela ONU, piscando luzes vermelhas, até desaparecer no entardecer da floresta.

DESRESPEITO SISTEMÁTICO

Um mês e meio depois, 5 de maio de 2016. No Rio Xingu, atrás da Volta Grande. Após um sobrevoo de helicóptero sobre a obra, a presidenta Dilma Rousseff inaugura a primeira turbina da usina, rasgando elogios às suas dimensões faraônicas. "Esta obra é tão grande quanto este povo. Ela é grandiosa. É uma obra grandiosa. É a melhor forma de descrever Belo Monte: grandiosa." Logo após o discurso laudatório, vai embora. Muitos outros compromissos a esperavam em Brasília. Eram dias turbulentos para o seu governo. Seria demais pedir que tivesse reservado um tempo para conversar com os moradores do Xingu, que vivem dia após dia o outro lado dessa "grandiosa" história. Dilma teria tido a oportunidade de perguntar às cerca de quarenta mil pessoas realocadas à força como estavam vivendo; teria conseguido encontrar os moradores das casas provisórias, gente que residia perto do rio e que vivia da pesca, e que agora vive na periferia de Altamira, onde não há ônibus nem trabalho. Teria podido perceber a opressão das monótonas casas enfileiradas. Teria visto o desespero dos pescadores que tentam persistir na atividade, mas que tiram do rio peixes mortos. Teria conseguido saber o que significa para uma cidade sem saneamento básico assistir à sua população crescer cerca de 50% em poucos anos. Teria escutado as histórias dos indígenas que recebem generosos pacotes de comida e de consumo como compensação pela perda de seu modo de vida tradicional, e assim talvez tivesse recebido uma sugestão: converse com os médicos e enfermeiras da região, que podem lhe falar sobre o enorme aumento de casos de diabetes e pressão alta entre indígenas graças aos refrigerantes que passaram a ser consumidos pela comunidade como se fossem água. Dilma também teria podido conversar com as mulheres de Altamira, que lhe contariam sobre o aumento da violência sexual na cidade. Mas a presidenta não fez nada disso. Festejou a barragem, e foi embora.

Os moradores do Xingu estavam acostumados com esse

tipo de comportamento. Brasília nunca se interessou pela população amazônica, dizem. Assim fica mais fácil entender por que o mais importante movimento de resistência contra Belo Monte, o Xingu Vivo para Sempre, publicou uma carta aberta poucos dias antes da votação do *impeachment* no Senado, acusando o comportamento ambíguo da presidenta:

> Você veio ao nosso território inaugurar uma obra corrupta em sua raiz. Uma obra que enriqueceu de forma criminosa seus ex-aliados (e hoje inimigos). Vendeu caro as nossas vidas para canalhas que hoje cospem nos pratos de porcelana chinesa em que comeram o que você lhes serviu, enquanto nós começávamos a passar fome e frio. Que tipo de pessoa sente imenso orgulho de algo assim? Hoje você disse "eu sou vítima de uma injustiça", e reclamou de ritos ilegais que te atingem; mas tratou com escárnio dezenas de processos jurídicos contra Belo Monte, inclusive na Comissão Interamericana de Direitos Humanos da Organização dos Estados Americanos, a quem apelou quando se sentiu ameaçada em seu poder. Você fala em golpe do Congresso contra a sua pessoa, mas fez com que todas as nossas frágeis possibilidades de defesa no Judiciário fossem anuladas por meio da AGU, via nefastas Suspensões de Segurança. Entre você e nós, não temos dúvida de quem foi mais privado de Justiça. Hoje você sobrevoou nosso rio, Dilma, mas obviamente não viu nem cheirou a podridão das centenas de toneladas de peixes mortos que a sua usina produz diariamente, e que geraram multa milionária à sua Norte Energia. Não se importando, você se ateve a falar tolices sobre preservação do meio ambiente.[275]

---

275 "Fazem com você o que você fez conosco; mas nem assim, Dilma...", em Movimento Xingu Vivopara Sempre, 5 de maio de 2016. Disponível em <http://www.xinguvivo.org.br/2016/05/05/fazem-com-voce-o-que-voce-fez-conosco-mas--nem-assim-dilma/>.

Apesar da aparentemente profunda incompreensão de Dilma em relação aos movimentos sociais contrários a Belo Monte, eles sempre se fiaram no Estado de Direito e na participação democrática, sobretudo nas semanas em que a Câmara e o Senado preparavam o caminho para o golpe parlamentar contra a presidenta. Será que, enquanto maltratava os movimentos sociais com sua política desenvolvimentista descompromissada com a Amazônia, Dilma percebeu tarde demais que tinha se metido com as pessoas erradas? Mesmo assim, muitos movimentos sociais lutaram até o final para que Dilma não fosse destituída. E isso não por que passaram a aprovar sua política para a Amazônia, mas por apreço à democracia.

O governo golpista de Michel Temer quer não apenas continuar os projetos amazônicos levados a cabo pelas administrações petistas, mas expandi-los. O Congresso mais conservador das últimas décadas deve ajudar a que sejam erguidas novas barragens nos rios Tapajós, Juruena e Teles Pires. Essas barragens, porém, serão provavelmente transponíveis: não porque os governantes tenham se dobrado às reivindicações ambientalistas e incluído no projeto rotas de passagem para evitar que os peixes sejam esmagados pelas turbinas, mas porque eclusas serão construídas para permitir que navios graneleiros carreguem a produção de soja no Mato Grosso pelos rios amazônicos até o Atlântico, de onde será exportada. O Congresso já fez as contas: a hidrovia propiciará uma economia de 41% no transporte de soja.[276]

---

276 "Navegação em trechos dos rios Tapajós, Teles Pires e Juruena é aprovada em comissão", em *Câmara Notícias*, 9 de novembro de 2015. Disponível em <http://www2.camara.leg.br/camaranoticias/noticias/transporte-e-transito/499590-navegacao-em-trechos-dos-rios-tapajos,-teles-pires-e-juruena-e-aprovada-em-comissao.html>.

BELO MONTE E MUNICH RE

Belo Monte é uma velha conhecida. Desde os primeiros projetos, em meados dos anos 1980, quando o plano da barragem ainda era chamado de Kararaô, houve maciços protestos por parte de defensores do meio ambiente e comunidades atingidas. As manifestações foram tão grandes que o Banco Mundial se distanciou do empreendimento, que, com isso, foi esquecido. Mas sairia da gaveta no início dos anos 2000, reduzido a duas barragens e renomeado como Belo Monte. Foi sobretudo o governo Lula que tocou a iniciativa, a partir de 2006. A obra começou em 2011, com a participação de empresas alemãs, como vimos.

Entre elas, a resseguradora Munich Re é uma das mais empolgadas. "A resseguradora cobre tudo, desde o primeiro serviço de engenharia até a última máquina fornecida", diz Rodrigo Protásio, vice-presidente da JLT Re, que também participa do projeto. A Munich Re assumiu 25% da soma do resseguro[277] para a construção de Belo Monte e, com isso, o papel principal no consórcio de resseguro, recebendo por isso cerca de 15,5 milhões de euros em prêmios por um período de quatro anos.[278] O resseguro de Belo Monte compreende o período de construção, estimado em nove anos, e na época "oferecia cobertura total, no valor de 7,6 bilhões de euros".

As resseguradoras desempenham um papel importantíssimo em grandes obras. Não há barragem sem financiamento, e não há financiamento sem seguro. Nenhuma instituição

---

277 "BB Mapfre lidera seguro de Belo Monte", em *Valor Econômico*, 11 de julho de 2011. Disponível em <http://www.valor.com.br/arquivo/897629/bb-mapfre-lidera-seguro-de-belo-monte>.

278 "Munich lidera resseguro de Belo Monte", em *Valor Econômico*, 15 de junho de 2011. Disponível em <http://www.valor.com.br/arquivo/893273/munich-lidera-resseguro-de-belo-monte>.

financeira aceita o risco de ficar desamparada e arcar com todos os custos em caso de acidente. Ativistas contrários à realização de megaempreendimentos geralmente *superestimam* o papel do financiamento e *subestimam* o papel das seguradoras e resseguradoras, que, com seu *modus operandi*, expandiram os negócios para além da área de seguros. O envolvimento da Munich Re com o projeto da usina hidrelétrica de Bujagali, em Uganda, é um exemplo. "A usina hidrelétrica de Bujagali é um projeto enorme", escreveu a própria empresa. "A Munich Re esteve envolvida desde o início para garantir o financiamento. Graças à Munich Re, um parceiro confiável, a construção do projeto pôde começar."[279]

Há anos, grupos alemães de ambientalistas e de direitos humanos começaram a fiscalizar as atividades da Munich Re em Belo Monte. Confrontado publicamente pela primeira vez em abril de 2013 com críticas e acusações durante a assembleia anual de acionistas, o presidente da empresa, Nikolaus von Bomhard, lembrou que a Munich Re confia no Estado de Direito brasileiro, na rígida legislação ambiental do país e na avaliação de riscos feita pela própria empresa. Além disso, respondeu que seguia as diretrizes da Comissão Mundial de Barragens, criada em 1998 e inaugurada em 2000, por iniciativa do Banco Mundial e da União Internacional para a Conservação da Natureza, após enormes protestos contra grandes barragens em vários países. No processo de discussão participaram construtoras, operadoras e fornecedoras de barragens, mas bancos privados e seguradoras ficaram de fora — e escapam de qualquer poder regulador ou fiscalizador da comissão. Por isso, é confortável para o presidente da Munich Re dizer que a empresa respeita suas diretrizes.

---

279 *Idem.*

Fragilidade, incoerência e uma ampla margem de interpretação dos autocomprometimentos e das diretrizes voluntárias — práticas comuns entre as seguradoras e resseguradoras — não contribuem para que os projetos em que se envolvem respeitem os direitos humanos, sociais e ambientais. O Instituto Leibniz para Ecologia Aquática e Pescaria Interna (IGB) estima que nas próximas duas décadas possam ser construídas 3.700 grandes barragens em todo o mundo.[280] O setor de hidrelétricas passa por um verdadeiro *boom*, com grandes projetos em andamento no Brasil, na Colômbia, no Peru, na Índia, no Congo, na China, na Turquia, nos Bálcãs, na Malásia e no Laos, por exemplo. E os críticos veem uma correlação direta entre o número crescente de megausinas e o aumento das violações de direitos humanos fundamentais das pessoas atingidas.

BARRAGENS VERDES?

Segundo uma apresentação da própria empresa, a Munich Re alertou o mundo pela primeira vez sobre os problemas decorrentes da "mudança climática" em 1973. Em um comunicado de 2016, a companhia diz: "Mudança climática — um tema que também afeta a nós. Há mais de quarenta anos a Munich Re trata do tema da mudança climática, dos seus efeitos para a companhia de seguros e dos riscos e oportunidades resultantes."[281] Na assembleia de acionistas de 2014, com as declarações do presidente Nikolaus von Bomhard, a empresa havia sido ainda mais enfática: "Como

280 "Global boom in hydropower expected this decade" [Boom global de hidrelétricas esperado para esta década], em IGB, 24 de outubro de 2014. Disponível em <http://www.igb-berlin.de/press_releases_details/items/global-boom-in-hydropower-expected-this-decade.html>.

281 "Klimawandel. Ein Thema, das uns alle betrifft" [Mudança climática. Um tema que afeta a todos nós], em Munich Re. Disponível em <https://www.munichre.com/de/group/focus/climate-change/index.html>.

agentes sujeitos a riscos, realmente não precisamos temer que os riscos desapareçam do mundo: economias globalizadas e densamente interligadas, tecnologias complexas, mudanças demográficas e desastres naturais criam uma alta demanda no negócio de seguros."[282] A ameaça das mudanças climáticas justifica, assim, o envolvimento da Munich Re em grandes barragens. E não importa que sejam duramente criticadas. A Munich Re admitiu publicamente, já em 2009, que "não interessa quão eficientes e grandes sejam os projetos de hidrelétricas, eles sempre têm grandes efeitos sobre o ambiente. Paisagens fluviais naturais são afetadas, os habitats de pessoas, a fauna e a flora são modificados".

Ou seja: a crise ambiental exige a geração de energia "limpa", como as hidrelétricas, que são uma máquina de produzir riscos, e riscos produzem dinheiro para as seguradoras. Ou, nas palavras da Munich Re, os negócios hidrelétricos "criam uma enorme demanda por seguros, que a empresa pode cobrir com sua grande capacidade. Com muitos anos de experiência em riscos envolvidos na construção de hidrelétricas no Brasil e outros locais no mundo, a Munich Re pode contribuir para tornar o uso da energia hidrelétrica seguro e sustentável, impedindo futuramente novas emissões de gás carbônico".[283]

O presidente Von Bomhard usou o mesmo tom durante as assembleias de acionistas em 2013, 2014, 2015 e 2016, quando perguntado a respeito da barragem de Belo Monte. Admitiu que era um "projeto monstruoso", como já vimos, mas que, em face da

---

282 "Munich Re schüttet mehr als 1,25 Mrd. € an Aktionäre aus" [A Munich Re despeja mais de 1,25 bilhão de euros nos acionistas], em Munich Re, 30 de abril de 2014. Disponível em <https://www.munichre.com/de/media-relations/publications/press-releases/2014/2014-04-30-press-release/index.html.>

283 Munich Re. *Munich Re Renewables. Our contribution to a low-carbon energy supply*. Munique, 2009, p. 39. Disponível em <https://www.munichre.com/site/touch-publications/get/documents_E178227533/mr/assetpool.shared/Documents/5_Touch/_Publications/302-05955_en.pdf#page=41>.

mudança climática, atestou que "as vantagens da produção de energia amigável para o clima superariam as suas desvantagens".

E isso apesar de já existirem há muito tempo estudos científicos apontando para as proporções desastrosas de metano e óxido de nitrogênio produzidas pelas barragens, sobretudo nas regiões tropicais;[284] e apesar de cientistas como Philip Fearnside, do Instituto Nacional de Pesquisas da Amazônia, avisarem há anos que Belo Monte, na primeira década de operação, produziria mais gases de efeito estufa do que toda a cidade de São Paulo, pois a biomassa submersa apodrece e lentamente se transforma em metano — que é 22 vezes mais danoso ao clima do que o dióxido de carbono. Assim, é um erro pensar que as grandes barragens da Amazônia seriam benéficas ao clima.[285]

Recentes pesquisas científicas revelaram também que a emissão de metano por área do reservatório de Belo Monte é cerca de 25% maior do que se considerava até então.[286] Mas esses argumentos parecem não interessar à Munich Re. Na assembleia de acionistas de maio de 2016, Von Bomhard declarou que as pesquisas provinham de uma minoria de cientistas, e que a Munich Re iria confiar nos 95% de pesquisadores que defendem as barragens como alternativas para a produção de energia elétrica benéfica para o clima. Nikolaus von Bomhard só não esclareceu de onde tirou esses percentuais nem quem são esses cientistas.

284 Philip Fearnside. "Greenhouse Gas Emissions from a Hydroelectric Reservoir (Brazil's Tucurui Dam) and the Energy Policy Impactions" [Emissões de gases de efeito estufa de uma represa hidrelétrica (barragem Tucuruí no Brasil) e os impactos na política energética], em *Water Air and Soil Pollution* 133(1) : 69–96, janeiro de 2002. Disponível em <https://www.researchgate.net/publication/226151950_Greenhouse_Gas_Emissions_from_a_Hydroelectric_Reservoir_Brazil%27s_Tucurui_Dam_and_the_Energy_Policy_Impactions>.

285 Philip Fearnside. "Belo Monte e os Gases de Efeito Estufa. 17: Implicações para a política de desenvolvimento". Disponível em <http://estaticog1.globo.com/2010/05/globoamazonia/belomonte17implicacoesparapolitica.pdf>.

286 Oxford Journals, Science & Mathematics. *BioScience*, 66(11), 2016, pp. 949–64.

Já não espanta que a Munich Re proclame em alto e bom som *"Let the water flow!"* [Deixe a água fluir],[287] não em referência aos rios que correm livremente, mas à canalização dos rios por turbinas de acionamento de geradores. Assim, é apenas coerente que a Munich Re atue como resseguradora no mundo todo, em projetos de grandes barragens extremamente controversos. A Munich Re, quando perguntada pelos Acionistas Críticos sobre quantas e quais barragens pertencem à sua carteira de clientes, recusou-se a responder por motivos de "confidencialidade".[288] Assim, os únicos projetos hidrelétricos em que sabidamente a Munich Re está envolvida são aqueles que as queixas da sociedade, os acidentes e as catástrofes — Bujagali, em Uganda; Zagorsk PSP-2, na Rússia; Hidrosogamoso, na Colômbia; ou Teles Pires, Santo Antonio e Belo Monte, no Brasil — fizeram com que os casos fossem investigados e publicados pela imprensa.

Mas, às vezes, o comportamento dos próprios executivos da empresas não colabora com a versão da Munich Re. Assim aconteceu na assembleia de acionistas em 2015, em Munique. Primeiro, os diretores tiveram de engolir as acusações de serem hipócritas, uma vez que apoiam a recuperação do Rio Isar, em Munique, ao mesmo tempo em que asseguravam os riscos de projetos que estavam arruinando grandes rios amazônicos.

Depois, Verena Glass, do Movimento Xingu Vivo para Sempre, fez a seguinte pergunta para a diretoria: "Em Teles Pires as empreiteiras explodiram uma enorme cachoeira: essa cachoeira se chamava Sete Quedas. As Sete Quedas eram o lugar

---

287 Munich Re. *Munich Re Renewables. Our contribution to a low-carbon energy supply*, *op. cit.*

288 Durante sua assembleia de acionistas de 2015, a Allianz pelo menos mencionou que assegurava um total de 89 barragens 2014. No entanto, assim como a Munich Re, também se recusou a informar os nomes e locais por motivo de "confidencialidade com os clientes".

mais sagrado para os indígenas Kayabi, Apyaka e Munduruku. Como os senhores reagiriam se uma empreiteira chegasse com tratores e botasse abaixo a Frauenkirche de Munique?"

O presidente von Bomhard ficou sem resposta.

7

LAVOURA PARA O MERCADO MUNDIAL

Quinta-feira, 11 de agosto de 2016. Enquanto atletas do mundo inteiro se enfrentam nos Jogos Olímpicos do Rio de Janeiro, uma multidão se reúne para lutar pela própria vida em frente ao prédio da embaixada alemã em Brasília, a 1.150 quilômetros de distância. São duzentos indígenas das etnias Pataxó Hã-Hã-Hãe, Tupinambá, Kaingang, Guarani Mbya, Gavião, Gamela, Krikati, Macuxi, Mura, Kambeba e Maraguá, além de quilombolas e pequenos pescadores de várias regiões do Brasil. O recado é claro:

"Viemos até a embaixada da Alemanha [...] para manifestar o nosso entendimento de que, ao importar esses produtos oriundos do agronegócio do Brasil, a Alemanha está contribuindo para fortalecer esse setor agressivo e violento contra nossos direitos, nossas lideranças, nossas vidas", escrevem os povos indígenas na carta aberta entregue à representação diplomática. "Muitos países, de modo particular a Alemanha, importam as *commodities* produzidas por esse setor extremamente agressivo aos direitos humanos e, em especial, agressivo e violento contra nós, indígenas, quilombolas, pescadores e pescadoras artesanais, dentre outras comunidades tradicionais", diz o texto. "Por isso, pedimos que o senhor embaixador leve ao conhecimento das demais autoridades políticas da Alemanha a informação desta nossa visita à embaixada e as preocupações e angústias que nos motivam a fazer esta visita e lhe entregar este documento. Com o devido respeito, sugerimos que o senhor convide os representantes do Instituto Pensar Agropecuária (IPA), das associações de produtores das respectivas *commodities* importadas do Brasil pela Alemanha, da Frente Parlamentar Agropecuária (Bancada Ruralista), da Confederação Nacional da Agricultura (CNA) para conversar, e manifeste a eles a preocupação da Alemanha com o respeito aos direitos humanos dos povos originários, quilombolas, populações tradicionais. Sugerimos ainda que a Alemanha indique aos setores exportadores do Brasil a perspectiva de proceder a revisão e suspensão de contratos de importação de *commodities* agrícolas oriundas do Brasil como medida concreta para nos ajudar a promover a necessária mudança de postura e atuação desses setores exportadores em relação aos nossos direitos, aos nossos povos e às nossas lideranças. Entendemos que essa iniciativa demonstraria a intencionalidade da Alemanha em não compactuar e não colaborar com a morte de nossas lideranças."[289]

Ações semelhantes já tinham sido realizadas no mês anterior, também por representantes de povos indígenas, em frente às embaixadas de Portugal, Rússia, Estados Unidos, Holanda, Canadá, França e China.[290] "Os territórios indígenas continuam sem ser demarcados, grilados por fazendeiros, e isso vem criando um transtorno e uma tristeza muito grandes", disse a liderança indígena da Bahia Nailton Pataxó diante da embaixada, acrescentando: "Há muitos assassinatos em muitas comunidades, muitos estão morrendo por não ter sua alimentação garantida." Iracema Kaingang, liderança da Terra Indígena Borboleta,

---

289 "Ao Senhor Dirk Brengelmann, Embaixador da Alemanha no Brasil", 11 de agosto de 2016. Disponível em <http://cimi.org.br/pub/doc/carta-embAlemanha_08-2016.pdf>.

290 "Indígenas pedem que países suspendam importação de commodities brasileiras", em Cimi, 5 de julho de 2016. Disponível em <goo.gl/xEm6Xh>.

no Rio Grande do Sul, também participou da manifestação,[291] e fez um apelo dramático aos diplomatas alemães: "A soja que plantam, com aquele que nós chamamos de passarinho grande [avião], que larga aquele pó em cima e cai na nossa água, isso já envenena a gente. Eu trabalho com meus chás, meus remédios. Eles nos curam, mas não curam o veneno. Então, para vocês, que são conhecidos desses aí, fazemos um apelo por nossa vida. A gente gosta muito de viver. A gente luta pelos nossos filhos."[292]

De acordo com estatísticas da Organização das Nações Unidas para Agricultura e Alimentação (FAO), o Brasil é o maior produtor e exportador de açúcar, café e suco de laranja.[293] No caso de aves e etanol derivado da cana-de-açúcar, é o maior exportador. No ranking da produção e exportação de soja e carne bovina, ocupa o segundo lugar. É o terceiro maior exportador de cereais. O maior produtor de minério de ferro do mundo é a Vale. As potenciais reservas de urânio do país são as segundas maiores do planeta. No caso do nióbio, um metal raro, o Brasil tem uma fatia de 92% do mercado mundial. Na costa brasileira, no pré-sal, foram descobertas grandes reservas petrolíferas, e em camadas geológicas antes inacessíveis dormitam — de acordo com estimativas da Secretaria de Estado de Energia dos Estados Unidos — sete trilhões de metros cúbicos de gás de xisto.[294]

Depois da China, dos Estados Unidos e da Argentina, a

---

291 "Povos tradicionais protestam na Embaixada da Alemanha por produção sustentável", em *Agência Brasil*, 11 de agosto de 2016. Disponível em <goo.gl/u2a2ap>.

292 "Indígenas, quilombolas e pescadores pedem à Alemanha que não importe produtos de quem agride suas vidas e territórios", em Cimi, 11 de agosto de 2016. Disponível em <goo.gl/AgDaqN>.

293 Para outras estatísticas da FAO sobre o Brasil, ver FAOstat. Disponível em <http://faostat.fao.org/site/339/default.aspx>.

294 Christian Russau. "Bohren, was das Zeug hält. Brasiliens extraktive Industrien wollen den grossen Sprung wagen" [Extrair enquanto for possível: as indústrias extrativas brasileiras querem dar o grande salto], em *Lateinamerika Nachrichten*, nº 459/460, setembro-outubro de 2012. Disponível em <http://lateinamerika-nachrichten.de/?aaartikel=ab-durch-die-roehre>.

Alemanha é o quarto maior parceiro comercial do Brasil. Já para a Alemanha, o Brasil está no 26º lugar.[295] Enquanto a Alemanha exporta prioritariamente bens industriais para o Brasil, as exportações brasileiras são marcadas por matérias-primas. O setor agrícola é responsável por 7% do PIB do país, ao passo que os produtos agrícolas constituem 40% de suas exportações. Segundo as estatísticas mais recentes, os produtos agropecuários perfazem 46,63% de tudo o que o Brasil exportada para a Alemanha, entre os quais se destacam a soja, café em grãos, chá, açúcar e etanol, óleo de palma, celulose, carne bovina, suco de laranja, tabaco e algodão.

O LADO SOMBRIO DO AGRONEGÓCIO

Um em cada dois sucos de laranja consumidos no mundo tem origem no Brasil. O uso intenso de pesticidas traz danos à saúde dos trabalhadores, que sofrem com duras condições de trabalho durante a colheita do cítrico, cuja produção se concentra no estado de São Paulo. Salários baixos, jornadas de até doze horas de trabalho sem descanso, dependentes de intermediários duvidosos e à mercê de pesticidas tóxicos, sem qualquer proteção: esse é o panorama traçado por um estudo das ONGs Christliche Initiative Romero de Münster, da Alemanha, e Global 2000, da Áustria.[296] O estudo analisou a cadeia produtiva do suco de laranja desde o plantio, passando pela colheita, processamento e exportação, até a venda final nos supermercados europeus, topando, no fim da cadeia, com as redes

295 "Statistisches Bundesamt: Aussenhandel. Rangfolge der Handelspartner im Aussenhandel der Bundesrepublik Deutschland" [Ranking dos parceiros comerciais da Alemanha, Instituto de Estatística da Alemanha], Wiesbaden, 2016, p. 2.

296 Christliche Initiative Romero & Global 2000. "Squeeze out: the truth behind the orange juice business" [Espremidos: a verdade por trás do negócio do suco de laranja], 2015. Disponível em <http://www.ci-romero.de/fileadmin/download/presse/Pressemappe_O-Saft_Studie_2015/SC_Squeeze_out_EN.pdf>.

de hipermercados alemãs Aldi, Lidl, Kaufland e outras.

Os empregos na indústria da carne bovina também se caracterizam por condições de trabalho catastróficas que atingem os chamados "boias-frias" e os funcionários de empresas terceirizadas contratadas para os serviços de abate e transporte de animais.[297] Nas fazendas de gado do Brasil — que, com duzentos milhões de cabeças, possui o maior rebanho do mundo —,[298] frequentemente são flagrados trabalhadores empregados em condições análogas à escravidão. No caso da carne bovina, um relatório do Greenpeace constatou em 2009 que as cadeias varejistas Aldi, Lidl e outras vendiam carne procedente de "fazendas ilegais" da Amazônia. Segundo o relatório, a fabricante de carros de luxo BMW e fábrica de materiais esportivos Adidas utilizam couro de procedência duvidosa.[299]

Entre 2001 e 2010, os principais importadores da soja brasileira e de seus derivados (farelo, bolo e óleos) foram a China (98,9 milhões de toneladas), a Holanda (65,4 milhões de toneladas), a França (30,5 milhões de toneladas), a Espanha (23 milhões de toneladas) e a Alemanha (21,8 milhões de toneladas).[300] A soja foi o produto de exportação mais rentável para o Brasil em 2015,[301] quando o país plantou 33 milhões de hectares da leguminosa,

297 Para mais detalhes sobre as condições de trabalho na indústria da carne, ver o documentário *Carne, osso*, de Carlos Juliano Barros e Caio Cavecchini. Disponível em <http://carneosso.reporterbrasil.org.br/o-filme/>.

298 4:You Property Partners PLC. "Brazil's Main Agricultural Products and Exports". Disponível em <http://www.4property.uk.com/brazil/main-agricultural-products-and-exports/>.

299 Gerhard Dilger. "Greenpeace-Report zu Amazonas-Rindern: 'Schmutziges Fleisch' bei Aldi und Lidl. Aldi, Lidl und Makro verkaufen Rindfleisch von 'illegalen' Farmen aus Amazonien, so ein Greenpeace-Report. BMW und Adidas nutzen Leder aus dubiosen Viehbeständen" [reportagem sobre relatório do Greenpeace sobre carne bovina proveniente de fazendas ilegais vendida em supermercados alemães], em *TAZ*, 2 de junho de 2009.

300 WWF. "Produção e exportação de soja brasileira e o Cerrado 2001–2010", 2012, p. 17.

301 Ministério da Agricultura. "Balança Comercial 2015". Disponível em <http://www.agricultura.gov.br/internacional/indicadores-e-estatisticas/balanca-comercial>.

colheu 95 milhões de toneladas e faturou 28 bilhões de dólares. Mais de 50 milhões de toneladas foram vendidos em grãos, 15 milhões de toneladas em farelo e 1,7 milhão de toneladas em óleo. A soja, sozinha, foi responsável por 14,6% da totalidade das exportações brasileiras, medidas por seu valor em dólares americanos.[302] A China importou do Brasil 41 milhões de toneladas de grãos de soja — ou seja, 75% das exportações de soja do Brasil — e os Estados Unidos, 10%. Enquanto a China importa principalmente soja em grão, os países europeus estão mais interessados no farelo, usado como proteína para os rebanhos de animais. Em 2015, a União Europeia comprou 8,3 milhões de toneladas de farejo de soja do Brasil, ou seja, 56,3% do total.[303] Na mesma época, havia na Alemanha 39,6 milhões de galinhas poedeiras, 27,5 milhões de suínos, 12,6 milhões de bovinos e 1,6 milhão de ovinos.[304]

PRESOS NA ARMADILHA DOS AGROTÓXICOS

A agricultura industrial praticada no Brasil se baseia no uso intensivo de pesticidas e herbicidas. Desde 2008, o país é o maior consumidor mundial de agrotóxicos. Em 2009, um bilhão de litros foram pulverizados sobre os cultivos brasileiros. O volume total de agrotóxicos utilizado no país equivale a 5,2 litros por habitante por ano.[305] Cientistas da Universidade de São Paulo

302 "Exportações do complexo soja rendem *us$* 27,96 bi em 2015", em *Canal Rural*, 11 de janeiro de 2016. Disponível em <goo.gl/nhxPt6>.

303 "Soja em números", em Embrapa. Disponível em <goo.gl/XZYxvV>.

304 Instituto Alemão Federal de Estatística (Statistisches Bundesamt). "Tiere und tierische Erzeugung", em DStatis. Disponível em <https://www.destatis.de/DE/ZahlenFakten/Wirtschaftsbereiche/LandForstwirtschaftFischerei/TiereundtierischeErzeugung/TiereundtierischeErzeugung.html;jsessionid=75B9994D9AF390BA16C80449DA6E6B0A.cae1>.

305 "Um atlas de nossa agricultura envenenada", em Abong, 6 de julho de 2016. Disponível em <http://www.abong.org.br/biblioteca.php?id=9482&it=9844>.

calcularam que, nos últimos sete anos, 1,25 milhão de brasileiros foram envenenados por pesticidas e herbicidas. As consequências são graves. Em um estudo abrangente, realizado em 2013, a Agência Nacional de Vigilância Sanitária (Anvisa) encontrou resíduos de agrotóxicos em um terço dos alimentos pesquisados, classificando este estado como "não satisfatório". Em 2011 foi feita uma pesquisa universitária sobre vestígios de pesticidas no leite materno no estado do Mato Grosso,[306] na zona do *boom* da produção de soja. Foram encontrados resíduos de agrotóxicos no leite de todas as mulheres investigadas. Em alguns casos havia resíduos de até seis substâncias químicas diferentes, entre elas o veneno DDE (dicloro-difenil-etileno), um derivado do DDT, proibido há anos no Brasil.

Resíduos de pesticidas, inseticidas e herbicidas também estão disseminados por um dos maiores reservatórios de água doce do mundo, o Aquífero Guarani, que se estende pelo Sul e Sudeste do Brasil, pelo leste do Paraguai, pelo Uruguai e pelo norte da Argentina. Com uma área total de 1,2 milhão de quilômetros quadrados e profundidades de até 1.500 metros, é uma das três maiores reservas de água doce no mundo. No início dos anos 2000, os governos da região entraram em alerta com a notícia de que resíduos de agrotóxicos haviam contaminado o aquífero,[307] e elaboraram um plano estratégico de ação conjunta para combater a disseminação da poluição por produtos químicos e pesticidas no subsolo, bem como para regulamentar e controlar seu uso desenfreado. O programa, que recebe

306 "Studie: Agrargifte in Muttermilch im Bundesstaat Mato Grosso" [Estudo: pesticidas no leite materno em Mato Grosso], em *Amerika 21*, 1º de abril de 2011. Disponível em <https://amerika21.de/meldung/2011/04/27412/agrargifte-muttermilch>.

307 "Pesticidas pueden contaminar el interior del Acuífero Guaraní", em *ABC Color*, 11 de dezembro de 2002. Disponível em <http://www.abc.com.py/edicion-impresa/economia/pesticidas-pueden-contaminar-el-interior-del-acuifero-guarani-676313.html>.

financiamento do Banco Mundial, está em vigor desde 2003.[308] Mas o uso de agrotóxicos só fez aumentar na última década, no rastro do *boom* galopante da soja. São perspectivas nem um pouco animadoras.

O herbicida mais empregado, no Brasil e em outros países, é o glifosato, fabricado pela Monsanto. Todo ano o país aplica 180.000 toneladas do veneno.[309] Só na cultura da soja, são cerca de trinta milhões de hectares pulverizados com o herbicida. Em março de 2015, a Agência Internacional para a Pesquisas sobre o Câncer, vinculada à Organização Mundial da Saúde (OMS), assinou artigo na revista médica *The Lancet Oncology* dizendo que estudos recentes classificavam o glifosato como "provavelmente cancerígeno".[310] Depois dessa advertência, o Ministério Público Federal[311] recomendou à Anvisa banir a substância do Brasil.[312]

As reações da indústria não tardaram: o Brasil teria de importar cereais em vez de exportá-los, empregos na indústria e na agricultura correriam risco, a segurança alimentar estaria ameaçada, disseram. A filial brasileira do gigante alemão da indústria química e de produtos agrícolas, BASF, também se mostrou preocupada. Em meio ao debate sobre o risco de câncer

---

308 "Guarani Aquifer: Strategic Action Program. Argentina, Brazil, Paraguay, Uruguay, 2009", em *Agência Nacional da Água*. Disponível em <http://www.ana.gov.br/bibliotecavirtual/arquivos/20100223172013_PEA_GUARANI_Ing.pdf>.

309 "Uso de agrotóxicos no Brasil mais que dobra em 10 anos, diz IBGE", em *Sul 21*, 20 de junho de 2015. Disponível em <http://www.sul21.com.br/jornal/uso-de-agrotoxicos-no-brasil-mais-que-dobra-em-10-anos-diz-ibge/>.

310 "Carcinogenicity of tetrachlorvinphos, parathion, malathion, diazinon, and glyphosate", em *The Lancet*, 20 de março de 2015. Disponível em http://www.thelancet.com/journals/lanonc/article/PIIS1470-2045(15)70134-8/abstract

311 "MPF reforça pedido para banir glifosato", em *Revista Globo Rural*, 20 de abril de 2015. Disponível em <http://revistagloborural.globo.com/Noticias/Agricultura/noticia/2015/04/mpf-reforca-pedido-para-banir-glifosato.html>.

312 "Campeão mundial de envenenamento: pesticidas intoxicam trabalhadores rurais e contaminam alimentos", em *Ecodebate*, 1º de julho de 2009. Disponível em <https://www.ecodebate.com.br/2009/07/11/campeao-mundial-de-envenenamento-pesticidas-intoxicam-trabalhadores-rurais-e-contaminam-alimentos/>.

causado pelos derivados de glifosato, o diretor de inovação, pesquisa e desenvolvimento, Ademar de Geroni, rechaçou o pedido do Ministério Público Federal. Em entrevista à revista *Globo Rural*,[313] disse que o veto ao glifosato traria graves prejuízos ao agronegócio e à economia do país: "Creio que na área de dessecação é difícil achar uma solução que auxilie o produtor, e seria uma situação de impacto na agricultura, de não controlar as plantas daninhas de forma eficiente, gerando uma queda drástica na produtividade. Não tem como voltar [para a capinação]: só na soja são 31 milhões de hectares", disse Geroni. "Tirando um produto como o glifosato do mercado, a produtividade vai cair cerca de 40%, dependendo do nível de infestação. Sem dúvida, é bastante significativo, inviabilizaria muitas áreas."

A BASF, OS PESTICIDAS E OS HERBICIDAS

Foi como uma bomba no jornalismo econômico — até porque talvez ninguém houvesse imaginado que um dia aquilo pudesse acontecer: em abril de 2011, a BASF e a Shell foram condenadas em terceira instância pelo Tribunal Superior do Trabalho a pagar indenizações no valor total de 1,1 bilhão de reais (naquela época, equivalentes a cerca de 480 milhões de euros) pela contaminação que seus pesticidas ao meio ambiente e a trabalhadores e moradores na região de Paulínia, em São Paulo.[314] A BASF e

313 "'Não tem como voltar para a capinação', diz gerente da BASF sobre herbicidas", em *Revista Globo Rural*, 20 de junho de 2015. Disponível em <http://revistagloborural.globo.com/Noticias/Agricultura/Soja/noticia/2015/06/nao-tem-como-voltar-para-capinacao-diz-gerente-da-basf-sobre-herbicidas.html>.

314 "BASF: 480 Millionen Euro Entschädigung für Arbeiter" [480 milhões de euros em indenizações para trabalhadores], em *Amerika 21*, 7 de abril de 2011. Disponível em <https://amerika21.de/meldung/2011/04/27707/basf-entschaedigung-gericht>.

a Shell eram os donos de uma antiga fábrica da cidade que produziu pesticidas até 2002. Até os anos 1970, a unidade pertencia à Shell. Em 1995, foi comprada pelo conglomerado americano Cyanamid. A BASF adquiriu o complexo em 2000, e logo depois uma ordem judicial obrigou seu fechamento. Os trabalhadores se queixam de terem sido intoxicados por produtos químicos, e dizem que as águas do subsolo teriam sido contaminadas com substâncias cancerígenas. Foram contabilizadas pelo menos 61 mortes, além de casos de câncer, doenças cardiovasculares e outras enfermidades, segundo os funcionários. Na unidade eram fabricadas substâncias altamente tóxicas, como aldrina, endrina e dieldrina. Somente os teores do pesticida aldrina encontrados no solo da fábrica superam em 860 vezes os valores máximos permitidos. A aldrina é um inseticida empregado contra cupins e gafanhotos. Desde 2014, é proibido no mundo inteiro.

Em seu relatório anual de 2011, na rubrica sobre "riscos por processos judiciais", a BASF informou que havia processos individuais e um processo coletivo "para reparação de danos à saúde de antigos funcionários (inclusive terceirizados), seus familiares e filhos".[315] Por causa da ameaça do pagamento de indenizações no valor "de cerca de 490 milhões de euros, além de juros", tudo devido às operações da fábrica de pesticidas, a BASF processou a Shell em 20 de março de 2011, reivindicando que a antiga proprietária indenizasse a totalidade dos prejuízos, que, conforme argumentou, foram "originados de poluição causada pela Shell na planta de Paulínia",[316] isentando a si mesma de qualquer responsabilidade pela contaminação.

A argumentação, porém, não ajudou a empresa. Segundo

---

315 "Relatório anual 2011", em BASF. Disponível em <http://bericht.basf.com/2011/de/anhang/erlaeuterungenzurbilanz/anmerkung24.html>.

316 *Idem.*

determinaram as decisões judiciais, a nova proprietária é tão responsável quanto a antiga. Os departamentos jurídicos das duas companhias resolveram firmar um acordo com as vítimas. Assim, em 2013, tanto BASF quanto Shell aceitaram a sentença do Tribunal Superior do Trabalho, pela qual concordaram pagar uma indenização coletiva de 200 milhões de reais (utilizada para financiar a construção de dois hospitais: um na área rural de Paulínia e outro dedicado ao tratamento do câncer infantil). As empresas pagaram ainda indenizações individuais para 1.068 trabalhadores e trabalhadoras e seus familiares no valor médio de 360 mil reais, com juros e correção monetária. Por fim, as duas multinacionais foram condenadas a pagar o tratamento médico vitalício dos trabalhadores atingidos.

Um pequeno sindicato de trabalhadores da indústria química conseguiu, portanto, vencer dois grandes conglomerados transnacionais. Os sindicalistas obtiveram indenizações individuais para cerca de quinhentos atingidos e seus filhos, além da constituição de um fundo para projetos de atenção e tratamento a doenças laborais.

Aos 62 anos, Francisco Tavares Gomes, conhecido como Tavares, ainda tem saúde. Mas isso pode mudar, pois trabalhou por mais de vinte anos em contato com pesticidas cancerígenos. "Desde 1977, a Shell vinha nos expondo a doze substâncias químicas muito perigosas, que continuavam a ser empregadas na fábrica de Paulínia, apesar de já terem sido banidas no mundo inteiro", explicou, durante visita a Berlim, em novembro de 2016. A empresa não prestou informações suficientes aos trabalhadores sobre os riscos, diz Tavares. À primeira vista, as medidas de proteção pareciam suficientes. "Recebíamos treinamentos e tomávamos vários banhos por dia, trocando sempre de roupa. Mas isso pode até ter piorado tudo, porque a água também estava contaminada. Com a mesma água contaminada cozinhava-se e se fazia café para os trabalhadores. Por isso, era indiferente trabalhar na produção ou na administração." Durante 25 anos, todos os trabalhadores estiveram expostos. Com o passar dos anos, vários adoeceram. Sofriam de conjuntivite crônica ou vômitos constantes. Outros se queixavam de pânico e insônia. Mulheres tiveram filhos com deficiências. Mais de sessenta trabalhadores morreram de câncer.

Antes de ver a fábrica sendo lacrada, em 2002, Tavares e seus colegas nem imaginavam os riscos. Quando começaram a se multiplicar os casos de doença, os trabalhadores passaram a se organizar. Queriam ser indenizados, e sua luta por justiça foi apoiada pelo Sindicato dos Químicos Unificados de Campinas.

Mas vitória dos trabalhadores sobre duas gigantes transnacionais continua amplamente desconhecida pela opinião pública. Segundo Tavares, a imprensa chegou a distorcer informações quando os trabalhadores compraram, com a indenização coletiva das empresas, um barco para levar atendimento médico a comunidades amazônicas. "Chegaram a dizer que o novo navio hospital da Shell havia chegado. Um total desvirtuamento dos fatos. A Shell pagou a indenização, os recursos vieram para o nosso fundo e nós financiamos o navio. Mas a mídia não investigou direito. Ouviu falar algo de 'Shell' e escreveu qualquer bobagem."

A sindicalista alemã Beatrix Sassermann trabalhou por muitos anos na indústria farmacêutica e hoje é ativista na ONG Basisinitiative Solidarität. Junto com Tavares e a ativista sindical Gloria Nozella, Beatrix organizou uma turnê dos sindicalistas de Paulínia por várias cidades alemãs, no final de 2016. "A vitória judicial obtida pelo sindicato e pelos trabalhadores rompe com uma lei anterior que exigia provas de relação causal entre substâncias químicas e uma enfermidade para fins de indenização, o que muitas vezes é bastante difícil", relata Beatrix. "O cerne da argumentação dos colegas brasileiros foi a exposição às substâncias. Ou seja: todos os trabalhadores expostos aos produtos químicos são beneficiados, não apenas aqueles que adoeceram", disse Sassermann.

O pagamento da multa e das indenizações, porém, não parece ter mudado as práticas da BASF. Enquanto os trabalhadores de Paulínia ainda batalhavam na justiça com a empresa, em março de 2010, houve um grave escândalo na fábrica de pesticidas da BASF em Guaratinguetá, também no interior paulista. Funcionários da Agência Nacional de Vigilância Sanitária (Anvisa) promoveram uma investigação nas instalações da empresa com apoio da Polícia Federal. Além de não cooperar com a apuração, a BASF atrapalhou o trabalho das autoridades. "Enquanto os nossos peritos estavam na fábrica, a luz foi desligada, as máquinas pararam de funcionar e os responsáveis se recusaram a assinar os formulários", queixou-se o então diretor da Anvisa, José Agenor Álvares. Como resultado, oitocentos mil litros de herbicidas e pesticidas — incluindo o fungicida Opera, o produto mais vendido pela BASF no Brasil — foram confiscados. Os peritos também constataram que a empresa estava reaproveitando lotes de substâncias vencidas ou sem data de fabricação, e não conseguiu provar que seus produtos haviam passado por controles de produção obrigatórios.[317] Um ano depois, em 2011, os agentes públicos voltaram a multar a corporação pela venda de agrotóxicos com datas de fabricação erradas.[318]

---

317 "Anvisa interdita 800 mil litros de agrotóxicos da Basf em SP", em Instituto Humanitas Unisinos, 9 de março de 2010. Disponível em <http://www.ihu.unisinos.br/noticias/30515-anvisa-interdita-800-mil-litros-de-agrotoxicos-da-basf-em-sp>.

318 "Anvisa autua Basf por reaproveitar lotes de agrotóxicos vencidos", em MST, 19 de agosto de 2011. Disponível em <http://antigo.mst.org.br/node/12310>.

Teriam sido apenas deslizes de um conglomerado normalmente fiel a seus próprios critérios de sustentabilidade, e cuja autopropagandeada missão é "criamos química para um futuro sustentável"?[319] Um olhar mais atento à carteira de produtos da BASF no Brasil revela algumas surpresas. Em sua página na internet,[320] a empresa apresenta os agrotóxicos que oferece ao mercado brasileiro, e esclarece sua composição. Nós cruzamos a lista das substâncias químicas que a BASF afirma utilizar em seus produtos com a lista de substâncias químicas proibidas pela União Europeia.[321] O resultado é que a BASF vende no Brasil herbicidas, inseticidas e reguladores do crescimento em cuja composição podem ser encontradas as seguintes substâncias proibidas nos países europeus: imazetapir, tepraloxidim, imazapir, saflufenacil, imazapic, setoxidina, flufenoxuron, clorfenapir e cianamidas.

Solicitamos que a empresa se pronunciasse a respeito. Eis a resposta: "No caso das referidas substâncias que constam da nossa carteira de produtos, trata-se de substâncias não registradas na União Europeia. A exceção é a substância tepraloxidim; este herbicida, por exemplo, é aprovado na Alemanha. De forma geral, a carteira de produtos da BASF no setor de soluções para a agricultura é feita sob medida para determinados mercados regionais, uma vez que diferentes condições climáticas ou agronômicas geram diferentes necessidades na produção agrícola. Assim, entre outros, existem espécies diferentes de insetos ou ervas daninhas que não ocorrem no território europeu (por

319 "Nachhaltigkeit bei BASF. Chemie, die verbindet — für eine nachhaltige Zukunft" [Sustentabilidade na BASF. Química para um futuro sustentável], em BASF. Disponível em <https://www.basf.com/de/de/company/sustainability.html>. Acesso em 10 de agosto de 2016.

320 "Soluções para Agricultura", em BASF. Disponível em <http://www.agro.basf.com.br/agr/ms/apbrazil/pt_BR/content/APBrazil/solutions/index>.

321 "Plants. EU Pesticides database", em Comissão Europeia. Disponível em <http://ec.europa.eu/food/plant/pesticides/eu-pesticides-database/public/?event=activesubstance.selection&language=EN>.

exemplo, a cigarrinha, da espécie *Nilaparvata lugens*). Também se trata parcialmente de produtos para plantas que, devido às condições climáticas, não podem ser cultivadas na Alemanha (como arroz, bananas, chá etc). Por este motivo, a oferta de produtos pode divergir de uma região para outra".[322]

Mas será que seria apenas uma questão de adequação regional? É curioso ver como a Bayer argumenta de forma bem parecida.

"SE É BAYER, É BOM"

Consta que na famosa Semana da Arte Moderna de 1922 o bibliotecário, jornalista, poeta, compositor e publicitário Bastos Tigre inventou o slogan "Se é Bayer, é bom", que se tornou um dos mais conhecidos na história da América Latina.

Repetimos com a Bayer o mesmo procedimento que fizemos com a BASF, cruzando os dados que constam em sua página na internet e escrevendo um e-mail para o setor de imprensa da empresa, que também vende agrotóxicos (fungicidas, herbicidas, inseticidas e reguladores do crescimento) no Brasil. Encontramos as seguintes substâncias comercializadas no país, mas que são proibidas na União Europeia: carbendazim, ciclanilida, disulfoton, etiprol, ethoxysulfuron, ioxynil, thidiazuron e tiodicarb.[323]

Resposta do setor de imprensa da Bayer: "A lista disponibilizada pelo senhor contém substâncias que são a base de defensivos agrícolas utilizados em importantes lavouras como café, arroz e cana-de-açúcar — plantas que não são nativas da Europa, onde são cultivadas em escala muito reduzida. Por isso, a Bayer

---

322 E-mail da BASF ao autor, 21 de janeiro de 2016.

323 "Produtos", em Agro Bayer Brasil. Disponível em <https://www.agro.bayer.com.br/produtos>.

— também por motivos econômicos — não solicitou a autorização para uso dessas substâncias em países europeus."[324] Esta argumentação bastante astuta da Bayer e da BASF explica por que na página da União Europeia com informações sobre os pesticidas[325] não consta a palavra "proibido", mas sim a expressão "não autorizada".

Mas por que essas substâncias não foram autorizadas? Na lista da Rede de Ação sobre Pesticidas (PAN, na sigla em inglês)[326] de 2015, dedicada aos pesticidas altamente tóxicos, a carbendazina, que é empregada, por exemplo, nos laranjais brasileiros, é definida como mutagênica e tóxica para a reprodução animal. Há vários anos, a rede Coordination gegen Bayer-Gefahren (coordenação contra os perigos da Bayer) aponta enfaticamente para a carbendazina como "tóxica para organismos aquáticos", "passível de prejudicar a criança no útero materno", "capaz de provocar danos hereditários".[327] Na lista da PAN, a disulfotona está na categoria 1A da OMS por sua alta toxicidade.[328] De acordo com as categorias da União Europeia, o ioxynil é classificado como substância que afeta os hormônios e como pesticida da classe II.[329] Ainda de acordo com a lista da PAN, o tiodicarb, o chlorfenapyr e o imazetapir são classificados como "altamente

324 E-mail da Bayer ao autor, 27 de janeiro de 2016.

325 "Plants. EU Pesticides database", *op. cit.*

326 "Highly Hazardous Pesticides", em PAN Germany. Disponível em <http://www.pan-germany.org/gbr/project_work/highly_hazardous_pesticides.html>.

327 "USA: Orangensaft mit BAYER-Pestizid Carbendazim belastet" [Suco de laranja contaminado com o pesticida carbendazim], em CBG, 13 de janeiro de 2012. Disponível em <http://www.cbgnetwork.org/4222.html>.

328 "Disulfoton — Identification, toxicity, use, water pollution potential, ecological toxicity and regulatory information", em PAN Pesticides Database — Chemicals. Disponível em <http://www.pesticideinfo.org/Detail_Chemical.jsp?Rec_Id=PC33305>.

329 "Ioxynil — Identification, toxicity, use, water pollution potential, ecological toxicity and regulatory information", em PAN Pesticides Database — Chemicals. Disponível em <http://www.pesticideinfo.org/Detail_Chemical.jsp?Rec_Id=PC33032>.

tóxicos para abelhas", sendo que o tiodicarb também é apontado pela Agência de Proteção Ambiental (EPA) norte-americana como potencialmente cancerígeno. O tiodicarb — no Brasil, ingrediente do Larvin 800 WG, produzido pela Bayer — é usado na produção de algodão, soja e milho, ou seja, não parece ser uma substância empregada em "plantas não nativas da Europa", como dizem as empresas. Segundo a OMS, o Larvin é um pesticida da classe II,[330] mas antes havia sido colocado na classe I. Como as substâncias não alteram da noite para o dia suas características químicas e tóxicas, é possível que a Bayer tenha modificado a concentração. A própria empresa admite em sua página online que, de acordo com a classificação toxicológica, o Larvin é "extremamente tóxico" e que o efeito ambiental é "perigoso", recomendando o uso no máximo duas vezes por campo e por temporada, e nunca a temperaturas acima de 27 graus Celsius — o que tampouco soa muito estranho para a Europa. Nos Estados Unidos, o tiodicarb foi tirado de circulação por seus riscos à saúde.[331] Por último: o flufenoxuron, comercializado pela BASF do Brasil, acumula-se no ambiente, sendo extremamente tóxico para organismos aquáticos, segundo a lista da PAN.

No final dos anos 1990, mais de trinta cafeicultores de Minas Gerais foram intoxicados, e doze acabaram morrendo. Organizações de trabalhadores rurais estimam que o número de pessoas com problemas de saúde chegue a várias centenas. Associações ambientalistas apontam para graves danos ambientais e a Associação Mineira de Defesa do Ambiente (AMDA) in-

330 "Thiodicarb — Identification, toxicity, use, water pollution potential, ecological toxicity and regulatory information", em PAN Pesticides Database — Chemicals. Disponível em <http://www.pesticideinfo.org/Detail_Chemical.jsp?Rec_Id=PC34586>.

331 Joanne Whalen. "Larvin Insecticide Cancelled", em University of Delaware, 3 de abril de 2014. Disponível em <https://extension.udel.edu/weeklycropupdate/?p=6603>.

cluiu a Bayer na "'lista suja' das dez empresas mais perigosas", diz a Coordination gegen Bayer-Gefahren. O motivo é o pesticida Baysiston, o mais usado nas lavouras de café brasileiras.

O promotor Eduardo Nepomuceno processou a Bayer. "Em um processo civil indenizatório a empresa Bayer é a principal responsável, pelo fato de ter trazido o produto para o mercado", disse o promotor. A Bayer rechaçou as acusações, mas pagou — voluntariamente, como foi enfatizado — o equivalente a cerca de 70 mil euros por meio de um acordo extrajudicial.

"SE É BAYER, É... VENENO"

Em 2001, o Greenpeace publicou um estudo[332] sobre a maior fábrica da Bayer na América Latina, localizada em Belford Roxo, na Baixada Fluminense. Entre outras coisas, a indústria produz plásticos, pesticidas, inseticidas e herbicidas, além de produtos para curtumes, tintas e outras substâncias químicas. O Greenpeace coletou amostras de água e sedimentos nos arredores da unidade — próximo do local onde ficam o incinerador e o aterro de resíduos. Ao longo da fábrica, o Rio Sarapuí segue seu curso tortuoso. Cientistas contratados pela ONG ambientalista coletaram amostras rio acima e rio abaixo, bem como no lugar onde os rejeitos da Bayer são despejados. Outras amostras foram coletadas próximo ao incinerador e ao aterro. A análise foi feita no Departamento de Ciências Biológicas da Universidade de Exeter, na Grã-Bretanha. O resultado: presença de substâncias tóxicas em níveis extremamente elevados.

No caso do zinco, o nível era de 1.884 mg/kg, seis vezes

332 "Poluição por metais e compostos orgânicos associada à unidade da Bayer em Belford Roxo". Greenpeace: Rio de Janeiro, 2000. Disponível em <http://www.greenpeace.org/brasil/PageFiles/4950/bayer_relatorio.pdf>.

acima do normal. De manganês, de 1.048 mg/kg, vinte vezes mais que o tolerável. De cobre, 1.115 mg/kg, trinta vezes mais. E o de mercúrio, 22 mg/kg, ou oitocentas vezes acima do normal. Os dados foram compilados pela Coordination gegen Bayer-Gefahren depois de analisar o relatório do Greenpeace.[333] O teor de mercúrio próximo ao aterro de resíduos atingiu uma concentração máxima de 244 mg/kg,[334] equivalente a doze mil vezes os níveis normais de solos não contaminados.[335] Na amostra de sedimentos também foram encontrados benzenos clorados, PCBs e derivados de DDT. Na amostra de efluentes, benzenaminas e benzenos, entre outros. A análise de sedimentos do aterro, segundo o Greenpeace, revelou elevada contaminação por metais pesados e um grande número de poluentes orgânicos, como PCBs, benzenos clorados e benzenaminas halogenadas.

Concluiu-se que "os processos de tratamento dos resíduos na fábrica da Bayer [em Belford Roxo] não são adequados para separar os metais pesados, levando à contaminação das águas e dos sedimentos do rio".[336] A Bayer reagiu e mandou fazer três pesquisas independentes de esgoto em 2001 e 2002. Resultado: os valores estavam abaixo dos níveis críticos. Em seguida, a corporação questionou os métodos de pesquisa do laboratório contratado pelo Greenpeace. A ONG respondeu: "É preciso considerar que as pesquisas da Bayer se limitaram a analisar o esgoto, sem colher amostras dos sedimentos contaminados. As substâncias encontradas pelo Greenpeace naqueles sedimentos eram tóxicas, de difícil eliminação e biocumulativas. Por isso,

---

333 Jan Pehrke. "Wenn es von bayer ist, ist es Gift", em Stichwort Bayer, número 02/01. Disponível em <http://www.cbgnetwork.org/Ubersicht/Zeitschrift_SWB/SWB_2001/SWB_02_01/Bayer_Brasilien/bayer_brasilien.html>.

334 Greenpeace, *op. cit.*, p. 8.

335 *Idem*, p. 12.

336 *Idem*, p. 16.

exigem atenção e devem ser analisadas em relação com sua fonte".[337] Segundo o Greenpeace, a Bayer não foi capaz de apontar a fonte da contaminação. "A firma nega os danos ambientais e não se sente responsável pelo saneamento e pela compensação do prejuízo. O incinerador continua funcionando, incinerando os dejetos de outras empresas. Um instrumento internacional que regulamentasse a responsabilidade e o comprometimento empresarial poderia ajudar a comunidade local no Brasil a exigir justiça diretamente da sede da Bayer."[338]

Depois da divulgação do relatório do Greenpeace, a Coordination gegen Bayer-Gefahren analisou o estudo e chegou à conclusão de que a empresa "aparentemente faz uso de uma moral dupla (*double standard*) no que diz respeito às regras ambientais", revelando "em que dimensão um *global player* como a Bayer se aproveita dos baixos padrões ambientais dos países mais pobres como vantagem para si, colocando em perigo pessoas, animais e o meio ambiente". Segundo a ONG alemã, portanto, o lema da empresa deveria ser: "Se é Bayer, é veneno".[339]

Já na década de 1970, sindicalistas brasileiros e alemães foram além da campanha de marketing da Bayer em busca de entender como a empresa operava no país. Era uma época de pesados conflitos políticos nas organizações trabalhistas alemãs entre as alas mais combativas e as mais conservadoras do sindicalismo. No setor químico, essa disputa era especialmente aguerrida, culminando, em 1980, com a exclusão de candidatos de esquerda das listas para os conselhos empresariais da Bayer em Leverkusen, da Hoechst em Frankfurt ou da Boehringer em Mannheim. Na fábrica da Bayer em Wuppertal, o conflito no

---

337 *Idem*, p. 26.
338 *Idem*, p. 27.
339 Jan Pehrke, *op. cit.*

interior dos sindicatos chegou ao ápice no fim dos anos 1980. Com o objetivo de enfraquecer a forte corrente sindicalista de esquerda nos conselhos internos das empresas, houve fraudes eleitorais e as eleições foram questionadas judicialmente. Para evitar uma sentença judicial desagradável para si próprio, o poderoso sindicato dos químicos, o IG Chemie, decidiu anular o pleito. Estas lutas, bem como os conflitos em torno de alguns temas, como as políticas ambientais, acabaram levando à criação do Chemiekreis, o Círculo dos Químicos, associação sindical de esquerda, que passou a enfrentar discussões sobre ecologia e solidariedade internacional.

Foi assim que se formaram redes com sindicalistas da fábrica da Bayer em Belford Roxo, onde pouco antes havia sido demitida toda a direção do sindicato, dez operários, todos filiados à Central Única dos Trabalhadores (CUT), e que então eram minoria diante de um sindicato aliado à empresa. Depois de o sindicato alemão conservador IG Chemie fracassar em seus esforços de cooptação, os trabalhadores brasileiros conseguiram entrar em contato com sindicalistas de esquerda das fábricas da Bayer em Wuppertal e Leverkusen graças à mediação de monges franciscanos. Os grupos de esquerda alemães coletaram fundos para os colegas brasileiros e divulgaram o conflito para a opinião pública alemã. Em 1990 ocorreu a primeira visita ao Brasil de representantes sindicais não só das fábricas da Bayer, mas também de outras empresas, como BASF, Merck, Hoechst e Schering. Essa associação solidária sindical aumentou a pressão sobre a Bayer, obrigando a direção a readmitir alguns dos funcionários que haviam sido demitidos. No mesmo ano, sindicalistas brasileiros visitaram a Alemanha, onde relataram detalhadamente os problemas ambientais e de saúde que enfrentavam nas instalações da empresa no Brasil, como intoxicações, doenças, explosões na fábrica e a poluição dos rios vizinhos. Este contato se manteve ativo durante muitos anos, melhorando o nível de conhecimento e entendimento dos alemães em relação às fábricas de Belford Roxo. E isso teve consequências.

Em 9 de outubro de 1995, o *Frankfurter Allgemeine Zeitung*, um dos maiores diários da Alemanha, publicou uma reportagem sobre a fábrica fluminense. O texto era uma apologia à atuação de multinacionais alemãs, que, segundo informações próprias, praticavam no exterior a mesma política ambiental conduzida na Alemanha. Não era, decididamente, um relato jornalístico. Como os trabalhadores do Chemiekreis já conheciam bem a realidade da Bayer em Belford Roxo, fizeram publicar uma crítica ferrenha ao jornal, acusando-o de haver usado como fonte exclusivamente "*releases* de imprensa oficiais dos departamentos de marketing das empresas citadas", sem ouvir representantes dos trabalhadores ou de organizações ambientais locais, que relatariam acidentes e problemas internos, queixas dos vizinhos e do sindicato, transgressões a regras fundamentais de segurança do trabalho e de saúde empresarial, omissão em casos de doenças profissionais e acidentes internos, adoção de jornadas de trabalho maiores que as permitidas por lei, trabalho terceirizado em funções especializadas e perigosas e restrições à atividade de inspeção e supervisão por comissões especiais.

Os sindicalistas lembraram ainda que, em 1993, a Bayer conquistou o quarto lugar entre as "seis empresas mais sujas" do estado do Rio de Janeiro, e que a corporação era responsável pela poluição do Rio Sarapuí e, com isso, da Baía de Guanabara. Segundo os sindicalistas alemães, "o próprio diretor da fábrica, Wolfgang Mühlhaus, admitiu tudo isso em 1993. Teria sido inútil negar os fatos, documentados em um estudo da agência ambiental. Ademais, os trabalhadores que tinham assento no conselho interno da empresa escutaram de viva voz, em 1990, que a função da estação de tratamento de esgoto tinha nítidas limitações devido a complicações de infraestrutura". Os sindicalistas trouxeram à tona o acidente ocorrido com dois operários sufocados em um carro-tanque no terreno da fábrica, "mas a Bayer *transferiu* o óbito para fora dos limites da fábrica, a fim de escapar de investigações e indenizações". Resgataram ainda o caso das oito pessoas mortas por acidente, "sendo três por ferimentos causados com ácido sulfúrico, sem falar nas contaminações com fosgênio, cromo e ácidos fosfóricos extremamente tóxicos". Os representantes dos trabalhadores questionaram também o destino das águas usadas para apagar o incêndio no final de setembro de 1995, contaminadas com "parathion, um derivado do E605, substância química classificada pela OMS na categoria 1A, de produtos 'extremamente perigosos', em razão de sua elevada toxicidade".

O texto recordou o acidente ocorrido na Tibrás, então filial da Bayer. Crianças tiveram ferimentos nos pés devido à contaminação da areia da praia com ácido sulfúrico decorrente dos resíduos da produção de dióxido de titânio. Os sindicalistas repassaram ainda os vários casos de doenças laborais, bem como a pérfida tática da Bayer de não pagar horas extras e adicionais por turnos de trabalho. Classificaram como "vergonhoso" o fato de o plano de demissões e de contenção não ter sido acompanhado de medidas sociais, mandando para a rua colegas com muito tempo de empresa, em alguns casos dois ou três anos antes da aposentadoria. Em outubro de 1995, relataram os sindicalistas com sarcasmo, "a Tibrás forneceu mais um grande exemplo. Dois operários sofreram queimaduras parciais de terceiro grau consertando um aparelho de raio-X. O médico que atendeu as vítimas solicitou que aquele acidente de trabalho fosse devidamente registrado, conforme a lei. Foi demitido cinco dias mais tarde, depois que uma colega da própria empresa lhe disse que os ferimentos não passavam de banais reações alérgicas". Mas a Tibrás viu-se obrigada a aceitar os fatos perante o Instituto de Energia Nuclear e, com dez dias de atraso, acabou registrando a informação do acidente. Não menos importante, os sindicalistas falaram sobre a greve de 1989 "em Belford Roxo, quando a Polícia Militar foi chamada e, pouco depois, o então diretor de segurança da fábrica recebeu uma medalha militar, com direito a uma matéria laudatória no jornal. Enquanto isso, toda a diretoria do sindicato foi demitida".[340]

O COLAPSO AMBIENTAL DO AGRONEGÓCIO

Ativistas ambientais constataram uma rápida expansão da produção de soja na Amazônia a partir de 2000, fruto da crescente demanda mundial pela oleaginosa. Assim, mais uma vez a floresta foi vítima de um antigo ciclo vicioso: quando a demanda mundial cresce, produz-se uma fase de pressão, como já ocorreu com o *boom* da borracha, no início do século XX, e com as madeiras e as fazendas de gado, nos anos 1960 e 1970. A fim de evitar maiores danos ao meio ambiente, fábricas processadoras, agências ambientais e ONGs como Greenpeace, WWF e a União Internacional para Conservação da Natureza (IUCN, na sigla em inglês), firmaram em julho de 2006 a chamada moratória da soja. Nesse acordo, prorrogado em 2016, a Associação Brasileira das Indústrias de Óleos Vegetais e a Associação Nacional de Exportadores de Cereais comprometem-se a não comprar soja originária de áreas desmatadas na Amazônia. A moratória teve resultados impressionantes. Os plantios de soja em áreas

340 "Ideologiegesteuerte Dichtung: Vorbilder am Zuckerhut" [Lirismo ideológico: Empresas-modelo na terra do Pão-de-Açúcar], dezembro de 1995.

desmatadas na Amazônia caíram para 0,25%.[341]

Um grande êxito, portanto? Infelizmente, não. Os resultados mais recentes[342] indicam que a redução da lavoura de soja na Amazônia levou à expansão do plantio na região central do Brasil, no Cerrado, que é o segundo maior bioma da América do Sul, com pouco mais de dois milhões de quilômetros quadrados. O Cerrado representa 22% da área total do país, abrangendo os estados de Goiás, Mato Grosso, Mato Grosso do Sul e Minas Gerais, partes de Maranhão, Paraná, Piauí e São Paulo, e está seriamente ameaçado. Por isso, os pesquisadores responsáveis pelo estudo de 2015 reivindicam uma urgente expansão da moratória da soja também para as chamadas "savanas brasileiras".

Ocorre que atualmente prevalecem interesses opostos na política nacional. A parte norte do Cerrado — nos estados de Maranhão, Tocantins, Piauí e Bahia, abreviada com o acrônimo de Matopiba — está no foco de um dos mais recentes megaprojetos em desenvolvimento agrícola do país. A então ministra da Agricultura, Kátia Abreu, ela própria uma latifundiária, laureada em 2010 por defensores florestais com o duvidoso título de "Motosserra de Ouro", anunciou em 13 de junho de 2015 o plano de desenvolvimento agropecuário para o Matopiba em cooperação com a Empresa Brasileira de Pesquisa Agropecuária (Embrapa). Junto com a bancada ruralistas no Congresso, o governo golpista de Michel Temer tem demonstrado grande interesse em expandir esta última fronteira agrícola. A Comissão Pastoral da Terra (CPT) adverte expressamente sobre as consequências do aumento dos já numerosos conflitos fundiários na região, hoje já mais frequentes do que na Amazônia. Segundo dados da organização, no período

341 "The Soy Moratorium in the Amazon Biome Monitored by Remote Sensing Images", em *Remote Sensing*, 2011, 3, pp. 185–202.

342 "Brazil's Soy Moratorium", em *Science*, janeiro de 2015, vol. 347, nº 6.220, pp. 377–8.

de 2005 a 2014, 39% dos 11.338 conflitos fundiários no Brasil ocorreram no Cerrado e 38%, na Amazônia.[343] "Essa abertura e a expansão do capital financeiro pelo governo favorecem o livre acesso do agronegócio, esmagando ainda mais a população local", adverte Isolete Wichinieski, da CPT.[344]

Some-se a isso o chamado "efeito bumerangue": a expansão da cultura da soja no Cerrado registrada nos anos passados claramente afeta a Amazônia, pois as possibilidades logísticas de transporte para escoar o grão do centro do Brasil até os portos do Atlântico estão limitadas aos caminhões e precisam urgentemente de alternativas, como alertam incansavelmente os barões da soja. Como solução, a indústria e o governo avaliam a ampliação das malhas hidroviária, ferroviária e rodoviária. É aqui que o foco se dirige à região do Rio Tapajós e seus afluentes Juruena e Teles Pires, onde se planeja construir uma dúzia de barragens e eclusas a fim de interligar o agronegócio do Mato Grosso e do Cerrado com a Amazônia, garantindo o acesso ao mercado mundial. Além disso, cogita-se a pavimentação BR-163 no trecho paraense, bem como a construção da ferrovia Ferrogrão.

EROSÃO CRESCENTE E EVAPORAÇÃO NO CERRADO

O agronegócio tem consequências desastrosas para a qualidade dos solos e da água do Cerrado. O exemplo da monocultura de eucalipto é um exemplo impiedoso. Segundo dados do Serviço

343 "Conflitos no Campo 2015", em CPT, abril 2016, p. 199. Disponível em <http://www.cptnacional.org.br/index.php/component/jdownloads/send/41-conflitos-no-campo-brasil-publicacao/14019-conflitos-no-campo-brasil-2015>.

344 "Em nome do lucro, Kátia Abreu e cia. decretam a extinção do Cerrado", em MST, 18 de junho de 2015. Disponível em <http://www.mst.org.br/2015/06/18/em-nome-do-lucro-katia-abreu-e-cia-decretam-a-extincao-do-cerrado-brasileiro.html>.

Nacional de Informações Florestais (SNIF), a área ocupada por plantações de eucalipto praticamente dobrou no Brasil de 2006 a 2014. De 3,862 milhões de hectares,[345] em 2006, subiu para 6,5 milhões de hectares, em 2011,[346] e para 6,9 milhões de hectares em 2014. O eucalipto cresce de maneira veloz. Um hectare produz em média 44 metros cúbicos de madeira por ano. Com técnicas especiais (já existem, no Brasil, os primeiros pés de eucalipto geneticamente modificados), o ciclo do corte foi abreviado. Antes, era de sete anos, e agora caiu para cinco.[347] Com raízes profundas, o eucalipto necessita de muita água, o que empobrece os solos. Já em 1993, especialistas da FAO sentenciaram em Bangcoc que o empobrecimento do solo na lavoura de eucalipto "ocorre muito rapidamente".[348] Para manter as metas de crescimento, requer grandes quantidades de fertilizantes. Exige ainda quantidades crescentes de pesticidas e herbicidas. No Brasil, usam-se principalmente o glifosato Scout, da Monsanto, o cupinicida Evidence, da Bayer, o formicida Atta-mex, da Unibrás, e o herbicida Fordor, da Bayer Crop Sciences.

O cientista Tarso Sanches Oliveira, da Universidade Federal do Mato Grosso do Sul, examinou as consequências da agricultura industrial na região do Cerrado, que abriga hoje 25% da pecuária e também da lavoura de cereais e de soja do Brasil.[349] De acordo com suas medições, as taxas de evaporação aumentam

---

345 "As Florestas Plantadas", em Sistema Nacional de Informações Florestais. Disponível em <http://www.florestal.gov.br/snif/recursos-florestais/as-florestas-plantadas>.

346 "Deserto verde: Os impactos do cultivo de eucalipto e pinus no Brasil". Repórter Brasil: São Paulo, 2011, p. 3.

347 "Short rotation woody crop plantations in Brazil and the Unites States", em *Biomass and Energy*, 1991, pp. 305-6.

348 FAO. "Bio-physical and Environmental Impacts of Eucalyptus Plantations", em *Regional Expert consultation on Eucalyptus*, 4 a 8 de outubro de 1993, Bangcoc. Disponível em <http://www.fao.org/docrep/005/ac777e/ac777e0a.htm>.

349 WWF, *op. cit.*, p. 10.

entre 4% e 20% nas áreas desmatadas de vegetação original e nas terras ocupadas com monocultivos. Nessas condições, o escoamento de água ocorre com uma velocidade até vinte vezes maior do que em terrenos ocupados pela vegetação endêmica. As taxas de erosão do solo em razão dos cultivos agroindustriais são de dez a cem vezes maiores, segundo os estudos de Oliveira.[350]

A vegetação do Cerrado tem uma característica especial: dois terços da biomassa das árvores estão por baixo da terra. Por isso, também se diz que o Cerrado é uma "floresta de cabeça para baixo". Essa água armazenada nas raízes penetra até os aquíferos subterrâneos. Este modelo equilibrado corre risco com a expansão das monoculturas, ameaçando solapar todo o sistema. A soja, o eucalipto, a cana-de-açúcar e outras monoculturas modificam a estrutura dos solos. A água deixa de penetrar na terra e, consequentemente, de alimentar os aquíferos.

Altair Sales Barbosa, pesquisador da Pontifícia Universidade Católica de Goiás, é tido como um dos maiores conhecedores do Cerrado e de sua fauna e flora únicas. Ele aponta para as irreversibilidades da degradação de uma paisagem como o Cerrado devido à pecuária e à agricultura extensivas, com monoculturas de eucalipto para produção de celulose e produção de carvão vegetal para siderúrgicas, com lavouras de soja e de cana-de-açúcar. Tudo isso transforma a paisagem, a flora, a fauna e os solos — e também a oferta de água na região e nos aquíferos. As plantas introduzidas e cultivadas nas novas monoculturas exigem que os solos do Cerrado, naturalmente ácidos e pobres em nutrientes, sejam modificados. A adaptação à agricultura comercial prejudica a vegetação nativa e suas raízes — e, sem elas, a água

350 "Runoff and soil erosion for an undisturbed. Brazilian Cerrado site under natural rainfall. Earth Surface Processes and Landforms", 2015, e "Trends in water balance components across the Brazilian Cerrado", 2014. Disponível em <http://onlinelibrary.wiley.com/doi/10.1002/2013WR015202/abstract>.

deixa de ser absorvida.[351] A vegetação introduzida, como a soja ou o milho, exógena, só tem raízes superficiais. A consequência é que, com as chuvas, a água não penetra mais nas camadas inferiores, o que resulta em enchentes destruidoras em caso de chuvas fortes e escassez de água nas camadas intermediárias. Assim, o nível da água no subsolo se reduz, afetando os aquíferos, que ficam menores a cada ano.

Essas dramáticas transformações do regime hídrico do Cerrado, induzidas pelas mudanças no uso do solo em grandes áreas, têm consequências imensas para todo o Brasil. Pela situação geográfica, pela hidromorfologia e pela extensão, o Cerrado é o filtro das chuvas do Brasil. Dez das doze principais bacias hidrográficas têm origem no Cerrado, e recebem de afluentes nascidos no Cerrado a maior parte de suas águas. No caso dos afluentes do Rio Tocantins, que desemboca na Ilha de Marajó, esta proporção é de 65%. O sistema hidrográfico do Rio São Francisco, vital para o semiárido nordestino, recebe do Cerrado 57% de seus afluentes. No caso das bacias dos rios Paraguai, Paraná e Parnaíba, localizados no Sul e Sudeste do país, esse índice fica em 50%.[352]

OS RIOS VOADORES AMEAÇADOS NA AMAZÔNIA

Só quem conhece os números consegue avaliar as consequências da maciça perda de água provocada pelo agronegócio no Brasil

351 "O Cerrado está extinto e isso leva ao fim dos rios e dos reservatórios de água", em *Jornal Opção*, 6 de outubro de 2014. Disponível em <http://www.jornalopcao.com.br/entrevistas/o-cerrado-esta-extinto-e-isso-leva-ao-fim-dos-rios-e-dos-reservatorios-de-agua-16970/>.

352 "Alterações do balanço hídrico no Cerrado podem afetar importantes setores da economia brasileira. Entrevista especial com Paulo Tarso Sanches Oliveira", em Instituto Humanitas Unisinos, 26 de fevereiro de 2015. Disponível em <goo.gl/kZ9z4u>.

central. Hidrólogo da Agência Espacial Norte-Americana (Nasa), o brasileiro Augusto Getirana analisou o regime hídrico do Brasil entre 2002 e 2015 com ajuda de dados coletados por dois satélites. Descobriu que o Sudeste perdeu 56 trilhões de litros de água por ano, correspondendo à quantidade de água de duas barragens de Itaipu, como calculou o jornal *O Globo*, ou 43 vezes a represa da Cantareira, o maior reservatório de água potável de São Paulo, que abastece 8,8 milhões de pessoas. Segundo Getirana, no mesmo período, o semiárido nordestino perdeu 49 trilhões de litros de água. Tudo leva a crer que, com o uso de extensas áreas da Amazônia para agricultura, pastos, corte de madeira e construção de barragens com a finalidade de produzir energia para indústrias voltadas para a exportação, como a do alumínio e do aço, reduz-se a capacidade da floresta tropical úmida de formar os chamados "rios voadores".

O conceito de "rios voadores" foi cunhado pelo meteorologista do Instituto Nacional de Pesquisas Espaciais (INPE) José Antonio Marengo, membro do Painel Intergovernamental das Nações Unidas sobre Mudanças Climáticas (IPCC). Em 2002 e 2003, Marengo e mais de cinquenta colegas de oito países posicionaram setecentos balões com sensores sobre a Amazônia a fim de mensurar as correntes de ar dominantes em cada estação do ano. Descobriram que, nos meses de verão, as nuvens que se formam sobre a Amazônia a uma altura de três mil metros se locomovem com uma velocidade média de 50 km/h, primeiro para oeste, onde são barradas nos Andes e desviadas para o sul, antes de descerem em forma de chuva sobre o Sudeste e o Sul do Brasil, além de Uruguai, Paraguai e norte da Argentina. "Essas correntes são como rios voadores que levam a umidade do norte para o sul", explicou José Marengo. Sua colega de pesquisa Carolina Vera, da Universidade de Buenos Aires, acrescentou que essas correntes de ar são uma das principais causas das fortes chuvas que ocorrem nestas regiões durante o verão. Isso porque as nuvens aumentam a umidade do ar nas regiões mais ao sul em níveis de 20% ou 30%, chegando, em alguns casos, a 60%.[353]

Na mesma linha de raciocínio da "teoria dos rios voadores", o cientista Antonio Nobre, também do INPE, levantou a pergunta sobre o que acontece quando o sistema sofre rupturas por interferências externas. Ele relacionou[354] a escassez de água no Sul com o desmatamento na Amazônia, apontando para a evaporação da água, que chega a vinte bilhões de toneladas por dia. Para fins de comparação, o Amazonas, maior rio do mundo, alimenta o Oceano Atlântico diariamente com dez bilhões de toneladas de água. Na floresta tropical úmida da Amazônia, as várias camadas de folhas da vegetação, numa altura de até quarenta metros, oferecem uma área de evaporação de oito a dez vezes maior em um metro quadrado de solo. Enquanto uma árvore consegue evaporar até trezentos litros de água por dia, essa taxa é oito vezes menor no caso do pasto. O conceito de "rios voadores da Amazônia" refere-se, portanto, ao processo de evaporação diária de vinte bilhões de toneladas de água através do sistema de folhagens da Amazônia. Metade dessas nuvens se precipita em forma de chuva na própria Amazônia, e a outra metade — ou seja, dez bilhões de toneladas — chove sobre as bacias hidrográficas do Sul e Sudeste. Se a evaporação se reduzir em consequência do desmatamento da Amazônia e dos novos usos do solo pela agroindústria, reduz-se também a incidência das chuvas no sul.

Nos últimos quarenta anos foram desmatadas três milhões de árvores por dia na Amazônia. Isso resulta em um número assustador de duas mil árvores por minuto, ou uma soma de 42

353 "O mapa dos ventos", em *Revista Pesquisa*, agosto de 2005. Disponível em <http://revistapesquisa.fapesp.br/2005/08/01/o-mapa-dos-ventos/>.

354 "Sem chuva da Amazônia, SP vira deserto. Entrevista com Antonio Nobre, pesquisador do Inpe", em *Valor Econômico*, 12 de janeiro de 2009.

bilhões de árvores.[355] Se os "rios voadores" da Amazônia secarem, o Sul e o Sudeste do Brasil, o norte da Argentina, bem como o Uruguai e o Paraguai, sofrerão estiagens. As consequências já se fizeram sentir em 2014 e 2015, quando a pior seca dos últimos oitenta anos castigou a região mais povoada do Brasil — o Sudeste, com 77 milhões de pessoas, a maior parte concentradas nas metrópoles de São Paulo, Rio de Janeiro e Belo Horizonte.[356]

Se este processo se confirmar e intensificar, essas três capitais sofrerão explosivas consequências ambientais e sociais. Enquanto isso, com cada quilo de café vendido para a Alemanha, o Brasil exporta virtualmente os 21 mil litros de água usados em sua produção. No caso do papel, a taxa é de 324 litros por quilo. Para a soja, 1.650 litros por quilo e, para a carne bovina, 17.100 litros.

CONCENTRAÇÃO DE TERRAS E CONFLITOS FUNDIÁRIOS

Mato Grosso e Mato Grosso do Sul formam o coração do *boom* da produção de cana-de-açúcar e etanol no Brasil. Nestes estados, a soja e a pecuária se expandem, enquanto quarenta mil indígenas Guarani-Kaiowá esperam desde 1988 receber de volta seus territórios tradicionais, que a Constituição mandava demarcar em um prazo máximo de cinco anos.[357] Enquanto os Guarani-Kaiowá são ameaçados por pistoleiros em seus acampamentos provisórios ao longo das estradas, vítimas de assassinatos e chacinas, países como

355 Antônio Nobre. "O Futuro Climático da Amazônia. Relatório de Avaliação Científica". São José dos Campos: Edição ARA, CCST-INPE e INPA, 2014, p. 30. Disponível em <http://www.ccst.inpe.br/wp-content/uploads/2014/10/Futuro-Climatico-da-Amazonia.pdf>.

356 "Fliegende Flüsse, umgestülpte Wälder und die trockene Stadt", em *Lateiname-rika Nachrichten*, edição 489, março de 2015. Disponível em <http://lateinamerika-nachrichten.de/?aaartikel=fliegende-fluesse-umgestuelpte-waelder-und-die-trockene-stadt>.

357 "Ab durch die Röhre", em *Lateinamerika Nachrichten*, edição 439, janeiro de 2011.

a Alemanha importam alegremente a soja mato-grossense e sul--mato-grossense para alimentar seu rebanho suíno, o etanol para seus tanques de combustível e a carne bovina para ser vendida nos freezers dos supermercados.

O Conselho Indigenista Missionário apoia desde 2015 um boicote a produtos agropecuários do Mato Grosso do Sul. Com o título "Por que pedimos o boicote ao agronegócio do Mato Grosso do Sul?", o texto destaca os estragos provocados pela soja na região e pede aos consumidores europeus: "Não compre! Não coma!" Enquanto o agronegócio explora 35 milhões de hectares de terras, e enquanto 21 milhões de cabeças de gado pastam em vinte milhões de hectares no Mato Grosso do Sul, 46 mil Guarani-Kaiowá, Terena e Kadiwéu se espremem em apenas 35 mil hectares. As aldeias do estado viraram pasto, e por isso os indígenas estão morrendo. Segundo o Cimi, "a carne, a soja e a cana que saem do Mato Grosso do Sul têm sangue indígena".[358]

Em 2016, de acordo com a Comissão Pastoral da Terra, os conflitos fundiários no Brasil produziram 61 vítimas: treze indígenas, quatro quilombolas, seis mulheres, dezesseis jovens entre 15 e 29 anos e um adolescente. Nos últimos 25 anos os números da violência no campo só foram maiores em 2003, quando se registrou 73 assassinatos.[359] Além de pequenos camponeses, pescadores e ribeirinhos, são principalmente os povos e as comunidades tradicionais indígenas ou quilombolas as que têm sido privadas do solo e da água limpa na esteira da apropriação

358 Fórum Unitário dos Movimentos Sociais e Sindicais do Campo e da Cidade. "Por que pedimos o boicote ao agronegócio do Mato Grosso do Sul?", em Cimi, 16 de outubro de 2015. Disponível em <http://www.cimi.org.br/site/pt-br/?system=news&action=read&id=8415>.

359 Comissão Pastoral da Terra, Secretaria Nacional, Assessoria de Comunicação. "Violência: os recordes de 2016". Disponível em <https://www.cptnacional.org.br/component/jdownloads/send/58-dados-2016/14059-violencia-os-recordes-de-2016-cpt-assessoria-de-comunicacao.>

e da concentração de terras (*land grabbing*) para a agricultura e a mineração. Não raro, os pastos, as fazendas de soja ou as plantações de eucalipto são protegidas por pistoleiros armados, posicionados ao longo das cercas para evitar qualquer aproximação.

Onde os pistoleiros não dão conta do recado, os latifundiários às vezes recorrem a aviões. Em julho de 2009, houve um ataque aéreo sobre camponeses no Espírito Santo, que resultou na intoxicação de dezoito pessoas — uma mulher teria sofrido um aborto. Segundo o então porta-voz do MST capixaba, Marco Antônio Carolino, o latifundiário empregou pesticidas diretamente como arma contra camponeses a fim de expulsá-los de uma área de catorze hectares que haviam ocupado. Essa área faz parte de uma fazenda de 1.300 hectares, desapropriada pelo Instituto Nacional de Colonização e Reforma Agrária (Incra) em 2009 por improdutividade e distribuída aos sem-terra. Desde então, o dono da propriedade questiona judicialmente a decisão, e ataca os ocupantes.[360] Algo semelhante ocorreu em 2013, quando latifundiários mato-grossenses fizeram chover toneladas de agrotóxicos sobre um assentamento, segundo relatou o semanário alemão *Die Zeit*. Além de ferimentos na pele e problemas respiratórios, os trabalhadores rurais constataram, nos seis meses seguintes, que nada mais crescia na região, "nem milho, nem bananas, nem mandioca, nem limão". Assim, "os pequenos camponeses foram obrigados a sobreviver como boias-frias nas grandes fazendas próximas".[361]

A violência é uma das faces do processo de apropriação e concentração de terras em prol do agronegócio e dos latifúndios.

---

360 "Grossfarmer greift Landlose mit Agrarchemikalien an" [Fazendeiro ataca sem-terra com agrotóxicos], em *Amerika 21*, 18 de julho de 2012. Disponível em <https://amerika21.de/meldung/2012/07/53389/farmer-angriff-landlose>.

361 "Giftgasattacke im Bauerndorf", em *Die Zeit*, 13 de maio de 2016. Disponível em: <http://www.zeit.de/gesellschaft/2016-05/landraub-brasilien-bauernsiedlung-grossfarmer-kampf>.

Muitas vezes, porém, nem é preciso lançar mão de ameaças ou empregar diretamente a força contra os camponeses. O mercado oferece uma solução bem mais elegante: o aumento do preço da terra.

Pesquisadores da Universidade de Brasília, junto com o Ministério da Agricultura, calcularam um aumento médio de 308,1% no preço do solo para uso agrícola no período de 2002 a 2013. Os números estimados apontavam para um preço médio de 10.619,77 reais por hectare em 2013. Segundo o estudo, a demanda crescente por soja, milho, café, açúcar e suco de laranja nos mercados mundiais é a principal responsável por essa explosão. A expansão das plantações de eucalipto e as pastagens extensivas também contribuíram. O maior aumento dos preços da terra foi registrado no Centro-Oeste: 444,6%, em média. Na região Norte, os preços subiram 383,5% no mesmo período.[362]

APROPRIAÇÃO E CONCENTRAÇÃO DE TERRAS

Este processo de apropriação e concentração de terras, que ocorre no âmbito de uma crise tripla — financeira, econômica e ambiental — e é encarada pelos investidores como uma suposta âncora de salvação, é hoje um dos principais problemas do Brasil para camponeses, sem-terra, indígenas, quilombolas e outras comunidades tradicionais. Os responsáveis não são apenas os donos do capital no Brasil, mas também empresas e fundos que atuam internacionalmente.

Em novembro de 2015, um estudo sobre o *land grabbing* no Brasil por parte de fundos de pensão canadenses, norte-ameri-

362 "Landgrabbing befördert auch in Brasilien die Bodenpreise" [O *land grabbing* aumenta os preços da terra também no Brasil], em Koperation Brasilien, 3 de março de 2015. Disponível em <https://www.kooperation-brasilien.org/de/themen/landkonflikte-umwelt/landgrabbing-befoerdert-auch-in-brasilien-die-bodenpreise>.

canos e suecos[363] esquentou os ânimos. Até mesmo o jornal *New York Times* dedicou ao assunto uma longa reportagem exclusiva, com informações de bastidores.[364] As organizações não governamentais Rede Social de Justiça e Direitos Humanos, GRAIN, Inter Pares e Solidarity Sweden-Latin America analisaram os dados disponibilizados pelos próprios fundos de pensão, que revelaram aquisições de terras no valor de centenas de milhões de dólares para lavouras de *cash crops*, ou seja, plantações em larga escala que objetivam o lucro em primeiro lugar, como a cana-de-açúcar, a soja e o eucalipto. As ONGs alertam para as consequências sociais e ambientais destes investimentos.

A Alemanha também participa do *land grabbing* no Brasil. Na assembleia de acionistas de 23 de abril de 2015, em Munique, a maior empresa de resseguros do mundo, a Munich Re, confirmou que possui cem mil hectares espalhados pelo planeta, sendo 32% na América do Norte, 44% na Ásia, Oceania e Austrália, 16% na América do Sul, 5% na África e 3% na Europa. Só em plantações de eucalipto brasileiras, a empresa controla quinze mil hectares.[365] Solicitada a informar quem são seus parceiros nesses projetos, a Munich Re apontou para as cláusulas de confidencialidade. Mas uma olhada no relatório anual de 2015 revela que a empresa tem

---

363 "Foreign pension funds and land grabbing in Brazil", em *Grain*, 16 de novembro de 2015. Disponível em <https://www.grain.org/article/entries/5336-foreign-pension-funds-and-land-grabbing-in-brazil>.

364 "TIAA-CREF, U.S. Investment Giant, Accused of Land Grabs in Brazil", em *New York Times*, 17 de novembro de 2015. Disponível em <http://www.nytimes.com/2015/11/17/world/americas/tiaa-cref-us-investment-giant-accused-of-land-grabs-in-brazil.html>.

365 "Wie würden Sie reagieren, wenn eine Baufirma daher kommt und die Münchener Frauenkirche mit Bulldozern einreisst?" [Como você reagiria se uma empreiteira viesse derrubar a Frauenkirche de Munique?], em Kooperation Brasilien, 28 de abril de 2015. Disponível em <https://www.kooperation-brasilien.org/de/themen/landkonflikte-umwelt/belo-monte/wie-wuerden-sie-reagieren-wenn-eine-baufirma-daher-kommt-und-die-muenchener-frauenkirche-mit-bulldozern-einreisst>.

uma participação de 43,47% na RMS Forest Growth International L. P., sediada no paraíso fiscal das Ilhas Cayman. Essa empresa tem uma filial no Brasil, a RMS do Brasil Administração de Florestas Ltda., com sede em Curitiba, que também possui plantações próprias ou as administra a mando de terceiros,[366] como a Donnet Participações, a Timbó Empreendimentos Florestais e a Chopim Empreendimentos Florestais. A Donnet, por sua vez, pertence ao Plano de Pensão dos Professores de Ontário, no Canadá, que assim garantem sua aposentadoria.

Em maio e junho de 2009, o fundo de pensão do Deutsche Bank (DWS) também quis dar a seus clientes europeus a chance de participar do *boom* do eucalipto brasileiro, oferecendo dois fundos fechados no valor de 27 milhões de dólares voltados a "investimentos em florestas e outros ramos da indústria madeireira do Phaunos Timber Fund Limited". Segundo os folhetos distribuídos pelo DWS, os fundos poderiam render até 650 milhões de dólares. A crise financeira, porém, fez as expectativas encolherem.

Sediado no paraíso fiscal da Ilha de Jersey, o Phaunos Timber é um fundo florestal que investe em aplicações supostamente "verdes", como plantações de eucalipto. No norte de Minas Gerais, a Phaunos Timber Fund possui plantações de dezenove mil hectares, que legalmente pertencem à empresa Mata Mineira Investimentos Florestais Ltda, filial da Phaunos Timber, comprada em 2010 junto à Suzano, uma gigante da celulose, pela Vale do Jequitinhonha Silvicultura e Participações. "O principal mercado para os pés de eucalipto é o mercado brasileiro de carvão vegetal, que, por sua vez, é um ingrediente necessário para produzir ferro-gusa", diz o Phaunos Timber Fund.

Enquanto o carvão vegetal é usado como combustível em

---

366 "Diário PR: Com. Ind. e Serviços", em *Radar Oficial*, 11 de junho de 2014. Disponível em <http://www.radaroficial.com.br/d/6600454926499840>.

altos-fornos e siderúrgicas para o mercado mundial, o Brasil exporta derivados de eucalipto no valor de 51,8 bilhões de reais — números de 2010, valendo, ao câmbio da época, 12,6 bilhões de euros. A maior parte vai para Europa, China e Estados Unidos.[367] Cerca de 20% do total de importações alemãs de celulose vêm do Brasil, o que equivale a novecentas mil toneladas por ano.[368] No Brasil também se produzem *pellets* de eucalipto, que têm ciclos curtos, de quatro anos, para fornos de biomassa, sendo exportados também para usinas na Europa, graças às diretrizes de energia renovável editadas pela União Europeia em 2009.

Empresas alemãs participam do mercado brasileiro de *pellets* de madeira para exportação, ainda que de maneira indireta. O banco regional Landesbank Baden-Württemberg LBBW foi um dos financiadores da maior fábrica de *pellets* do Brasil, a Tanac, situada na cidade de Montenegro, no Rio Grande do Sul, que produz quatrocentas mil toneladas por ano. A quantia exata do crédito não foi especificada. O objetivo é fornecer anualmente 350 mil toneladas de *pellets* à britânica Drax, do setor de energia, que transformará a madeira em eletricidade.[369] A matéria-prima dos *pellets* da Tanac é a madeira de acácia. Em torno da fábrica existem cerca de 170 mil hectares de florestas que serão gradualmente "peletizadas", transportadas por navio e depois queimadas para fins de obtenção de energia. No futuro, os derivados de eucalipto devem ser usados também como carvão biológico, substrato no solo ou combustível de celulose para automóveis.

Os desertos verdes — ou seja, as plantações de eucalipto

---

367 Réporter Brasil, *op. cit.*

368 "(Natur)Wald oder (Papier)Berge? Weiter so?", em FUGE-News, fevereiro de 2015. Disponível em <https://fuge-hamm.org/2015/07/01/fuge-news-ausgabe-02-2015/>.

369 "End support for Drax power station: stop harmful subsidies for biomass", em Biofuelwatch, 22 de abril de 2015. Disponível em <http://www.biofuelwatch.org.uk/wp-content/uploads/DECC-open-letter-biomass-coal-april-2015.pdf>.

— não servem apenas para fornecer matéria-prima para a indústria. Ao mesmo tempo, têm valor como "florestas plantadas".[370] Desta forma, cultivos de eucalipto podem ser registrados para projetos climáticos através do Mecanismo de Desenvolvimento Limpo das Nações Unidas, recebendo certificação de sustentabilidade pelo Conselho de Manejo Florestal (FSC, na sigla em inglês).

Se a sustentabilidade da monocultura de eucalipto é duvidosa, a dimensão social dos desertos verdes é escandalosa. Em Minas Gerais e Espírito Santo, a ditadura (1964–1985) roubou às comunidades tradicionais a terra que usavam coletivamente[371] a fim de transferir a propriedade a fazendeiros de eucalipto brasileiros e estrangeiros sob o manto da modernização e do desenvolvimento. Hoje, mais de dois milhões de hectares da região se destinam à produção de um terço do eucalipto do país. O mesmo ocorreu com os povos indígenas do sul da Bahia e com os Tupiniquim e Guarani do Espírito Santo. Se antes as terras eram comunais — o que facilitou seu assalto por parte do Estado, uma vez que não possuíam títulos fundiários —, hoje em dia uma das principais características das monoculturas de eucalipto na região é que são vigiadas por seguranças armados. Assim, os pequenos agricultores e indígenas que antes utilizavam a terra livremente não podem sequer se aproximar. O argumento é o risco de "roubo" — no caso, de lenha.

Um episódio que se tornou tragicamente famoso ocorreu em fevereiro de 2007, quando Antônio Joaquim dos Santos entrou em uma plantação de eucalipto certificada pelo FSC no

370 "Forestry/Land-use projects in the CDM", em Carbon Market Watch. Disponível em <http://carbonmarketwatch.org/category/sustainable-development/forestry-land-use-projects/>.

371 "Unsichtbare Wirtschaftsformen traditioneller Gemeinschaften im Norden von Minas Gerais" [Formas de economia invisíveis de comunidades tradicionais no norte de Minas Gerais], em *Traditionelle Völker und Gemeinschaften in Brasilien*, [Povos e comunidades tradicionais no Brasil], Kassel University Press: Kassel, 2011, pp. 69–85.

município de Canabrava, na região de Bocaiúva, no norte de Minas Gerais, supostamente para catar lenha. Dois seguranças da dona da plantação, a companhia francesa Vallourec-Mannesmann, prenderam, amarraram e torturaram o homem até a morte, diante dos olhos da própria filha. Até hoje o assassinato não foi esclarecido, e existe o risco da impunidade, já que o processo judicial vai sendo adiado e adiado. A companhia nunca foi responsabilizada e, devido a protestos internacionais, abriu mão da certificação do FSC. Depois da fusão com o grupo francês Vallourec, o ramo dedicado à plantação de eucalipto foi rebatizado para V&M Florestal. Em 2013, a empresa passou a se chamar Vallourec Florestal, que possui hoje 233 mil hectares, embora, segundo a Constituição de 1988, companhias transnacionais possam deter no máximo 6.600 hectares.[372]

Falemos, pois, de "roubo". Roubo é quando o Estado ou uma empresa priva pequenos camponeses e comunidades tradicionais de suas matas, onde sobreviviam há muitas gerações. Era a mata que lhes fornecia lenha, caça e pesca. Até que, um dia, rugem as motosserras, e então o "conglomerado sustentável de investimento florestal" do estrangeiro planta monoculturas de eucalipto prejudiciais ao meio ambiente, mas que crescem a uma velocidade espantosa, destroem a biodiversidade e o solo, exploram as águas subterrâneas, derramam pesticidas, reduzem o lençol freático e ainda por cima cercam o terreno com arame farpado e seguranças armados. É isso o que as comunidades percebem como roubo. E os pequenos camponeses são obrigados a lutar pela sobrevivência.[373]

---

372 "'Eine grosse grüne Wüste'. Eukalyptusplantagen in Brasilien sind die kommerziellen Wälder der Bioökonomie" ["Um grande deserto verde". Plantações de eucalipto são as florestas comerciais da bioeconomia no Brasil], em *Lateinamerika Nachrichten*, dossiê 13, número 498, dezembro de 2015, pp. 30-4.

373 Christian Russau. "Rede auf der Münchener Rück-Hauptversammlung" [Fala

APROPRIAÇÃO DE TERRAS NA AMAZÔNIA

O *land grabbing* não é exatamente um fenômeno novo. Em maio de 1978, circulou a notícia de que a empresa de informática alemã Nixdorf estaria expulsando camponeses de suas terras na Alemanha a fim de entrar na produção e no comércio de mogno.[374] Em 1977, a Nixdorf adquiriu da Companhia Agropecuária São Salomão cinquenta mil hectares no sul do Pará. No início de 1978, a Comissão Pastoral da Terra da região do Tocantins e do Araguaia divulgou que a Nixdorf queria expulsar judicialmente as trezentas famílias que viviam nas terras, algumas delas assentadas havia mais de vinte anos. Para evitar o confronto aberto, a empresa informou que indenizaria os pequenos agricultores que fossem considerados donos das terras. O resultado foi que, a cada noite que passava, mais gente desmatava um pequeno pedaço de terra, declarando-o como de sua propriedade.

A ideia da Nixdorf era cultivar mogno e outras madeiras nobres em trinta mil hectares, e deixar gado pastando nos outros dezessete mil hectares — tudo para exportação. O plano deu errado. A sede da companhia, em Paderborn, na Alemanha, ordenou o cancelamento do projeto. A empresa de informática decidiu que não queria financiar a apropriação indébita de terras no Brasil, resumiu a revista *Der Spiegel* em 1983.

Desde sempre foi preciso conseguir mão de obra para abrir as fronteiras da Amazônia por meio de grandes fazendas. E até hoje, na região, quem arregimenta esta mão de obra são os chamados

---

durante a assembleia geral da Munich Re], em Kritische Aktionäre, abril 2015. Disponível em <http://www.kritischeaktionaere.de/fileadmin/Dokumente/Reden_2015/Rede_Christian_Russau_Kritische_Aktionaere_MunichRe-April-2015.pdf>.

374 *Brasilien Nachrichten*, nº 24, maio de 1978, p. 23.

"gatos", intermediários que atraem trabalhadores de lugares distantes com promessas que acabam não sendo cumpridas. O resultado é um regime de semiescravidão, em que as pessoas precisam trabalhar para pagar dívidas contraídas durante o próprio trabalho. Os fazendeiros contratam pistoleiros que impedem os trabalhadores de se defender ou de fugir.[375] Estimativas dão conta de que, entre 1970 e 1993, havia 85 mil trabalhadores em regime análogo à escravidão ou em trabalhos forçados no Brasil.[376]

A escravidão foi abolida em 1888. Mas nunca deixou de existir. Por meio do chamado sistema de colonato, as fazendas de café de São Paulo empregavam imigrantes da Europa e da Ásia no final do século XIX, e seus gastos de viagem e alimentação geralmente eram convertidos em dívidas que tinham de pagar com trabalho. Durante o *boom* da borracha na Amazônia, no início do século XX, muitos seringueiros foram trazidos do Nordeste, sendo que a maioria deles terminou em regime de servidão por dívidas.[377]

A partir dos anos 1960, o regime militar concentrou esforços no "desenvolvimento" da Amazônia. Para isso, em primeiro lugar, cerca de 60% do território brasileiro foi definido como Amazônia Legal. Com ajuda de subsídios da Operação Amazônia e com a criação da Superintendência do Desenvolvimento da Amazônia (Sudam), a região começou a ser explorada a partir de 1966, no governo militar do marechal Humberto Castelo Branco, principalmente por meio de gigantescas fazendas. No início, tudo caminhou lentamente, mas a Rodovia Transamazônica, inaugurada em 1972 pelo

375 OIT. "Perfil dos Principais Atores Envolvidos no Trabalho Escravo Rural no Brasil", 2011, p. 14f. Disponível em <http://www.oitbrasil.org.br/sites/default/files/topic/gender/pub/perfil%20atores%20trabalho%20escravo%20rural_632.pdf>.

376 *Idem*, p. 14.

377 *Idem*, p. 13s.

general Emílio Garrastazu Médici, criou a infraestrutura necessária para a exploração. As atividades guerrilheiras na região eram um fator de insegurança para investidores nacionais e internacionais. A partir de 1972, o Exército começou a atacar os grupos comunistas do Araguaia. Em 1973 e 1974, a guerrilha foi arrasada e seus membros torturados, assassinados, enterrados. Mas era preciso criar outros estímulos a fim de abrir o caminho para a exploração da Amazônia. Um dos instrumentos foi a isenção de impostos para grandes empresas que investissem, por exemplo, em projetos de pecuária. A aritmética fiscal transformava cada cruzeiro investido em três cruzeiros de subsídios.

Isso desencadeou uma corrida por terras. Os investidores compravam títulos fundiários, criando grandes negócios para os grileiros e produzindo as condições para um cenário de guerra permanente pela terra entre os camponeses, ribeirinhos, pistoleiros e novos proprietários. O governo federal percebeu que os investidores internacionais não eram atraídos por cenas de bangue-bangue, mas sim por calma e tranquilidade. Assim, ajudariam a "conduzir o capital até os tesouros de Carajás" e a "construir a indústria para explorar os recursos naturais". Faroeste na Amazônia e altos investimentos eram incompatíveis.[378] O governo enviou, assim, 750 servidores à região, que abrange 4,5 milhões de hectares, para interromper as guerras particulares e, ao mesmo tempo, garantir um clima favorável a investimentos. Só então as empresas vieram, sedentas pela terra barata da Amazônia. Entre elas, estava a Volkswagen.

---

378 "Aufbruch zur letzten Grenze" [Partindo para a última fronteira], em *Der Spiegel*, 3 de outubro de 1983. Disponível em <http://www.spiegel.de/spiegel/print/d-14023679.html>.

A FAZENDA DA VOLKSWAGEN

No âmbito da febre de dinheiro da Sudam para abrir as fronteiras da Amazônia, uma área florestal antes praticamente intocada de 3,8 milhões de hectares foi transformada em pasto. Entre os investidores internacionais, encontravam-se conglomerados como o fabricante de vidro francês Saint-Gobain ou a norte-americana DuPont, gigante do setor químico. Mas quem atraiu a atenção da opinião pública foi a Volkswagen.

> "Bem-vindo ao mundo de Marlboro", parece estar saudando constantemente esta fazenda situada no Rio Cristalino, na região do Araguaia, e até o homem com chapéu de gaúcho que me leva para conhecer a propriedade de 139.392 hectares a bordo de um sofisticado 4 x 4 parece ter saído diretamente de um comercial de cigarros. Vaqueiros a cavalo tocam magníficos rebanhos que saem do capim alto na frente dos carros abertos, e assim nós cruzamos esse faroeste tridimensional. Claro que eu fico impressionada, e este é justamente o objetivo do show para convidados especiais. Afinal, sou do país onde moram os acionistas da Volkswagen, e a fazenda pertence à Volkswagen do Brasil.

Assim a repórter da *Der Spiegel* descreveu sua visita à fazenda, em 1983.[379] A Volkswagen comprara a área em 1974 com subsídio da Sudam. Se o objetivo do regime militar ao subsidiar transações fundiárias com recursos públicos era "desenvolver" a Amazônia, a visão da empresa era bem menos idealista. Em uma audiência pública no parlamento alemão, os executivos da montadora admitiram: "Nossa motivação não foi a responsabili-

379 *Idem.*

dade ética, e sim, em primeiro lugar, a obtenção de uma série de vantagens na tributação dos lucros".[380] Em 1974, a participação da Volkswagen no mercado automobilístico brasileiro, segundo relatório da empresa, era de 50%, chegando a 54% em 1975.[381] Com 2,630 milhões de cruzeiros, a companhia era o maior pagador de impostos no Brasil em 1975.[382] Com a compra da fazenda na Amazônia, o objetivo era iniciar em 1981 as operações de um abatedouro pertencente a uma *joint venture* formada pela Volkswagen do Brasil (20%), pela processadora de carnes alemã Atlas Handel (29%) e por empresas regionais (51%). Os planos eram possuir um rebanho bovino de 110 mil cabeças até 1983. Para isso, era preciso desmatar 50% da fazenda, ou seja, 70 mil hectares de floresta.

"Cheguei no avião da Cristalino, em que também estava inscrito o nome do patrocinador, a Sudam, e fui confortavelmente alojada na casa de hóspedes da fazenda, com direito a rede, pele de onça na parede e música agradável nos alto-falantes, entremeada por gritos de papagaios", continua a correspondente da *Spiegel*.[383] Em seguida, porém, a jornalista prestou atenção nas pessoas incumbidas de desmatar os 70 mil hectares:

> Os oitocentos trabalhadores da fazenda Cristalino vivem à margem da infraestrutura feita para os operários nas bonitinhas casinhas de tijolo com energia elétrica e água corrente. É hábito que a classe baixa na Amazônia se venda aos chamados 'gatos', e que esses gatos, por sua vez, vendam às empresas uma empreitada de

---

380 "vw do Brasil. Entwicklungshilfe im besten Sinne?" [Volkswagen do Brasil: ajuda ao desenvolvimento no melhor sentido?], *Brasilien Nachrichten*, novembro de 1978, p. 71.

381 *Idem*, p. 129.

382 *Idem*, p. 135.

383 "Aufbruch zur letzten Grenze", *op. cit.*

desmatamento. Assim, a Volkswagen não tem nada a ver com esses trabalhadores terceirizados. Quem cuida deles são os gatos. Alguns dessa categoria têm fama de feitores de escravos. Outros, embora obtenham lucros com o comércio humano, acabam sendo reconhecidos como salvadores daqueles que não têm mínimas chances de sobrevivências nas difíceis condições da Amazônia.[384]

O historiador Antoine Acker, que também se dedicou ao caso da fazenda, tampouco viu "nada de particularmente novo no caso envolvendo a Volkswagen. O sistema de escravidão por dívida, que envolvia os 'gatos' da CVRC [Rio Cristalino], estava ancorado nas relações de trabalho amazônicas, que afetaram centenas de milhares de seringueiros desde o primeiro ciclo da borracha, no último terço do século XIX". Segundo essa perspectiva, o sistema de gatos sofreu uma retração depois da queda dos preços da borracha, nos anos 1920, voltando temporariamente durante a Segunda Guerra Mundial e, com mais força, a partir do final dos anos 1960, alavancado pela forte demanda de mão de obra para as fazendas de gado da Amazônia. Está fora de questão que o sistema de gatos esteja sujeito a ciclos econômicos. O que surpreende é a conclusão da pesquisa, de que "a fazenda Volkswagen não era, de forma alguma, a primeira ou única a depender do trabalho dos gatos". Além de tudo, diz o livro, é discutível se a empresa era diretamente responsável pelos muitos casos de trabalho forçado em associação com a fazenda Rio Cristalino. "Entretanto, em um clima político-econômico marcado por conflitos fundiários que proliferavam, a fazenda da Volkswagen tornou-se alvo ideal para ataques de nacionalistas brasileiros. Porque a Volkswagen era uma empresa multinacional de grande

384 *Idem.*

visibilidade, esse ataque não ficou restrito às fronteiras brasileiras, mas também teve repercussões no exterior."[385]

De acordo com essa linha de argumentação, a corporação alemã não tinha responsabilidade alguma em relação às condições de trabalho das pessoas agenciadas por gatos e escravizadas em sua fazenda. Mas quem, no final dessa "cadeia de fornecimento de serviços", lucrou com a mão de obra explorada em regime de trabalho forçado? Será que uma acusação de trabalho escravo pode ser resolvida de modo tão simples, apontando-se para o fato de que não foi a primeira nem a última empresa que usou o regime de agenciamento via gatos, um sistema laboral inscrito indelevelmente na Amazônia e dependente de demanda? Se fosse assim, por que os funcionários da Volkswagen tão bem-sucedidos no Brasil desde 1953 nem imaginaram que os feitores locais empregariam métodos de trabalho forçado e escravo? Inocência, ignorância ou cálculo? Se uma firma terceirizada for colocada no meio de uma cadeia produtiva, é ela a única responsável?

A "absolvição" dos historiadores se baseou no argumento de que a multinacional, com sua enorme visibilidade, era um alvo ideal. Tal argumentação forma parte de uma narrativa bastante bem-sucedida: a de que os grandes são a verdadeira vítima.

Hoje em dia, as empresas se dizem chocadas ao reagir a informações de casos comprovados de trabalho forçado em sua cadeia de fornecimento, expressam consternação e gostam de apontar para o trabalho tranquilizador da polícia, de instâncias governamentais e tribunais que revelam tais casos. Mas, depois, acabam não tomando nenhuma medida substancial para enfrentar o problema. Hoje em dia, pelo menos, as companhias

---

385 "'O maior incêndio do planeta': como a Volkswagen e o regime militar brasileiro acidentalmente ajudaram a transformar a Amazônia em uma arena política global", em *Revista Brasileira de História*, vol. 34, nº 68, p. 26.

muito raramente usam a desculpa já muito desgastada de que tais regimes de trabalho são "normais" em certas regiões. Geralmente, esquivam-se com a frase: "não sabíamos de nada". Mas a Volkswagen não podia se esquivar. Já naquela época, no Brasil e na Alemanha, sabia-se que o sistema era moralmente repudiável. Caso contrário, a CPT não teria conseguido tanta atenção da mídia para o tema do trabalho escravo na Rio Cristalino. Assim, no "caso da fazenda da Volkswagen na Amazônia", pelo menos um aspecto é indiscutível: a da resistência globalizada, extremamente efetiva em um primeiro momento. A cooperação da CPT, que soubera dos casos de trabalho forçado, globalizou-se à medida que os sindicalistas de São Paulo e, depois, seus colegas na Alemanha tomaram conhecimento da história, unindo grupos de solidariedade nos dois países.[386] Foi um dos grandes exemplos de trabalho em rede transnacional.[387]

TRABALHO FORÇADO NO BRASIL HOJE

De acordo com as estimativas mais recentes do Índice Global de Escravidão (Global Slavery Index) da Walk Free Foundation, 45,8 milhões de pessoas se encontram em regime de trabalho forçado ou escravo em todo o mundo. Segundo a mesma instituição, 155 mil pessoas trabalhavam nessas condições no Brasil em 2014.[388]

Graças à Lei de Acesso à Informação, no início de junho de

386 Benjamin Buclet. "Entre tecnologia e escravidão: a aventura da Volkswagen na Amazônia", em *Revista do Programa de Pós-Graduação em Serviço Social da* puc-*Rio*, nº 13, 2005.

387 "Zwangsarbeit auf Farm-Gelände von VW Brasilien", em ndr, 10 de agosto de 2017. Disponível em <https://www.ndr.de/nachrichten/niedersachsen/braunschweig_harz_goettingen/Zwangsarbeit-auf-Farm-Gelaende-von-Volkswagen-VW-Brasilien,vwfarm100.html>.

388 "Escravidão moderna atinge 45,8 milhões de pessoas no mundo", em *Agência Brasil*, 30 de maio de 2016. Disponível em <http://agenciabrasil.ebc.com.br/

2016 a ONG Repórter Brasil conseguiu obter a lista mais recente das empresas e das pessoas condenadas judicialmente por manter funcionários em regime de trabalho escravo ou forçado no país: a chamada lista suja do trabalho escravo. Trata-se da quarta lista feita ao longo dos últimos treze anos. Entre 2003 e 2014, o documento era divulgado pelo Ministério do Trabalho. Em dezembro de 2014, no entanto, o Supremo Tribunal Federal vetou a divulgação. A disputa judicial durou cerca de dois anos. Representantes dos grandes latifundiários, bem como advogados de empresas, quiseram impedir a difusão. O veto foi abolido em maio de 2016, mas, mesmo assim, o Ministério do Trabalho não publicou a lista. A Repórter Brasil, então, recorreu à Lei de Acesso à Informação e recebeu os dados coligidos pelo governo em parceria com o Instituto do Pacto Nacional para a Erradicação do Trabalho Escravo (InPACTO).[389] A lista traz 349 nomes de pessoas e empresas processadas ou condenadas por se valer de trabalho escravo ou forçado. Na realidade, a relação continha 350 nomes. No entanto, um deles continua em sigilo, uma vez que o Tribunal de Justiça da Bahia ordenou que não fosse divulgado, atendendo a um pedido de liminar de uma empresa local.

Em 2015, o Ministério do Trabalho libertou 936 pessoas de condições de trabalho análogas à escravidão. Entre janeiro e meados de dezembro de 2015, o Grupo Especial de Fiscalização Móvel fez 125 inspeções em um total de 229 empreendimentos, investigando no total 6.826 pessoas. Em 936 casos, as autoridades constataram condições análogas à escravidão. O Ministério do Trabalho informou ainda que a maioria dos resgatados são

---

direitos-humanos/noticia/2016-05/escravidao-moderna-atinge-458-milhoes-de-pessoas-no-mundo>.

389 "'Lista de Transparência' traz 349 nomes flagrados por trabalho escravo", em Repórter Brasil, 6 de junho de 2016. Disponível em <http://reporterbrasil.org.br/2016/06/lista-de-transparencia-traz-349-nomes-flagrados-por-trabalho-escravo/>.

homens jovens com baixa escolaridade, geralmente migrantes de outras regiões do país. Nada disso é desconhecido no Brasil. De acordo com uma pesquisa de opinião representativa, 70% dos brasileiros sabem que ainda há trabalho escravo no país.[390] Tanto nas estatísticas do Ministério do Trabalho quanto nas análises da OIT,[391] os setores que mais lançam mão desse crime são a construção civil e a indústria agrícola e de processamento de produtos agrícolas, bem como a indústria têxtil.[392] As diferenças regionais são nítidas. Se, nas grandes cidades, é o setor da construção civil — e, na Grande São Paulo, a indústria têxtil — que conta a maioria dos casos, na agricultura geralmente são as plantações de cana-de-açúcar e a pecuária, sobretudo a bovina. Em algumas áreas rurais, o triste ranking é encabeçado pela produção de carvão vegetal a partir do eucalipto.

O crime de exploração por trabalho em condições análogas à escravidão é definido pelo artigo 149 da Constituição, e se configura por um dos seguintes critérios: jornadas exaustivas, remuneração baixa e não pagamento de horas extras, servidão por dívida ou condições degradantes de trabalho. Tramita no Legislativo,[393] porém, uma série de projetos de lei apresentados pela bancada ruralista que pretendem mudar as tipificações de

---

390 "País sabe que escraviza, mas não a gravidade do problema, diz pesquisa", em *Blog do Sakamoto*, 28 de dezembro de 2015. Disponível em <http://blogdosakamoto.blogosfera.uol.com.br/2015/12/28/pais-sabe-que-escraviza--mas-nao-a-gravidade-do-problema-diz-pesquisa/>.

391 OIT. "Perfil dos principais atores envolvidos no trabalho escravo rural no Brasil", 2011. Disponível em <http://www.oitbrasil.org.br/content/perfil-dos-principais--atores-envolvidos-no-trabalho-escravo-rural-no-brasil>.

392 "Construção lidera casos de trabalho análogo à escravidão", em *O Estado de S. Paulo*, 15 de maio de 2014. Disponível em <http://economia.estadao.com.br/noticias/geral,construcao-lidera-casos-de-trabalho-analogo-a-escravidao,185004e>.

393 "Sklaverei in Brasilien. Brasilianisches Arbeitsministerium veröffentlicht Schwarze Liste über Sklaverei" [Relatório sobre escravidão no Brasil], em Greenpeace, 15 de julho de 2014. Disponível em <https://www.greenpeace.de/themen/sklaverei-brasilien>.

trabalho escravo para que apenas a "falta de liberdade", e não os outros critérios, seja levada em consideração em sua tipificação. Também existe uma tentativa de fazer com que os nomes de pessoas ou de empresas acusadas só sejam publicados depois de decisão em última instância.

"O trabalho escravo, hoje, é um instrumento das modernas cadeias de produção em busca de mais competitividade", disse Leonardo Sakamoto, diretor da ONG Repórter Brasil, à ONU em maio de 2016. Por meio dessas cadeias de produção, cada vez mais difíceis de serem identificadas, praticamente todos os consumidores estão conectados ao trabalho escravo. "Estamos ligados através do consumo. Um carro vendido aqui [nos Estados Unidos] foi construído em Detroit com aço produzido com ajuda de carvão vegetal nos campos na Amazônia, que possivelmente está relacionado com trabalho escravo." De acordo com Sakamoto, foram identificados desde 2003 um total de setecentas cadeias de produção que empregam trabalhadores em condições análogas à escravidão. Além de "centenas de empresas brasileiras, também estão envolvidas multinacionais". O trabalho escravo ou forçado, segundo Sakamoto, é o combustível "dos nossos carros, dos nossos prédios, da nossa moda".

8

PODEMOS AGIR DE OUTRO JEITO!

Remoções forçadas devido a barragens e demais projetos de infraestrutura, reservatórios de água potável contaminados pela indústria, pela mineração ou pela agricultura, fábricas têxteis destruídas ou incendiadas — a lista de abusos dos direitos humanos no âmbito das atividades econômicas é comprida, e também é longa a lista das multinacionais que não assumem a tarefa de combatê-los. A culpa é quase sempre transferida para terceiros, empregando-se a retórica da complexidade da responsabilidade e a lógica do acréscimo de custos.

O FIM DA *SOFT LAW*

A resposta das empresas e dos políticos à crítica e aos protestos em questões de direitos humanos e meio ambiente costuma resultar na adoção de diretrizes voluntárias e na autorregulação. Criado em 2000 pelas Nações Unidas, com a participação de 8.300 empresas e mais de 4.500 "participantes não empresariais", o Pacto Global é "a maior e mais importante iniciativa de responsabilidade empresarial do mundo". Os Princípios do Equador foram adotados em 2013 pelo setor financeiro para o gerenciamento de riscos socioambientais em projetos, e devem servir aos bancos como balizas para negócios sustentáveis e socialmente responsáveis. Os princípios das Nações Unidas para Investimento Sustentável

(UN-PRI) foram criados para garantir a mesma atuação para questões de investimento e para o setor de seguros (UN-PSI).

Todas essas iniciativas têm em comum o fato de, como parte da agenda da chamada responsabilidade social corporativa, *apelarem* às empresas *para além da responsabilidade legal*, definindo *padrões mínimos relativamente frágeis*, sobre os quais as respectivas empresas concedem informações *de vontade própria* em seus relatórios anuais, sem que haja fiscalizações concretas, que dirá compromissos legais. Essas iniciativas estão a milhas de distância de uma proposta robusta para concretizar o respeito, a proteção e a garantia dos direitos humanos.

Já os princípios orientadores da ONU para empresas, votados em junho de 2011 no Conselho de Direitos Humanos, foram um avanço.[394] No mínimo, já apontam para uma direção interessante, pois definem a potencial participação das empresas nos casos de violação de direitos humanos. "Sob pontos de vista não jurídicos, empresas podem ser consideradas 'copartícipes' das ações de outras partes, quando parece que lucram com uma das violações exercidas por esta parte."[395] Trata-se de uma alusão a um futuro desenvolvimento do Direito internacional até o comprometimento das empresas pela atuação ao longo de toda a cadeia produtiva. A aprovação de princípios orientadores da ONU é percebida como um importante passo. No entanto, serão inócuas se não funcionarem de maneira a responsabilizar as empresas pelos seus atos. Em última análise, as pessoas atingidas não têm

394 "UN-Guiding Principles on Business and Human Rights". Disponível em <http://www.ohchr.org/Documents/Publications/GuidingPrinciplesBusinessHR_EN.pdf>.

395 "Leitprinzipien für Wirtschaft und Menschenrechte. Umsetzung des Rahmens der Vereinten Nationen „Schutz, Achtung und Abhilfe", Geschäftsstelle Deutsches Global Compact Netzwerk (DGCN), c/o Deutsche Gesellschaft für Internationale Zusammenarbeit (GIZ) GmbH", em Global Compact, junho 2014. Disponível em <http://www.globalcompact.de/sites/default/files/themen/publikation/leitprinzipien_fuer_wirtschaft_und_menschenrechte_2._auflage.pdf>.

respaldo jurídico para fazer valer o respeito, a proteção e a garantia dos direitos humanos. Assim, vítimas de violações causadas pela ação de empresas que atuam em nível transnacional continuam enfrentando diversas dificuldades, como um Estado de direito fraco, estruturas empresariais complexas e poderosas, bem como incontáveis barreiras de ordem prática e financeira, impossibilitando exigir seus direitos junto aos tribunais.[396]

É preciso dispor de uma legislação internacional para assegurar que as companhias empreguem todos os meios à disposição para que o respeito, a proteção e a garantia aos direitos humanos sejam mantidos ininterruptamente na zona de influência econômica de suas tarefas empresariais: uma legislação que permita às vítimas de violações de direitos humanos o acesso à lei também no país-sede da referida companhia; uma legislação que, em caso de transgressão e enquanto não são exauridos todos os meios à disposição por parte das empresas corresponsáveis, configure um crime doloso; uma legislação capaz de responsabilizar juridicamente as companhias. Para isso, é preciso haver determinações jurídicas em nível internacional que possam responsabilizar empresas com atuação transnacional. As autorregulações voluntárias das empresas não bastam. O passado provou isso.[397] Acabou a era da *soft law*, ou seja, do Direito flexível.

Para se contrapor ao Direito flexível, grupos de direitos

---

396 Jerome Chaplier. "Towards a legally binding instrument on Business and Human Rights", em European Coalition for Corporate Justice, 2 de setembro de 2015. Disponível em <goo.gl/RF1pnQ>.

397 Em 2013, uma equipe de pesquisadores, a pedido da Comissão Europeia, investigou o efeito de medidas voluntárias de empresas nas áreas de meio ambiente e padrões do trabalho em dezessete países. Os resultados revelam que o efeito dessas medidas voluntárias de responsabilidade social corporativa é bastante reduzido. Por isso, os especialistas recomendaram mais regulação via leis. Para mais detalhes, ver Projeto IMPACT. "Executive Summary. Headline findings, insights & recommendations for policy makers, business & stakeholders", setembro de 2013. Disponível em <goo.gl/a2Joeg>.

humanos e de meio ambiente há décadas vêm reivindicando a substituição da perspectiva da responsabilidade social corporativa (*corporate social responsibility*) pela *corporate accountability*, ou seja, por princípios de direito que responsabilizem empresas por atos que ultrapassem fronteiras. O objetivo é claro: responsabilizar transnacionais em casos de violação de direitos humanos.[398] Nas Nações Unidas, sobretudo no Conselho de Direitos Humanos, há muitos anos se luta por redigir uma minuta com diretrizes empresariais contra essas violações: em junho de 2014, foi instalado um grupo de trabalho — contra os votos dos Estados Unidos, da Alemanha e de outros países; e, em julho de 2015, foi encaminhada oficialmente a iniciativa de se desenvolver um instrumento jurídico internacional para regular as companhias transnacionais — mais uma vez, sem a participação de países como a Alemanha, que só a partir do final de 2016 enviou uma delegação para as sessões. Elaborar um instrumento legal para responsabilizar as empresas em nível internacional é sem dúvida um caminho muito longo, íngreme e cheio de percalços. Vai demorar algum tempo até conseguirmos um acordo sobre a atuação empresarial e o respeito aos direitos humanos dentro das Nações Unidas, ou mesmo um código penal empresarial na Alemanha.

Desde 2014 correm em São Paulo processos contra quinze empresas acusadas de formar o cartel do Metrô. A Procuradoria do Estado de São Paulo reivindica indenizações milionárias a Siemens, Alstom, CAF, TTrans, Bombardier, MGE, Mitsu & Co,

398 Jens Martens, Jens & Karolin Seitz. "Auf dem Weg zu globalen Unternehmensregeln. Der 'Treaty-Prozess' bei den Vereinten Nationen über ein internationales Menschenrechtsabkommen zu Transnationalen Konzernen und anderen Unternehmen" [A caminho de regras globais para as empresas. O "processo Treaty" na ONU sobre um acordo internacional de direitos humanos para as empresas transnacionais e outras]. Nova York e Berlim: Global Policy Forum & Fundação Rosa Luxemburgo, 2016.

Temoinsa, Tejofran e outras, acusadas de ter agido em conluio entre 2000 e 2002 nas licitações de manutenção de trens do metrô na cidade, com acréscimos de até 30% em contratos que chegam ao valor total de 418.315.055,38 de reais. Segundo a acusação, tudo era um jogo de cartas marcadas. As empresas não apenas superfaturavam o preço das obras e dos trens, como combinavam qual delas faria a proposta vencedora de determinada licitação. Para o esquema funcionar, provavelmente pagavam propina a servidores públicos, com intermediação de lobistas. Também combinavam que os perdedores não pediriam a fiscalização das licitações.[399]

Além disso, o promotor do caso em São Paulo, Marcelo Milani, acusa a filial brasileira da Siemens de não haver ajudado suficientemente no esclarecimento dos fatos. Ele quer clareza sobre as contas secretas da Siemens descobertas em Luxemburgo e reivindica o fechamento judicial da subsidiária no Brasil. "Em cumplicidade com outras empresas, desde 2000 a Siemens conseguiu fechar contratos com o poder em bases fraudulentas. Uma empresa que reincide na atuação fraudulenta não pode operar no Brasil. A Siemens está atuando ilegalmente no Brasil e, por isso, deve ser dissolvida. É o que prevê o Direito empresarial brasileiro", resumiu Milani em uma entrevista.[400]

A declaração, no fundo, aponta para um caso clássico de

---

399 "Ermittlungen gegen São Paulos U-Bahn-Kartell verschärft. Staatsanwaltschaft fordert Millionen-Entschädigungen wegen Kartellabsprachen und Auflösung von Firmen in Brasilien. Auch Siemens betroffen" [Investigações contra cartel do metrô de São Paulo. Procuradoria pede indenizações milionárias por formação de cartel, em como fechamento de empresas, entre elas a Siemens], em *Amerika 21*, 6 de dezembro de 2014. Disponível em <https://amerika21.de/2014/12/109797/siemens-schliessen>.

400 "Siemens ist in Brasilien illegal tätig und muss deshalb aufgelöst werden" [Siemens opera de forma ilegal no Brasil e precisa ser dissolvida], em Kooperation Brasilien, 2 de março de 2016. Disponível em <http://www.kooperation-brasilien.org/de/themen/politik-wirtschaft/201esiemens-ist-in-brasilien-illegal-taetig-und-muss-deshalb-aufgeloest-werden201c>.

crime organizado. É interessante notar que essa argumentação também embasa os debates que começam a surgir na Alemanha, bem como os primeiros projetos de lei para uma futura legislação de Direito empresarial. No parágrafo 12 do esboço do Ministério da Justiça do Estado da Renânia do Norte-Vestfália, de novembro de 2013, para uma lei que responsabilize criminalmente empresas na Alemanha, está prevista a dissolução da pessoa jurídica. "Se uma empresa reincide no crime dentro do exposto no § 2 inciso 1 dessa lei, e se os fatos e a organização da empresa indicam para o risco de que outros atos da mesma natureza possam vir a ser cometidos, a justiça pode determinar a sua dissolução, caso isso seja previsto pelo Direito Civil".

No Brasil, teoricamente, isso já seria possível. Mas a prática é diferente. Existe uma restrição considerável: a vontade política. Foi o que revelou a acusação de corrupção da Siemens. Em 2009, a filial foi condenada por um tribunal brasileiro por irregularidades contratuais e pagamento de propinas entre 1999 e 2005, para vencer licitações dos Correios e de telecomunicações. A justiça ordenou ainda que a Siemens do Brasil fosse excluída de qualquer licitação pública pelo prazo de cinco anos. Mas a empresa recorreu. O argumento jurídico não colocou em dúvida o crime em si, mas a sentença. Não houve nenhum erro formal no tribunal. A Siemens argumentou que o banimento de futuras licitações teria de ser revisto a fim de "evitar prejuízos à sociedade brasileira", já que uma exclusão poderia prejudicar o sistema médico no Brasil, visto que a companhia tem grande participação no mercado de equipamentos de saúde — 30% em tomógrafos e ressonância magnética, segundo dados da própria Siemens. O argumento era de que os hospitais públicos brasileiros ficariam em uma situação complicada se os equipamentos não pudessem mais contar com manutenção especializada e não pudessem ser substituídos em caso de pane. Em 2010, um juiz deu ganho de causa à companhia, sediada em Munique. A procuradoria-geral recorreu, e assim o caso foi se arrastando de uma instância para outra.

Em 2013 e 2014, a sentença foi confirmada pelos tribunais, até a companhia ser liberada por um outro juiz. Em 2015, foi novamente o poder de mercado que dissuadiu os magistrados da ideia de excluir a companhia de licitações públicas. A própria Siemens mencionara em sua última convocação aos tribunais uma série de hospitais nos estados do Amazonas, Bahia, Ceará, bem como o Instituto Nacional do Câncer, no Rio de Janeiro, cujos aparelhos médicos precisavam de urgentes reparos a serem efetuados "exclusivamente pela Siemens". Assim, a empresa escapou da condenação, e não porque tenha conseguido provar sua inocência em relação às acusações de suborno. Todas as sentenças que buscam vedar o banimento da Siemens de licitações públicas no Brasil usam como argumento "evitar danos ao sistema de saúde brasileiro".[401]

Portanto, a legislação sobre crimes empresariais é tão efetiva quanto permite a vontade política dominante. É difícil imaginar que, depois de introduzida na Alemanha, uma legislação específica ordenasse como pena máxima a dissolução de uma empresa peso-pesado da economia como a Siemens, mesmo em caso de reconhecida reincidência de crime econômico. São pesos e medidas diferentes para diferentes sujeitos de Direito.

---

401 "Marktmacht in Brasilien schützt Siemens vor Strafe. Gericht setzt Fünfjahresbann von Staatsaufträgen wieder aus, allerdings noch immer ohne Freispruch in der Sache" [Poder do mercado protege a Siemens de punição. Tribunal anula exclusão da empresa de licitações públicas por cinco anos], em *Amerika 21*, 20 de agosto de 2015. Disponível em <https://amerika21.de/2015/08/126694/siemens-marktmacht-strafe>.

Por isso, é muito importante a união de sindicalistas, advogados, promotores e grupos de defesa do meio ambiente e de direitos humanos para trabalhar junto com as vítimas, chamando a atenção para problemas, transgressões e violações, e usando todos os canais à disposição para obter respostas e transformações no comportamento empresarial, seja através dos meios de comunicação, de manifestações de rua e dentro das empresas, em eventos e nas assembleias de acionistas.

Estamos falando de uma resistência contra a atuação empresarial que provoca violações de direitos humanos e destruição ambiental, contra a atuação empresarial que tenta influenciar politicamente as regras através de *lobby*, mudando a perspectiva legislativa para uma "agenda corporativamente amigável". Para resistir é preciso formar redes, da mesma forma como ocorreu entre 1976 e 1980, durante os protestos contra o Acordo Nuclear Brasil-Alemanha, quando, pela primeira vez, defensores de direitos humanos, membros progressistas da igreja católica e ativistas ambientais se juntaram pela mesma causa política.[402] Ou como em 1983, na campanha contra a fazenda da Volkswagen na Amazônia.

Para resistir e formar redes, é preciso solidariedade, assim como fizeram os ativistas de direitos humanos na Alemanha, que ajudaram os exilados brasileiros numa época em que as autoridades alemãs lhes ameaçavam de expulsão por terem entrado ilegalmente no país. Muitos dos que entraram na Alemanha via Chile, México e Bélgica viviam sem passaporte válido, pois

---

402 "Der Atomdeal und die Ungehorsamen" [O negócio nuclear e os desobedientes], em *Latinorama*, 6 de março de 2014. Disponível em <http://blogs.taz.de/latinorama/2014/03/06/der-atomdeal-und-die-ungehorsamen/>.

a embaixada brasileira não queria renová-los. Apátridas, experimentaram o que Hannah Arendt descreveu como a "perda do direito de ter direitos". Só por meio do engajamento e do envolvimento incansável de ativistas de direitos humanos, como o pastor Heinz F. Dressel, muitos brasileiros exilados na Alemanha conseguiram bolsas para estudar alemão, frequentar universidades e encontrar uma nova pátria.[403]

Também é preciso muita solidariedade sindical, como em 1984, quando sindicalistas do ABC paulista viajaram até a Alemanha com ajuda de organizações da igreja para visitar as sedes de Volkswagen, Mercedes e Opel. Em Mannheim, principalmente, houve um intercâmbio tão intenso que levou à criação do Grupo de Trabalho Solidariedade com o Brasil, ativo até hoje, ligado à associação sindical DGB Mannheim, e que organiza encontros e intercâmbios anuais entre as duas nações. As conversas com a base do sindicato em Mannheim acabaram levando à reivindicação de que finalmente se instituíssem comissões de fábrica no Brasil, a exemplo do que ocorria com os conselhos de funcionários alemães. No Brasil, não existe lei que obrigue a criação deste tipo de conselho. Por isso, foi preciso lançar mão da greve para consegui-lo. A primeira comissão de fábrica foi aberta na Mercedes de São Bernardo do Campo, em 1984.

Outro ponto alto dessa solidariedade sindical foi a greve em São Bernardo do Campo, em maio de 2002, em apoio à luta por melhores salários na Alemanha.[404] "Não podemos aceitar sermos

---

403 "Putsch, Folter, Flucht — und dann Schikane. In den 1970er Jahren flüchteten Brasilianer_innen auch in die Bundesrepublik Deutschland. Hier trafen sie auf Behördenschikane — aber auch auf Solidarität" [Golpe, tortura e fuga — e chicanas. Nos anos 1970, brasileiros e brasileiras fugiram para a Alemanha, onde encontraram chicanas e também solidariedade], em *Lateinamerika Nachrichten*, edição 478, abril 2014. Disponível em <http://lateinamerika-nachrichten.de/?aaartikel=putsch-folter-flucht-und-dann-schikane>.

404 "'Solidaritätsarbeit läuft nicht mehr auf einer Einbahnstrasse'. Interview mit drei Gewerkschafter*innen zur gewerkschaftlichen Solidarität an der Basis zwischen Mannheim und São Paulo" [Solidariedade não pode ser em rua de

usados contra nossos irmãos e nossas irmãs na Alemanha. Por isso, faremos uma greve de solidariedade de no mínimo meia hora no início do primeiro turno no dia 6 de maio, em São Bernardo, e no dia 7 de maio, em Juiz de Fora. Além disso, estaremos à disposição, caso necessitem de outras ações de solidariedade." A carta do Brasil espantou até os colegas sindicalistas da sede da DaimlerChrysler.[405]

Tal solidariedade nas duas direções só funciona bem quando está firmemente ancorada na base e não constitui uma via de mão única. Para quem participou desde o início da solidariedade sindical entre o Brasil e a Alemanha, fica muito claro que havia "um tipo de diferenciação entre a Alemanha e o Brasil, no sentido de 'precisamos ajudar os brasileiros'", dizem os sindicalistas alemães Angela Hidding e Fritz Stahl, de Mannheim, e Fritz Hofmann, de Ludwigshafen. Hoje, todos os envolvidos sabem que se trata de uma luta conjunta. Neste tipo de solidariedade e de rede internacional, o conteúdo e a forma são igualmente importantes, dizem Fritz Stahl e Angela Hidding, que desde 1984 organizam o intercâmbio entre o ABC paulista e Mannheim, e com colegas de outras cidades alemãs que abrigam unidades da Mercedes.

Aos 82 anos, Fritz Stahl, outrora homem de confiança na Mercedes em Mannheim, foi homenageado pelos colegas bra-

---

mão única. Entrevista com três sindicalistas sobre a solidariedade na base entre Mannheim e São Paulo], em *Lateinamerika Nachrichten*, edição 495/496, setembro-outubro de 2015. Disponível em <http://lateinamerika-nachrichten.de/?aaartikel=solidaritaetsarbeit-laeuft-nicht-mehr-auf-einer-einbahnstrasse>; e Heiner Köhnen. "Die Daimler-Koordination", em *Zeitschrift LuXemburg*, março-abril de 2013. Disponível em <http://www.zeitschrift-luxemburg.de/die-daimler-koordination/>.

405 "Solidarität mit den Deutschen. DGB-Arbeitskreis treibt Austausch mit Brasilien bei Mercedes und BASF voran" [Solidariedade com os alemães. GT da associação sindical DGB promove intercâmbio com o Brasil na Mercedes e na BASF], em Friedrich-Ebert-Stiftung; Globale Gewerkschaftspolitik & DGB Bildungswerk. *Gewerkschaftspolitik. Worin unsere Stärke besteht – Weltweite Kooperationen in Zeiten der Globalisierung*, p. 32.

sileiros como “embaixador sindical”. Fritz Hofmann, de Ludwigshafen, veio pela primeira vez ao Brasil em 1990, no intercâmbio entre funcionários de multinacionais do setor químico, e participou em 1999 da criação de uma Rede de Trabalhadores da BASF na América do Sul. “Naturalmente não desencadeamos nenhum movimento de massa. O sobe-e-desce deste tipo de trabalho sempre depende da iniciativa individual”, admitem os sindicalistas. Mas o intercâmbio também serviu como estímulo para a própria vida. “A coragem e a motivação dos colegas brasileiros sempre me inspiraram muito”, explica Hofmann. “Isso ajudou a não desistir, pois nossos amigos e parceiros no lado brasileiro (pelo menos a geração mais velha) eram pessoas que combateram a ditadura e fundaram novos partidos e sindicatos. Eles de fato provaram que um outro mundo é possível. E sempre nos transmitiram esse sentimento.”

O intercâmbio e a formação de redes com grupos da sociedade civil e sua atuação no trabalho de solidariedade são altamente relevantes. Assim, no início dos anos 1990, foi fundada a Kooperation Brasilien (KoBra), uma rede que congrega a diversidade de grupos de solidariedade com o Brasil na Alemanha. “Nosso trabalho sempre foi estimulado e motivado pela cooperação de redes como a KoBra”, diz Hofmann, “mesmo se nós, sindicalistas, parecemos exóticos lá”. Todos os anos, grupos de direitos humanos, ambientalistas e de solidariedade interessados no Brasil — por volta de 120 pessoas — se reúnem na chamada Mesa Redonda Brasil. Desde sua criação, a defesa dos direitos humanos em toda a sua indivisível diversidade tem sido a mola propulsora do trabalho da KoBra, e objeto constante dos temas dos encontros anuais da Mesa Redonda Brasil, bem como do trabalho de solidariedade nascido a partir do grupo, por meio da divulgação de informações, campanhas e ações.

Em 2015, para marcar os 25 anos de atuação, a KoBra realizou um encontro de primavera, no qual o foco estava nas questões gerais de solidariedade internacional. Ali também logo ficou claro que isso exige uma cooperação em pé de igualdade e uma reflexão sobre conteúdo e forma. Sem expor e descontruir estruturas de poder muitas vezes inconscientes, o trabalho em torno do tema solidariedade não passa de "gesto paternalista de ajuda", concluíram os participantes.

Assim sendo, resistência, trabalho em rede e solidariedade, junto com uma boa porção de autorreflexão e iniciativa própria, acabam por tornar esse combate uma luta em pé de igualdade e com respeito contra adversários poderosos, como políticos ou empresas. Vigiar a atuação das empresas, revelar suas estruturas de *lobby* e de influência sobre os políticos, divulgar as violações de direitos humanos e a destruição ambiental que ocorrem em sua zona de influência e chamar as companhias publicamente a dar explicações é parte de uma crítica às empresas compreendida como crítica ao poder.

A crítica às empresas sempre deve ser a crítica ao poder — caso contrário, não é crítica.

SOBRE O AUTOR

CHRISTIAN RUSSAU é jornalista e ativista de direitos humanos alemão, mora e trabalha em Berlim. Estudou Ciências Políticas e Filosofia na Freie Universität e na Universidade de São Paulo, onde defendeu a tese *Urteil und Gemeinsinn. Ein Beitrag zur Theorie des Politischen von Hannah Arendt* [Juízo e bom senso: uma contribuição para a teoria da política de Hannah Arendt]. Trabalhou durante oito anos no Centro de Pesquisa e Documentação Chile-América Latina, em Berlim, entidade à qual continua ligado. Também é ativo na Kooperation Brasilien, rede alemã de organizações de solidariedade ao Brasil.

medico international

FUNDAÇÃO ROSA LUXEMBURGO

Escritório regional São Paulo

DIRETOR
Gerhard Dilger

COORDENADORES
Christiane Gomes
Daniel Santini
Jorge Pereira Filho
Verena Glass

ADMINISTRATIVO
Andressa Rosa
Catary Minotelli
Davide Simadon
Débora Ruiz
Everalda Novaes

Esta publicação foi realizada com o apoio da Fundação Rosa Luxemburgo com fundos do Ministério Federal para a Cooperação Econômica e Desenvolvimento da Alemanha. [BMZ]

Primeira edição, setembro de 2017
Segunda reimpressão, fevereiro de 2019
São Paulo, Brasil

Dados Internacionais de Catalogação na Publicação (CIP)
Angélica Ilacqua CRB—8/7057

Russau, Christian
Empresas alemãs no Brasil : o 7×1 na economia / Christian Russau ; tradução de Daniel Martineschen e Kristina Michahelles.— São Paulo : Elefante, 2017.
288 p.

ISBN 978-85-93115-05-9
Título original: Abstauben in Brasilien

1. Empresas Alemãs — Brasil 2. Brasil — Relações exteriores — Alemanha 2. Alemanha — Relações exteriores — Brasil 4. Desenvolvimento econômico — Brasil — Aspectos ambientais I. Título II. Martineschen Daniel III. Michahelles, Kristina

17-1257 CDD 338.8040981

Índices para catálogo sistemático:
1. Política e governo — Brasil

EDITORA ELEFANTE
www.editoraelefante.com.br
editoraelefante@gmail.com
fb.com/editoraelefante
@editoraelefante

AUTONOMIA LITERÁRIA
www.autonomialiteraria.com.br
autonomialiteraria@gmail.com
fb.com/autonomialiteraria
@autonomialiteraria

FONTES GT HAPTIK & PENSUM PRO

PAPEL NINGBO FOLD 250 G/M² & POLEN SOFT 80 G/M²

IMPRESSÃO FORMA CERTA

TIRAGEM 300 EXEMPLARES